黄檗宗資料集成【第四巻】

木村得玄 編

春秋社

はじめに

本書、『黄檗宗資料集成 第四巻』には、『通航一覧《つうこういちらん》』の一部を収録することとした。

『通航一覧』は、大学頭《だいがくのかみ》 林復斎《はやしふくさい》が中心となり十人あまりの人たちによって編纂された、江戸幕府の対外関係資料である。

この書には、一五六六年から一八二五年までの、対外交渉や通航等が記録されており、約三百五十巻からなっている。作られたのは、一八五三年の林復斎の序文があることから、一八五〇年前後と考えられる。

内容は国別にまとめられており、約二十カ国に及んでいる。このうち黄檗派に関係があるのは唐国に関するもので、第百九十八巻から第二百二十七巻までである。まず唐国総括部から始まり、江蘇省蘇州府で終わっている。

この書を『黄檗宗資料集成』の既刊書と同じスタイルに組むと、ゆうに六百ページを超えるものとなる。それでは、第四巻のみが他と比べてあまりにも大部すぎると思われたので、内容をよく吟味し取捨選択して、必用なもののみに絞り込んだ。その結果、分量的には約半分近くにまでになったが、黄檗派に関係のある部分はすべて収録したつもりである。

今回の底本は大正二年に発行された活字翻刻本を使用させていただいた。和綴本も存在するが、それは見ることができなかった。

なお、この活字本ではいろいろな大きさの文字が使用されており、小さい文字も多い。しかし本書では、読みやすさなどの点を配慮して、すべて同じ大きさの文字で収載することにしたことをご了承いただきたい。

目次

黄檗宗資料集成　第四巻

通航一覧

通航一覧　巻之百九十八

唐國總括部一

按するに、唐山において天下に王たるの號、歴代改革あるは辯をまたす、漢魏以降本邦に往來ありし事、下文に擧ることとし、しかも邦俗た、すべて唐と唱ふるは、舒明天皇二年遣唐使を置れしより、仁明天皇の御宇、藤原常嗣聘唐大使たりし頃、唐の制度多く本朝に傳はりしより、普く唐と唱へしなり、よて明清の今に至りても、猶唐と稱するよし、日本國風土記、大清輿地圖說等に見ゆ、またカラと訓するは、意富伽羅國王の子、都怒我阿羅斯等はしめて渡來せしより、凡て外國を伽羅といふ、中華のみにはあらさるよし、和事始、官中要錄殘編、俗說辨等に記す、神學類聚抄は外國をカラと稱するは、高麗の略語なり、カウライをカラと云よりあいて、唐をもカラといひ、筑紫の俗高麗人を唐人といふよしのす、また古事記に、韓の字を辛と書く、彼國よりからうして渡り來れは、かく書しとあり、またモロコシと呼ふは、唐の代に、もろ〳〵の物をこし來たせしゆゑ、かくいへりと日本釋名にあり、また前後漢ののち數千年、しば〳〵國號變革すれとも、今猶漢の唱へあり、是唐の代と等しく治世盛にして、上古の博士專ら史記漢書を學ひ、紀傳の道是に傚ふとて、漢

日本國風土記　日本総国風土記のこと。多くの風土記が集められている
大清輿地圖說　中国で作られた地図
都怒我阿羅斯　人名、つぬがあらし。朝鮮の王子
和事始　貝原恥軒が元禄時代に書いた本
官中要錄殘　役所の記録
俗說辨　井沢蟠龍の書いた本
神學類聚抄　藤浪時縄が一七一五年に書いた本

文といひ漢語といふ、本邦に對して和漢といふよし野槌にみゆ、此國亞細亞洲の大國にして、西域の人呼て支那、また震旦といひ、自稱して中華、中國といふよし、喎蘭新譯地球圖說にあり、禹貢には九州に分ち、戰國には七國に分ち、漢にいたり十三部とし、四十群を置、三國には鼎峙疆場定まらす、蜀に二州二十二郡を置、魏は十二州八十郡、吳は五州四十三郡とす、その後、唐にはしめて十道とす、開元中十五道とす、宋十五路となし、また二十三路とす、元は十三省を置て十二道に改め、明にいたり兩京十三省となすよし、中夏古今州郡圖譜に記す、華夷通商考に、清朝猶二京十三道とのせ、異國和解には國を十六に分ち北京に都し、經韓共に六百里ありとす、大淸輿地圖說には、二京十八省に分ち、北京より福建省の泉州府海濱にいたる凡六百里、本邦里法なり、下同じ、盛京より斜に、雲南省の孟定府にいたる一千里とあり、東南は大洋にして、西は應帝亞、北の大韃靼なり、此疆は秦始皇帝築く所の長城にして、東は遼東に止り、西は應帝亞の地にいたる、長さ六百里餘なり、高山峻巖深谷を撰はす、方磚を以て築く、厚八尋、高十尋の堅固なり、是韃人來寇の防禦たりと異國和解に記す、季候、產物、風俗等は、諸省によりて等しからされはこゝに辨せず、彼地より往昔渡來ありしは孝靈天皇七十二年、秦の徐福渡來す、こは始皇仙術を好み、長生不死の藥を求めんかため、五帝三王の書を贈る、されとも其藥を得さりしにより、徐福誅を怖れて國に還らす、紀伊國熊野に在りて死し、其子孫即ち秦氏たるよし、日本紀及ひ神皇正統記、本朝通紀等に散見す、神功皇后四十年、魏の明帝より書を贈り諸貨を呈す、これ、去年遣使魏にいたりし報聘なり、天智天皇の御宇、唐より上柱國劉德高渡來し、好を通し、本邦よりも守君大石坂合部石積等を遣はさる、寶龜十年五月、孫興進、秦怤期等渡來して、京師に上り書簡信物を呈し、文永中、元主韓人をして書を來せしか、鎌倉の執權北條相模守時宗、その書簡の禮なきをもて答へず、元主猶使を來たす事、凡六度に及ふ、しかも終に聽ずして一亂あり、後圓融印の御宇、明の太祖ならひに禮部より、しはしは書を來たせし事、是華夷變態にみゆ、また武德大成記、豐臣秀吉譜等に、慶長元年、明國より豐臣秀吉に書を贈る、僧承兌をして讀しめしに、其書の無禮を憤り冊使を追返し、兵を起さんと議すよし見ゆ、其後通商にあつかりし事は下に辨す、また安南交趾等の國々、產物を積、其地の人も渡來すといへとも、商船は廣東省、浙江省等の船に、◎以下闕文

〇渡來扱方

慶長五庚子年秋、明朝の船肥前國長崎に渡來す、此事、外國入津記の外、他に所見なれども、永祿の頃、明朝の商夫稀に小船にて、糸、端物、藥種等を積渡り貿易せ

しよし、山本氏筆記に載せ、また慶長の頃、彼國人亂を避て長崎に來り、住せん事を願ふもの少からす、商船の渡來も其數慚々に多く、九州の內、薩摩國阿久根、筑前國博多、豐後國府內、肥前、五島、平戶、大村、長崎等の浦々に着岸せしよし、崎陽記に見え、既に馮六といへる唐人、いつの頃渡來せしにや、和語をよく曉り、慶長九年長崎にて通事役を命せられしなれは、是よりさき、しは〳〵渡來有し事しらる、されども、慶長五年には、關原役の忩劇によて、是らの事には拘らすして、記錄も疎なりしなるへし、同十一丙午年、琉球國に渡來せし明朝冊封使の許に、島津少將家久書牘を贈りて爾後領國の商船を渡來せしめんことを諭す、明年泉州府の商船渡來し、それより年ことに、詣省の船渡來せり、同十六年辛亥年八月、長崎に數艘渡來す、此證に、長崎港異國通商總括の部、商法入津改の條に詳なり、同年十二月廿八日、自來其船いつれの浦に着岸すとも、長崎にて商賣せん事を願ひしかは御許容ありて、長崎奉行長谷川左兵衞に命せられ御印書を賜ふ、同十七年壬子年廿五日、また商船渡來のよし長崎より注進あり、此證また、長崎港異國通商總括の部、商法入津改の條に詳なり、元和二丙辰年六月、家久自今明朝の商船、薩摩に渡來する事をと〻め、長崎に着岸すへきむねを諭す、同年八月八日、唐船いつかたに着岸すとも、船主の請にまかせ、商賣せしむへきむね、海岸の面々に達す、證は、附錄

海防の部、異國船扱方唐船の條にあり、寛永十二年乙亥年、着港を長崎一方に定められ、他國に往來する事を禁したまふ、

慶長五庚子年秋、明朝の船始て長崎に來り交易す、

兩御檢使衆中華夷變態　按するに、長崎紀事、長崎志等に、慶安元年より已下の入津船數をのす、煩はしけれとも左に出す、

慶安元戊子年二十艘入津、按するに、寛永十三年入津を、長崎一方に定められ、其後正保四年まて、毎年何艘入津といふ事詳ならす、されとも、度々唐僧の渡來あれは、年々入津ありし事としらる、唐僧儒醫渡來之條、併せ見るへし、同二己丑五十九艘入津　同三庚寅年七十艘入津　同四辛卯年四十艘入津　承應元壬辰年五十艘入津　同二癸巳年五十六艘入津　承應三甲午年五十一艘入津　明暦元乙未年四十五艘入津　同二丙申年五十七艘入津　同三丁酉年五十一艘入津　萬治元戊戌年四十三艘入津　同二己亥年六十艘入津　同三庚子年四十五艘入津　寛文元辛丑年三十九艘入津　同二壬寅年四十二艘入津　同三癸卯年二十九艘入津　同四甲辰年三十八艘入津　同五乙巳年三十六艘入津　同六丙午年三十一艘入津　同七丁未年三十三艘入津　同八戊申年四十三艘入津　同九己酉年三十八艘入津　寛文十庚戌年三十六艘入津　同十一辛亥年三十八艘入津　同十二壬子年四十三艘入津　延寶元癸丑年二十艘入津

同二甲寅年二十二艘入津　同三乙卯年二十九艘入津　同四丙辰年二十四艘入津　同五丁巳年二十九艘入津　同六戊午年二十六艘入津　同七己未年三十三艘入津　同八庚申年二十九艘入津　天和元辛酉年九艘入津　同二壬戌年二十六艘入津　同三癸亥年二十七艘入津　貞享元甲子年二十四艘入津　同二乙丑年七十三艘入津、外に積戻十二艘、按するに、是年はしめて、商賣銀高御定ありて、餘分の荷物積戻を命せらる、同三丙寅年八十四艘入津、外に十八艘積戻、按するに、長崎覺書には、十九艘積戻とあり、同四丁卯年百十五艘入津、外二十二艘積戻、按するに、同書に十七艘積戻とす、元祿元戊辰年七十艘入津、外七十七艘積戻、按するに、同書に、百九十四艘入津内、七十艘積戻とあり、是なるへし、同二己巳年七十艘入津、外九艘積戻、按するに、同書に是年より七十艘に、御定ありて、春二十艘、夏三十艘と命せらるとあり、同三庚午年七十艘入津　外二十艘積戻、按するに、同書に、是年八十艘に定めらるとあり、同四辛未年七十艘入津　外二十艘積戻　同五壬申年七十艘入津　外三艘積戻　同六癸酉年七十艘入津　外十一艘積戻、同七甲戌年七十艘入津、外三艘積戻　同八乙亥年六十艘入津、外一艘積戻　同九丙子年七十艘入津　外十一艘積戻　同十丁丑年七十艘入津　外三十三艘積戻　同十一戊寅年六十八艘入津、同十二己卯年六十九艘入津、外四艘積戻　同十三庚辰年五十三艘入津　同十四辛巳年五十

六艘入津　外十艘積戻　同十五壬午年八十艘入津、外十艘積戻　同十六癸未年八十艘入津　寳永元甲申年八十艘入津、外四艘積戻　同二乙酉年八十艘入津、外八艘積戻　同三丙戌年八十艘入津、外十三艘積戻　同四丁亥年八十艘入津、外四艘積戻　同五戊子年五十九艘入津、外四十四艘積戻　同六己丑年五十四艘入津、外三艘積戻　同七庚寅年五十一艘入津、外三艘積戻　正徳元辛卯年五十七艘入津　同二壬辰年五十九艘入津、外三艘積戻　同三癸巳年四十艘入津、外九艘積戻　同四甲午年五十一艘入津、長崎紀事、

正徳五乙未年七艘入津、外無牌之船十三艘積戻、按するに、今年より船數三十艘に定められ、給牌の事はしまる、此事は長崎港通商總括の部に擧しかと、便覽のためこゝに注す、已下船數增減ありし年毎に、其略を注する事これに同じ、

無牌　許可書がない

一當年船主共請取歸し信牌、於唐國讒訴の者有之、官所に被取上由、南京寧波船當年一艘も不渡來、粵港船七艘入津す、外無牌の船不殘積戻に成る、

享保元丙申年七艘入津、外無牌の船十九艘積戻　同二丁酉年四十三艘入津、外無牌二艘積戻

一八月七日陳祖觀船一艘入津し、於唐國去々年以來取上置れし信牌、上官の裁判相濟、當五月不殘本主に被差返、近日追々可令入津旨注進す、則當八月中旬より同十

二月迄、四十三艘入津す、同三戊戌年四十艘入津、外無牌船一艘積戻　同四己亥年三十七艘入津、外三艘積戻　同五庚子年三十六艘入津、外に一艘積戻、按するに、今年よりまた船數、元のごとく三十艘に復せらる、同六辛丑年三十三艘入津　同七壬寅三十三艘入津　同八癸卯年三十四艘入津　同九甲辰年十三艘入津　同十乙巳年三十三艘入津、外一艘積戻　同十一丙午年四十二艘入津　同十二丁未年四十二艘入津、外一艘積戻　同十三戊申年二十二艘入津　同十四己酉年三十一艘入津　同十五庚戌年三十八艘入津　同十六辛亥年三十八艘入津　同十七壬子年三十六艘入津　同十八癸丑年二十八艘入津、外二艘積戻　同十九甲寅年三十一艘入津、按するに、今年より二十五艘に定めらる、同二十乙卯年二十九艘入津、外に迎船一艘　元文元丙辰年十六艘入津、外に無牌船一艘積戻　同二丁巳年五艘入津、外に迎船一艘破船同三戊午年五艘入津、按するに、明年より二十艘に定めらる、同四己未年二十艘入津、外に朝鮮破船一艘、寛保元辛酉年四艘入津　同二壬戌年十五艘入津、外に迎船一艘　同三癸亥年十五艘入津、按するに、今年より十艘の御定になる、延享元甲子年二十艘入津　同二乙丑年二十艘入津、外に迎船一艘　同三丙寅年十艘入津、外に迎船一艘、按するに、明年より定數十艘の外、古牌十枚までの入津をゆるさる、同四丁卯年十艘入津　寛延元戊辰年十二艘入津、外に迎船一艘　同二己巳年十三艘入

津　外に番外船一艘、按するに、明年より十五艘に定めらる、同三庚午年十艘入津、外に迎船一艘　寶曆元辛未年十一艘入津、同二壬申年十五艘入津　同三癸酉年二十五艘入津　同四甲戌年二十四艘入津、外に八丈漂着船一艘　同五乙亥年十二艘入津　同六丙子年七艘入津　外に破船一艘、同七丁丑年十二艘入津　同八戊寅年十四艘入津、長崎記事、長崎志、

同九己卯年十八艘入津、此內二艘番外船、按するに、今年番外船二艘、入津をゆるさる、同十庚辰年十二艘入津、同十一辛巳年十二艘入津　同十二壬午年十五艘入津　同十三癸未年十三艘入津、內二艘込之船二艘、明和元甲申十四艘入津、內二艘込之船一艘　一去未年十三艘入津、內二艘込之船二艘有之故、未年分定數十五艘相揃へり、當申年是迄十四艘入津、內二艘込之一艘有之、是又定數十五艘相揃之處、當冬二艘入津せし故、此二艘來酉年番內に相立之、明和二乙酉年十二艘入津、內二艘込之船一艘、按するに、今年より十三艘の御定になる、同三丙戌年十二艘入津、內二艘込之船一艘　同四丁亥年、按するに、入津船數を脫す、○長崎志

明和五戊子年九艘入津　　同六己丑年十三艘入津

同七庚寅年十三艘入津　　同八辛卯年十三艘入津

安永元壬辰年十三艘入津　　同二癸巳年十三艘入津

同三甲午年、按するに、入津船數を脱す、　同四乙未年十三艘入津
同五丙申年十三艘入津　同六丁酉年十三艘入津
同七戊戌年十三艘入津　同八己亥年十三艘入津
同九庚子年十三艘入津　天明元辛丑年十三艘入津
同二壬寅年十三艘入津　同三癸卯年十三艘入津
同四甲辰年十三艘入津　同五乙巳年十三艘入津
同六丙午年十三艘入津　同七丁未年十三艘入津
同八戊申年十三艘入津、外に九番船借船一艘　寛政元己酉年十三艘入津　同二庚戌年九艘入津、同三辛亥年十艘入津、按するに、今年より十艘に定めらる、同四壬子年十艘入津　同五癸丑年十艘入津　外に番外船二艘、同六甲寅年十艘入津、外に一番迎船一艘、同七乙卯年十艘入津、外に三番迎船一艘　同八丙辰年五艘入津　同九丁巳年十艘入津　同十戊午年九艘入津　同十一己未年三艘入津、外に番外船二艘、長崎志續編○按するに、是より以下入津の船數、今所見なし、

通航一覽　巻之百九十八　終

通航一覧　巻之百九十九

唐國總括部二

○商賣規定幷御用物持渡物等

慶長年中より、唐船長崎にもすこしく入津せしか、寛永十二乙亥年より、其着港同所一方になる、其荷役に三名あり、丸荷役、精荷役、大改是なり、同十三丙子年、荷役の時檢使乘船の事を令せらる、同十六己卯年、南蠻船を禁せられしとき、唐人にも其御法令を渡さる、爾來入津荷役の時、通事これを讀聞せ、またかれよりも入津歸帆に、其證文を出す事例となる、正德五乙未年、商賣方御改正、入津及ひ歸帆の荷役もまた改定ありて、奉行より其掟書を地役人に達す、證は長崎港異國通商總括の部、唐船荷役幷在留中、及ひ歸帆荷役等の條にあり、

元和元乙卯年、長崎奉行長谷川權六、唐商より宿主に出す所の貨物口錢の銀高を定む、寛永十癸酉年其高を減し、同十八辛巳年、其銀を市中に割賦する法を定む、のち其法しば〳〵沿革增減あり、證は、同貨物口錢銀幷間金の條にあり、

寛永十癸酉年、同十一甲戌年、同十二乙亥年、同十三丙子年、老中より貨物賣買等の事、及ひ其船着津より在留は五十日、歸帆は九月廿日を限るへき旨の下知狀を奉

行に達す、其後、商賣方の事によりて、出さるる御書付數通なり、寛文八戊申年、武器武者繪、其外かれに渡すまじき品々を定められ、同年彼國より持渡るまじき品々をも定められしか、後また御免のものあり、證は同貨物賣買、幷停止の條にあり、

明暦元乙未年、去秋より唐船糸類纔に持渡りて、其價を踊貴せしめ、ことし數十萬斤積來り、前價のことく賣んとす、五ヶ所の糸割符人、買得る事能はすして、彼船滞留の期を過せしにより、上裁ありて其割符を廢し、すへて相對商賣を命せらる、糸割符の事は、慶長九年より始る、其箇所はしめは、京、堺、長崎のみなりしか、寛永八年より、江戸、大坂の大商も加へられ、こりより五ヶ所糸割符と稱す、其他の諸色に、相對の商賣なり、然るに、かれら其利を得る事莫大なるにより、寛文十一辛亥年、奉行牛込忠左衞門、地役人等とはかり、物價入札をもて買とらせ、同十二壬子年より、市法商賣となす、貞享二乙丑年、割符また復古あり、證は、同糸割符及ひ入札市法の條にあり、往年より、代物の事、灰吹銀及ひ鉛等は禁制にて、丁銀を渡されしか、はしめは南鐐銀を渡され、慶長十四年より丁銀に改めらる、寛文八戊申年より、槪して銀子を停め、金子にて渡す事に定めらる、銀道具は御免なり、同十一辛亥年、また銀商賣となる、かれ望むにおいては、金子をも渡すへき旨命せ

らる、證は同貨代金銀等規定の條にあり、
はしめ唐船の商賣高、及ひ其船數等の定限なかりしか、貞享二乙丑年、一歳の銀額六千貫目、船額七十隻に定められ、額外の船積戻等の規定あり、よて唐商等歎願書を出す、元祿八乙亥年より、其殘荷物銅等にて代物替の事始る、正德五乙未年、仰によて前年入津の唐商を留置、三月五日奉行所において海船互市の新令讀聞せ、また旅館にて通事より約條に示諭し、各港の船主等に、連署の請書を出さしむ、同年八月、またかれらより令條を守るへき旨の證書を出す、是より其船必信牌を與ふる事となる、此時、額外の代物替は停めらる、享保元丙申年、廣東の船主李韜士渡來し、去歳信牌を領して歸唐のものとも、讒者の爲に、その信牌を官所に收められし由を訴ふ、奉行これを言上せしに、積戻を命せらる、此頃在津の唐商、本國の風說を聞、信牌の事を踟躕せしか、郭亭統抽て數枚賜はらん事を直訴せしかは、諸船主もまたこれを願ふ、同二丁酉年八月かの國官所の裁判はてたるよしにて、先に賜ふところの信牌を持て、漸々入津す、同年唐船額外十隻の信牌を增れ、同四己亥年、また新加牌あり、自後增減の事、同十八癸丑年二十五艘、元文三戊午年二十艘、寛保二壬戌年十艘、延享三丙寅年十艘の外、古牌十枚までの入津をゆるされ、寛延二己巳年十五艘、寶曆九己卯年番外船二艘御免、明和二乙丑年十三艘、寛政二庚戌年

讒者 悪口をいう者

踟躕 ためらう

より十艘と定めらる、證は、同歳額船隻并金銀銅錢、及ひ貨物代物替并運上金、正德御改等の條にあり、
慶長年中より、奉行はしめ御代官及ひ地役人等、唐商より八朔の禮物を受來る、寛文六丙午年、奉行の受る事を停められしか、同十二壬子年より、其高を減してまたこれを受しめらる、貞享二乙丑年、商賣高を定められ、八朔禮大抵舊に復す、寛政二庚戌年御改正ありて、同三辛亥年より、また其數を減せらる、證は、同八朔禮物の條にあり、

船來金銀數量

元寶足紋銀百三十貫四百九十八匁　寶暦十三未年より明和元申年迄、」中形足紋銀三千百七十一貫五百六十一匁二分四毛九糸四忽　寶暦十三未年より安永六酉年迄、」元糸銀七百五十貫五百五十五匁九分五厘九毛一糸　寶暦十三未年より安永六酉年迄、」安南板金二十貫九百九十一匁　明和三戌年より天明元丑年迄、」西藏金八貫五百十七匁一分　明和四亥年より安永六酉年迄、」足赤金十七貫六百二十四匁五分寶暦十三未年より安永元辰年迄、」九呈金一貫四十八匁八分　寶暦十三未年より明和二酉年迄、」八呈金十五貫七百三十五匁八分　寶暦十三未年より安永元辰年迄、」花邊銀錢千百九十六貫百六匁　明和二酉年より安永八亥年迄」人頭錢百八貫二百七

十四匁　安永六酉年より同八亥年迄、」安南銀二貫五百九十七匁二分　明和三戌年船來、」安南棹銀百八十貫四百二十八匁五分　安永九子年より天明元丑年迄、安永九子年船來、」　總計船來銀漆阡拾陸佰拾匁捌分參厘參毫漆糸肆忽、内、阡七百五十貫六百七十八匁三分九厘二毛五糸銷して、文字銀に作る、」三千四百二十八貫六十一匁七分七厘三毛、每六十目替金一兩、金にして五萬七千百三十四兩一分、永百十二文八分八厘二毛六糸、」三阡捌佰貳拾玖貫玖陌拾玖匁玖分玖釐玖毫銷して、南鐐貳銖判に作る、」百二十六萬六百五十斤、每八斤換文字金一兩、金にして十五萬七千五百八十一兩一分、」船來金陸拾參貫玖陌十漆匁貳分、

文字金に改造せし數量なし、此ときいまた改造の事なき故なり、其後改作せり、其數を求めて補ふへし、寶暦十三より金銀持渡ることは、田沼意次が政柄を專らにせし時、人ありて白石の寶貨事略を示す、意次も打驚きて、さらは唐船、阿蘭陀へ、試に金銀を求め見んとて中斷し所なり、此書の如く金銀の山吹を唐船より渡しければ、さては儒者に申事は、用に立ずとて笑ひけるとそ、事情をしらぬ人にかゝる書を見せて、俗人の嘲を招きし事、口惜き事なりとて、多紀永壽院の物語なり、自注、野口直方は俗名辰之助、常時備中の御代官なり、御勘定の時、此金銀吹替の懸り役なり、○唐阿蘭陀船持渡金銀錢圖鑑附錄、

年々唐土へ金銀の渡り去る事を、公にも惜み思召て、唐人へ以來は此方へ、金銀を持來るへしと命せられけるに、明和年中より金銀ともに、唐土より年々本邦ニ持來る事にはなりぬ、銀も六千貫目受合たりしか、其數も早先年濟て、其後は矢張唯今に持渡り來ると、銀座の人の物語なり、も金もインスと稱して、純金年々に持渡り來る、其圖を見しに、赤足抔いふ按するに、赤足は足赤の誤寫なるへし、印記ある金殊に多し、是も明和年間より今に至り、年々持渡り來ると、金座の人の物語なり、北窓瑣談、

貞享二乙丑年、持渡書籍の內、禁書あるによて其書は燒捨、一船の荷物積戻を命せらる、のちまた積來る書籍の內、燒捨墨消積戻を命せらる、事しば〳〵なり、元祿八乙亥年五月三日、また禁書を積渡るにより、持主費計庵、船頭何元亮兩人の渡來をと、めらる、

貞享二乙丑年、小川町宿の唐船より、寰有詮といふ書持渡る、被遂御吟味熸處、書中に天主耶蘇教御禁制の文句有之に付、書物は燒捨られ、唐人禁足にて積戻仰付らる、長崎志、

貞享二年、唐船持渡書籍の內、寰有詮といふ書の內に、御禁制の天主耶蘇教の文段有之旨、向井元成按するに、父を元升といふ、延寶八年聖堂附を命せらる、元成は

此頃書物役なり、改出し、其趣江府言上有之處、大切なる御法度筋の儀相改出すの旨、御褒美として御切米三十俵、二人扶持被下置、書役改役被仰付、子孫相續す、長崎實錄大成、

通航一覽　卷之百九十九　終

通航一覧　巻之二百

唐國總括部三

○漂着幷漂流扱方

按するに、本邦に唐船漂着せしは、北条五代記をはしめ、諸記應永十八年八月三日、相摸國三崎浦に着岸、鎌倉の足利左兵衞督滿兼下知して、伊藤次郎左衞門尉貞次、梶原能登守景宗、三浦備前守義高を奉行とし、詮議しけるに、惡風に逢ひ着岸のよし答へ、船中財寶若干を積載たり、よて鹿苑院義滿に訴へしかは、關東漂着のうへは、滿兼得分たるへしとの事にて、積來るところの財寶殘らす押とめ、物をあたへて歸國せしめしと載す、是よりさき、唐船漂着せし事有しにや、今詳ならす、また小田原記に、永祿九年春同所に漂着し、積來る所の荷物悉く交易すとしるす、寬永十二乙亥年、以來漂着船長崎に挽送るへき旨令せらる、此年唐船の通商、長崎一方と定められしによりてなり、寬文八戊申年、漂着船改方、ならひに挽船賃銀等の事を定めらる、正德五乙未年六月、漂着破船の挽船賃、及ひ出戻り船雜用賣等の事を、長崎奉行より五箇所宿老に達す、明和三丙戌年二月廿八日、漂着船挽送る路中の費、これまてすへて奉行所より渡し來りしか、以後難船破船荷物海失等の時の

み、漂着の浦々より出すへき旨、西國の御代官及ひ領主地頭に令せらる、此證は、
附錄海防之部、異國船扱方唐船の條にあり、
同五戊子年、長崎近海唐船風待汐繫り等、漂着の差別を議定あり、
寛永十二乙亥年より、唐船他國に漂着有之とも、早速長崎に可引渡由被仰付候、御
奉行柳原飛驒守、馬場三郎左衞門支配、長崎集、
寛文八戊申年
一唐船他之湊に致漂着、碇を入候時は、其所の領主より警固差添可被送越候、依之、
與力二人、歩行者一人、同心一人、町使の者一人、通事相添爲改遣之、送船に質唐
人を乗せ、又唐船にも日本人乗移參候時分、日本人共改之、質唐人乗候船も、船中
幷人共不殘改之、其以後警固之者又は宿主等一紙手形仕候、其上にて別條無之候得
は、常之通船中荷物等改之候、諸事改仕舞候て以後、唐人不殘奉行所へ召寄、通事
を以漂着之樣子相尋候事、
一漂着船に引船相添參候節は、唐人かたより引船之賃銀遣之事、長崎記、
正德五乙未年六月、長崎奉行大岡備前守、五ヶ所按するに、江戶、京、大坂、堺、
長崎等五ヶ所をさす、宿老に申渡之內、
一漂着船幷破船挽船賃之儀、如先格之、唐人より可爲差出候、右銀高之儀、漂着候

處より申來候趣、奉行所江相達し、差圖之上銀高相極、其所々江可相渡候、最請取方より、年番町年寄江證文取置可申候事、

一出戻り雑用賣之儀、類船相殘り候內に候者、其船之唐人と引合に可仕儀、出戻船之唐人之願可爲次第候、船拂以後出戻り候唐船有之、右之引合可仕、殘り船無之節は、水野菜之代銅にて卸可申候事、長崎書付○按するに、長崎奉行勤方留に擧く漂着船扱の事、年代を記さゝれとも、箇條の內、唐人屋鋪修理の事等見ゆれば、元祿已降にして、此頃の議定なるへけれは、左に附す、

唐船漂着之事

一漂着之所より先達て御案內申來候得は、當津江可被差送由被仰遣得者、以挽船當津江被差送候、着岸致し候得は、警固之仁相屆候に付、重て御請取可有之旨被仰遣候、御請取之前日、御附人歟警固之仁歟呼寄、明何日何時御請取可有之旨、御用掛り御家老申談候、

一當日請取之檢使として、給人兩人、足輕兩人唐船江差越候、其節漂着之先にて、質唐人二三人取置、別船に差置候を、請取之本船江乘せ、唐人數を改踏繪をふませ、本船江唐人二三人殘し置、相殘唐人召連、警固より渡し證文乃儀を、朝鮮人請取候節之ことく、兩通檢使に差出候事、

右唐人共白洲江差出し、召連候足輕兩人は、白洲疊臺之上左右に罷在候、其外船番檢使白洲に相詰候、風說役、通事目附、大小通事落緣に相詰、風說役漂着之次第致通辯候、落緣之上之方、唐人請取之給人兩人相詰候、御用に懸り候家老、內緣杉戶際に相詰候、さて內緣中程に被成御座、漂着之次第御尋相濟候得は、船江被差歸候、右相濟候得は、對面所下之間江御出被成、使者之間之襖を開、警固之使者被召出、御請取候旨御挨拶被成、御使者勝手次第可被罷歸旨、御意被成候、取次遂披露候、此節は杉戶立切候事、

一足輕二人　　　　一御役所附二人

右唐船、長崎湊近くに漂着いたし、其所より引船相賴候由、眞之物差出候得は、漂着之場所江差越、此方より引船被仰付、被遣候節檢使差出、

一給人兩人但、供若黨兩人、鑓挾箱草履取、一足輕兩人

右、漂着唐船爲請取、本船江罷出、長崎奉行勤方留、

明和五戊子年、野母村、高濱村は、長崎港に程近き場所にて、唐船通り筋なるを以て、汐繫り風待等之節は漂着に不相成、樺島村、川原村、茂木村等は、長崎に隔るゆゑ、地方に唐船卸碇は可爲漂着段、被議定之、長崎志續篇、

貞享二乙丑年八月九日、松平毛利長門守吉就領分、同三丙寅年十月廿三日、細川越

中守綱利領分肥後國天草、卽郡名なり、元祿二己巳年七月十六日、秋月長門守種政領分日向國平田那珂郡に屬す、等に漂着す、享保十七壬子年十月、肥前國沖島に彼杵郡屬す、漂着の難船を長崎に護送す、この後、漂着船しは〳〵護送の事、諸記に見ゆれとも、後證に益なけれは省く、

貞享二乙丑年九月廿一日、去る八月九日唐漁船十艘、松平長門守領分に流寄る、死人兩人有之由注進、按するに、長崎へ送りしなるへし、」同三年丙寅十月廿三日、細川越中守領分天草表へ唐船一艘漂着、則檢使を遣す處、商船故長崎奉行所へ相渡す、」元祿二己巳年七月十六日、秋月長門守領内自注、城下より二里ほと、平田といふ處へ唐船一艘漂着、風雨甚きゆゑ破損仕、唐人とも六十餘陸へ上り、死人も十人程有之由、以上、甘露叢、

享保十七壬子年十月、謝愷臣一船四十人乘組、同十六日夜大風にて瀨に當り破裂し、船具死骸共に跡方なく、散々に漂沒し、此水主倪里一人、磯近く浪に打寄られ、肥前領沖の島に流着、助命せし由にて送來る、長崎志○按するに、落穗雜談一言集に、寛政の初、紀伊國幷筑前國に漂着ありし事を記す、今他に所見なけれとも、姑く左に存す、

寛政の初に、土佐の國に唐船漂着せしを、見分武士行向ひ、唐船に乘移り船中吟味

落穗雜談一言集　大道寺友山が一七二三年に書いた本

せし間に、追風吹出けえれは、急に帆を上けて馳せ去りぬ、見分の役人を掠め去られしかは、その儘に捨置れす、土州侯より各十年の餫米を積貯へ、大船十艘諸方へ手分して、唐土天竺蠻夷の浦々迄も追かけ、尋歸るへしと出され、日本の內は諸國の浦々へ、もし土佐人乘り居候唐船は、流れ寄らさるやと尋させられける、莫大の費用にて、しかも他國へ對し外聞もあしく、官への恐れもありとて、殊外氣遣れしに、運よく風止て、其唐船紀州熊野の大島に流着ければ、紀州公より其旨申送られて、土州より受取の役人、紀州へ越し、官命を奉して數百艘の小舟の引船にて、長崎まて送られし、其跡にて彼諸國へ尋に出されし十艘の大船を呼戻されしに、內一艘は遠く出て知れかねしと風說あり、其後はいかゝなりしや、都て外國より漂流の船を吟味するには、彼船中の頭分の人數を陸へ上、人質として後、此方の役人彼船中に乘り移り、吟味する事故實なりとそ、また同し頃、筑前に唐船漂着し、彼國にて御吟味の上、相違なかりしかは、長崎へ送り遣さるへしとて、順風を待て彼唐船に、此方より小船多く番船に、付置れしに、一日追風出けれは、此方の差圖を待す、番船の繫き綱を切捨て、西をさして馳去りぬ、番船驚き追かけしかとも、大船に帆を上けたる事なれば、小舟にて押行に中々追付難く、暫時の間に數十里おくれたれは、力不及して皆々歸りしに、其內足輕三人乘り居りし番船一艘、ひたすらに西をさして追行しか、既に唐船を見失ひしをもいとわす、洋中百里計も馳出しに、風も止に、唐船は百里も出候ゆゑ、氣をゆるして沖掛りして居し所へ、彼番船終に押付、三人の足輕一度に移り、先鉞を取て帆柱を切折り、刀の柄に手をかけて、日本の方へさし、急き漕戻へきよしをのゝしりけるに、唐人七十人餘乘組居し大船なりしかとも、三人の勢ひに恐れて、すこ〳〵と筑前に漕戻しぬ、その後、法のことく長崎に贈られける、彼足輕三人は、勇武を振ひし手柄日本の規模なりとて、後日に取立られしと沙汰なせり、落穗雜談一言集、

明和五戊子年、爾後漂流人護送し來るとも、回咨は與へす、譯司の手印を遣はすへきむね、唐船主等に達す、これ去年呂宋漂到の難民護送し來りしとき、咨文不敬の事ありしにより、糺問せしに、謀書の旨白狀せしかは、かく改められしなるへし、なほ呂宋國の部、漂流放流の條併せ見るへし、

明和五戊子年、唐國或は外國へ日本人漂流し、入津の唐船より送り來る時、官所より咨文到來すとも、以後返翰は不遣旨、館內諸船主江被命之、長崎志續編、明和五年、唐國咨文之返翰止に相成、通事より手印遣す筈に相成る、長崎年表擧要、

享保二年四月廿五日

一先頃より唐船數多海上に見え候よし風說在之、其船豐前國小倉江來る、是は御朱

印無之商人船十二艘也、按するに、無牌の船なり、此通り江戸江注進之處に、可追拂之由仰に依て、晝夜鐵炮を打掛、大勢海手に出、嚴敷番在之候、

同年五月

一去る頃より、南京の商人船のよしにて、五百石積程の船に、人數廿人程つゝ乘りて、十四艘海上に見え候に付、江戸よりの御下知として、早々追ひ拂ふへしとて、其國入込の御大名方へ被仰付候に依て、松平肥前守殿、毛利右京殿、小笠原右近殿、按するに、肥前守は筑前國主、右京は長門國長府城主、右近は豐前國小倉城主なり、下再ひ辨せす、兵船五百餘艘五月十一日に船揃ありて、十四日に出船、最甲冑鐵炮、其外の兵具を持て相むかふ由なり、依て近國の大名方よりも御見舞として、人數百餘或は二百三百等、各甲冑兵器を用意して、豐前の小倉、長門の萩、長府へ參向、此外伊勢浦に三艘、北國浦にも十艘餘と、國々より注進の總高百餘艘の由なり、船中に小兒婦人等在之、定て彼の國兵亂故に、其寇を避んために日本へ來るかとの噂なり、

渡邊外記

唐船漂泊之御用に付、來春長崎江可被遣旨被仰出、柳營日次記、

享保二年十二月十三日

右、長崎江御用に付可被遣旨、若年寄被仰渡之、是は豊前小倉表江唐船漂流に付、追拂御用に被遣之、

同月廿八日

金十枚、時服二、羽織、　　　　長崎御用御暇

　　　　　　　　　　　　　　同　　人

右被下之、享保年錄、

同年十二月十五日、松平丹後守按するに、肥前國主吉茂なり、家來江山城守宅において、書付を以て申渡、

爲長崎御目付渡邊外記被遣之候、來正月十日頃當地發足候間、船之儀松平肥前守被申合可被出候、長崎奉行渡海格同前に可被心得候、以上、

十二月　　　　　　　　　　　　小笠原右近將監

右、松平肥前守家來江も同斷被申渡、

同月廿八日左之御書付相達之、

覺

一唐船近く見及候へは、只今迄は番船差出し候得共、此儀先相止、唐船とくと船を

懸候を見屆可申候、尤日本人ぬけ買を改候番船は、唐船へ見えさる様に差出し可申事、」一唐船滞留候は丶、天氣能時を見計ひ、鯨船かつこうの小船に、大筒打候者二人程つゝのせ四五艘程出し、鐵砲にて打せ可申事、一右之船數は、唐船一二艘の時の手あてに候、若十艘餘も一時に有之候は丶、三領申合船を出し、打せ可申事、」一右大筒は二三十目玉の抱の筒にて打せ可申事、」一船の上廻り計を打せ申事にても無之候、何方成共打せ可申事、」一日の中は小船に候共、商船にかはり候舟をは見咎可申候、其上鐵砲打せ候船小舟にて舟數も無之候へは、其様子唐船より見すかし候事も如何に候、、夜中天氣静時舟を出し、唐船の在所知れ候は丶鐵砲打懸可申候、畢竟玉込にて舟の近邊へ打懸候へは能候事、」一唐船必打潰し候様にとの儀にも無之候間、舟の模様見知られさる様に、あまり近くへ乗寄候事は無用に候、しかと目當にのり不申候とも、くるしかるましく候、大概を積り打せ可然事、」一鐵砲放懸候以後、唐船はせ出し退散候は丶、少々は追かけ打せ可申候、長く追候事は無用に候事、」一島々又は山の出崎なと近く唐船相見え候は丶、百目以上の大筒を仕懸置打せ可申事、」但、程遠く候は丶、玉筋も違、唐人共おとし計の様に存候ては如何に候間、十七八町より遠くは用捨可然候、尤右陸より打せ候大筒は、日の中打せ可申事、」以上、

通航一覧　巻之二百　終

通航一覧　巻之二百一

唐國總括部四

○潛商御刑罰

享保三戊戌年三月九日、九州筋漂泊の唐船打拂の指揮として、御目付渡邊外記長崎に着し、四月五日豐前國小倉に企救郡に屬す、いたり、この頃、小笠原右近將監忠雄嫡子、遠江守忠基在國なり、同十五日夜追擊船を出さしむ、松平黑田、肥前守宣政松平毛利、民部大輔吉元よりも船を出して打拂ふ、同年五月、其處置上聞に達す、以後も漂泊の唐船はかくはからふへき旨、小笠原右近將監忠雄に命せらる、

享保三戊戌年正月十一日

御目付
渡　邊　外　記

右長崎江御晦、柳營日次記、

享保三年三月

一去る享保二年二月、筑前松平肥前守殿領分江唐船入津候に付、關東江御窺之處、御上使渡邊外記殿御下向追拂候樣、御下知被仰下、月堂見聞集、

享保三年、爲上使渡邊外記小倉ニ赴、自注、外記儀此節御目付相勤、比年長崎表御用に付罷越、歸府之上此度又如此、彼邊之地理案内故願、其後長崎奉行、號出雲守、其節小笠原家ニ被成下候御下知狀、且諸家船備人數配大槪幷蠻船漂流之海上略圖、

小笠原ニ被成下候御下知狀

此度唐船用事に付、將監事歸國可申付處、老人厭寒氣、爲名代外記差遣之條、遠江守按するに、右近將監忠雄の嫡子忠基なり、致相談、無遠慮兩國ニ差圖仕、宜樣に可致支配もの也、自注、將監は忠雄なり、外記は渡邊なり、

大目付二木新右衞門罷越、此節小笠原へ被成下御書之寫、

去月十六日、唐船追拂之儀、達上聞候處、此度鐵炮にて打拂致方宜敷被思召候、自今以後漂流之節は、按するに、落穗雜談一言集には節もに作る、此度之通に打拂可申候、右之段渡邊外記より可相達旨被仰出候得共、外記儀今程三領之內に不罷在、長崎へ罷越候儀も難計候に付、於當地按するに、江戶なり、申渡候、猶亦外記方より可相達間、可被得其意候、以上、

戌五月按するに、次の落穗雜談一言集によるに、此奉書、黑田、毛利の兩氏へも賜はりし也、

右之節、上使渡邊外記、幷領主小笠原忠雄ニ、隣國之諸大名より追々付使者、樣子

相伺之、柳營祕鑑、雜話燭談附錄、唐船追拂記、
享保三年春より異船數艘西海に浮留る、炮を放ち是を追ふに、暫く退て又集り泊る、
小倉の小笠原家より啓して小船の事を伺ふ、二十目筒、三十目筒を以て地方十七八
間にて打たせ可然、船打破り人を殺すに至らさる樣に計りつへし、但異國人に害あ
りても船退かは可なりと、關東より命せられし、小笠原家より重て申けるは、鐵炮
の間其命の儘にすへけれと、海上心の如くならじ、只見合せて放へしと、云々、清
船の所在はようちうとて浪殊に荒くして漕よるに追なし、四月廿六日の入日に按す
るに、諸記によるに十六日の誤りなり、風止浪靜なりしかは、長肥及ひ小倉の家人
心を合せて、大船に兵具をして後にひかへ、小船一艘に足輕二人水主二人のせ、鐵
炮各二挺、自注二十目筒、三十目筒、其間五六間にしてはなつへきよし、合せて百
艘餘おしよせ、大に銃を放つ、玉數凡三千餘、淸船周章大方ならず、急に船を出し
退くに、人多く打れ死傷數多く見えし、去るまゝに數艘の大船一時に退散せり、此
趣急き關東に啓せしかは、松平民部大輔、按するに、民部大輔は長門國主吉元なり、
松平肥前守、小笠原右近將監の三家へ奉書をなし下し給ひぬ、按するに、奉書前に
擧たれは、こゝに略す、渡邊外記は、清船追拂に付、關東より三領へ下し給ふ御目
付なり、且清船我國を伺來るに非す、兵亂を遁れ來り海上にやすらふ樣なり、其人

甚勇氣なくそ見えしとそ、落穂雜談一言集、享保三年、長門、豐前、筑前三領之洋に、唐船數艘二三ヶ年以前より毎年漂ひ來て、官命に背き候買賣を相謀る、此儀達上聞、上使として渡邊外記小倉へ下向、右三ヶ國へ、打潰し候歟燒亡し候歟、二度不來樣に可取計由御上意なり、依之、四月十六日辰刻、筑前より唐船一艘燒亡し、命を遁れし唐人共は生捕、長崎へ送り來りけるを、新地の內籠屋を造り暫召置れ、その後歸帆の船より助命ありて返されし也、長崎記、

享保三年、去る正德年中筑前、豐前、長門三領の海上に唐船數艘漂流し、拔賣等を成し、或は地方に上り竹木を伐取、不法の働をなし、今年又々、唐船三領の海上に數多合漂流の旨、江府言上有之、仍て唐船爲追擊、渡邊外記、三月九日當表に到着あり、四月朔日筑前に赴き、漂流の唐船を擊拂ひ、五月廿四日長崎に歸着せり、長崎志、

享保三年五月十一日、小笠原右近將監忠雄蒙御感仰、是去月十六日於采邑豐前小倉沖、以鐵炮唐船追拂稱御旨由也、萬年記、

五月十一日、肥前國平戶より、松浦郡に屬す、唐國漂民を長崎に送り來る、御不審の事ありて牢舍せしめられしか、在館の船主等願により死刑を宥め、歸唐を免さる、享保三年五月十一日、平戶より李華夫一船の唐人四十三人幷荷物、當表に按するに、

長崎、差送らる、本船は唐人依願彼地にて焼捨し由、此船難風に逢ひ、壹岐勝本浦にて破船せし旨訴るに付、稠しく被遂御僉議處、長門領より漂ひ來、筑前にて追撃に逢たるよし白狀す、但唐人五十三人內十人被撃殺、此度送來し唐人皆々鐵炮疵を受る者多し、仍て右唐人新地の內に籠置れ、同十月十三日、唐人屋敷の波戸場にて、右の荷物船具共に焼捨被仰付、一船の唐人は在館の船主共依願、歸帆の船々より連歸る、長崎紀事、

享保三年十月、松浦肥前守領海ゟ漂着破船候、唐船財副李華夫へ申渡書付、

長崎往來之唐船、逆風に逢漂流候時は、日本國いつ方にても、浦々より船を出隨分介抱致し、或は長崎ゟ送り遣し、或は舟具なと損失候時は、調て遣し歸帆致事候、さも無之に猥に船を寄滯留候事、堅く御制禁にて、兼々此段唐人共能乍存、近年長門、豐前、筑前の國々ゟ唐船度々船を寄、數日滯留候付、浦々之者共罷出、歸帆候樣にさいそくいたし候得共、曾て不入聞、剩無禮之議有之、其上番船之隙を伺ひ內證賣買をいたし、國法を犯し重疊不屈之仕方に候、依之國々守護之大名、唐船を追拂、若異儀に及候はは、人數を出し悉く打潰候樣に被仰付候處、當春以來又々唐船數艘滯留に付て、張番之者共小舟にて、まつ鐵砲少々打懸候處、唐船驚早速退散候故、不及打潰、其通りに差置候、然に李華夫乘組之船難風に逢、四月十五日之夜、

折節彼所に參かゝり鐵砲に打拂はれ、方角を取失漂流候て、壹岐國にて船を瀬に乗懸破船候に付て、乗組のものとも糺明を遂候處、最初は三領へ漂流不致候由堅申候處、段々僉議之上、遭逆風長門領へ漂來候由令白狀候、最初申旨とは相違に候、死罪にも可被仰付候得共、私販を心掛け漂流候儀にては、曾て以無之由申之、其上此節長崎入津滯留之唐人共、一同に李華夫、乘四十三人之者共を請合、身命を御助被下歸唐仕候樣にと、强て相願候に付、長崎滯留之唐人共に對し、一命計御助、舟板諸道具は燒捨、歸唐被仰付候、向後私販は不及申、御制法之趣、若於相背は死罪に可行もの也、

月日

享保三年十月

長崎入津之唐人共江申渡御書付

長崎往來之唐船、逆風に逢漂流候時は、日本國いつ方にても、浦々より船を出、隨分介抱いたし、或は船具なと損失候時は、調へ遣し歸帆致事に候、さも無之に猥に舟を寄滯留候事、堅く御制禁にて、兼々此段唐人共能乍存、近年長門、豐前、筑前之國々江、唐船度々舟を寄、數日滯留候に付、浦々之者共罷出、歸帆候樣に催促致し候得とも、曾て不聞入、剩無禮之儀共有之、其上番船之隙を伺ひ內證賣買をいた

し、國法を犯し、重疊不屈之仕方に候、依之國々守護之大名唐船を追拂、若異議に及ひ候はゝ、人數を出し悉く打潰候樣に被仰付候處、當春以來、又々唐船數艘滯留に付て、張番之者とも、小舟にてまづ鐵砲少少打懸候處、唐船驚き早速退散候故、不及打潰、其通に差置候、然るに李華夫乘組之船難風に逢、四月十五日之夜、折節彼所に參かゝり鐵砲に打拂はれ、方角を取失ひ漂流候て、壹岐國にて船を瀨に乘懸破船候に付て、乘組之者とも糺明を遂候處、最初は三領に漂流不致候よし堅申候處、段々僉議之上、遭逆風長門領に漂來候由令白狀候、最初申旨とは相違に付、死罪にも可被仰付候得共、私販を心懸け漂流候儀にては、曾て以無之由申之、其上此節長崎入津滯留之唐人共一同に、李華夫乘組四十三人之者ともを請合、身命を御助被下歸唐仕候樣にと、偏に相願候に付、長崎滯留之唐人ともに對し、一命計御助、舟板諸道具は燒捨歸唐被仰付候間、召連可致歸唐候、向後私販は不及申、御制法之趣、若相背事於有之は、死罪に可行者也、

月日

通航一覽　卷之二百一　終

通航一覽　巻之二百二

唐國總括部五

○潛商御刑罸

享保五庚子年六月、また豐前、筑前、長門三國の海上に、唐船漂泊せるにより、同十七日、小笠原右近將監忠雄豐前國小倉を領す、の家臣、謀計をもて唐人數人を擒る、同廿二日、松平黑田筑前守繼隆、肥前守宣政の嫡子にて、領國筑前在國なり、人數を出して燒撃し、松平毛利長門守吉元領國長門、追船を出せしかは、悉く退船せり

享保五庚子年六月

一小笠原右近將監領分、小倉之内藍ヶ島近く、唐船致漂流候に付、公儀御役人江屆置、仲買之目明し三人小倉江呼寄委細申含、例之沖買に仕立唐船江遣し、拔荷買可申由掛合候處、面々此節來候由之事先達而承候、中々被欺へきや、若船中江入らは打殺さんとてうけ附ず、左樣の儀には無之、例之通拔買なり、證據は日和次第一兩日中代金可致持參と申、一先罷歸、六月十七日夜子刻拔荷買に出立、物頭兩人足輕七十五人船底に隱し、唐船江近附、拔荷買に來るといひ、金筥を投入候故、唐人心

解階子をおろし候得共、乗移り難きと申せは、又々階子三挺下し候故、三人上り候跡に附、物頭足輕唐船江乗移り候得者、唐人共劒をぬき働、有合の道具を打かけ又は爪にて顔をひつかき防候得共、船中乗合之四十五人生捕候、尤足輕之面々怪我多く、淺手餘多蒙り、劒にてつかれ候ものは重手の由、四十五人之内頭唐人三人、小倉江引取、小笠原遠江守より按するに、小笠原忠雄の嫡子忠基にして在國なり、日下部丹波守江、按するに、長崎奉行なり、翌十八日屆在之候處、指圖にて、右三人長崎江、相送候よし、唐船江内通のもの吟味有之候得とも、他領のものか不相知由、一體三ヶ國より寄合參り、貨物も盜物に可在之哉之由、物頭兩人は上條九郎兵衛、横川佐野右衛門、其外掛り野崎要人、番頭靑柳彌三右衛門自注、唐船追拂役、西田庄三郎自注、長崎聞役、也、大船頭石井與八郎、石火矢打古田元右衛門兩人は、外船に指扣、自然違變在之候得者唐船打潰候手段のよし、右注進に付御奉書、此度唐人被召捕候樣子、兼而御好之御注文之通無相違、別而御氣色之事にて珍重存候、此旨可申達旨、河内守按するに、老中井上正岑なり、申付候由、井上河内守家來音羽庄兵衛より、小笠原右近將監家來依田左次兵衛江申聞之、

一筑前領大島沖江、六月廿二日、唐船一艘致漂着候處、松平筑前守より打拂役人乗出し、石火矢を打掛候得者、船中出火唐船燒失、唐人不殘致焦死候由、右役人大目

付北村彌次兵衞、船奉行松平市郎兵衞、物頭久野善右衞門、石火矢打磯野彌五兵衞、一長州赤間ヶ關江唐船二艘、別に五艘、六七十里先迄漂流船見え候由、注進在之候、右之所江は船路之大灘有之、晴天海晴にても日本船渡海不相成、彼唐船とも、地方江少し寄候處、長州領之重役小幡源兵衞、村上又右衞門、六月廿三日追船を出し候得者、右之所江逃退、其後は寄り不申、不知行方云々、享保年錄、

享保五年七月

小笠原右近將監領分、豐前小倉領藍ヶ島と申所江、唐船一艘漂着に付、拔荷買目明し之者三人船にて參、荷物可買請由申聞せ候得は、唐人共、兼而其段先達而しらせ候者有之候て、中々謀られ申事に無之候、卒爾に寄候はゝ打殺し可申と申候に付、左様之儀にては無之、其證據には二三日之內天氣相見合買請に可參と申聞せ歸、二三日過候て、船之底にかれこれ七十五人隱乘候て、右三人之者立顯はれ、船を寄候て荷物買に參候由申、金子入之箱を唐船江投入候得は、唐人安氣いたし階子を下け申候に付、是にては乘かたく候由申時、又二挺下け申候に付、船底の者共起上り、ひた〳〵と乘移り候得は、唐人大きに驚き劔を拔かゝり、或は、船の道具にて打、又は爪にて引かき働候に付、取あくみ申候、殊に夜中之事故、船中不案內にて捕兼、手負もあまた出來候得共、手木にて打臥せ

〳〵取候て、四十五人不殘搦捕申候、自注、召捕候唐人浙江省嘉興府の者なり、其内、頭取唐人三人、長崎に送り遣す、唐人申に付、先達て告知らせ候内通之者、僉議有之候得共相知不申候處、後知候て是も被召捕候、右は三ヶ國の打合船にて、荷物も國々の盜物と相見え候由、其節の役人、

番頭　野　澤　要　人　按するに、野澤は野崎の誤りなり、

追放役　青　柳　彌三右衞門　　長崎聞番　西　田　庄　三　郎

物頭　上條　九郎兵衞組共　　横川佐野右衞門組共

大船頭　石　川　與　八　郎　　石火矢打　古　田　元右衞門

右之後、赤間ヶ關に唐船三艘、長門に五艘、六七里先に相見え候得共、其所、いか樣之晴天にても、日本船は渡海難成大灘に候により、乘附かたく候よし、長門領、筑前頭より追船出し候得は、右之難所に逃退申候に付、近寄かたき由申候、

同月注進

筑前國大島沖に、六月廿三日、唐船一艘漂着に付、松平筑前守より打拂役人差出し、唐船に近寄候て唐人を打殺申候處、唐船より出火、右之船悉く燒失仕、悉く死亡す、以上、承寛襍錄、

享保五年七月、小倉より唐人送來、按するに、長崎に送りしなり、此唐船豐前領海

上に漂流之處、夜中密に追船を仕立、抜買人之躰に似せ、唐船に近寄、船主谷子玉、財副潘沚水、總管楊東を小船に謀り乘せ、三人共に搦捕、當表に被差送之、長崎志

○按するに、枯木集に、この時御目付渡邊外記を遣はされしよし、記したれとも、此ころは在府なり、また打拂の月日も、享保年錄等に齟齬し疑はしけれとも、生捕の始末具さに擧たれは、左に存して參考に備ふ、

享保五子年三月、筑前、豐前、長門沖に唐船多相見、日本を伺候樣子に相見え候に付、筑前國福岡城主松平肥前守繼政、長門國萩の城主松平民部大輔吉元、豐前國小倉の城主小笠原右近將監忠雄、右三家より鯨小早番船にて拂退候ても、沖を廻り居申候故、段々御注進被成、右三ヶ所遠見番所より御人數無油斷相守、四月に至ても唐船猶數多沖に相見候段、注進有けれは、江戸より御目付渡邊外記、御下知を蒙、豐前小倉江下着あり、六月五日六日には小倉藍島江來る、自注、藍島は小倉より三里、これに依て石火矢を仕掛置、鯨小早船數十艘、軍船百艘、右三手より漕出し追拂けれは、皆々唐船引退、日本を伺候樣子にも無之、抜荷物賣船之樣子にて、船の內多荷物相見え候よし、これによつて抜荷物買之者とも御詮儀有之候處、大勢あらはれ、大坂江生捕皆々鼻を劓、命は御たすけ被成候、抜荷買の隨一先生金右衞門、播磨屋又兵衞、久保甚左衞門三人奉行所牢屋に居、抜荷買のもの共白狀いたし、或

時兩人申上候は、唐船拔荷舟唐人御生捕候はゝ以後參問敷候、これによって唐人生捕やうの次第條々に申上候、大坂町奉行より江戶に右之譯御注進御座候間、右近將監殿、番頭野崎要人と申もの、井上河內守殿にめしよばれ御密談被成、小倉に被遣候、

一六月十二日、先生金右衞門、播磨屋又兵衞、久保甚左衞門三人を、野崎要人大坂町奉行より請取、小倉に參り候、

一七月にいたり候ても唐船沖に掛居候、同七月十日の夜、右近將監殿、番頭野崎要人、物頭上條金兵衞按するに、九郞兵衞の誤りなり、橫川佐野右衞門兩人の組足輕五十人、二艘の船底に隱置、此外目付役靑野彌三右衞門、西田庄次郞、船頭石井與八郞、石火矢打古田元右衞門等忍々に舟を出す、先生金右衞門、播磨屋又兵衞八日の夜唐船に參、例の通拔荷買度よしを申けれは、唐人ともかぶりを振、いや〳〵たばかられてはならずとおもひしや、中々階子をおろさず、此金右衞門、又兵衞は唐人とも知る人にて、先生殿先達て日本人に我々か事しらせ候事これあり候とて、又兵衞、金右衞門を寄附申さす、然とも金右衞門、又兵衞いろ〳〵たばかり、我々二人には船頭二人都合四人にて來候程に、階子を落し、荷物を見せ吳れといふ、唐人共船の內を能々見候て、階子をおろし、金右衞門、又兵衞を呼あける、兩人唐

船に乗移、荷物品々見わけ、例之通指札まていたし置、十日の夜金子を持參可致と約束致し、兩人とも忍躰にて歸候、扨十日の夜約束の如く、金右衞門、又兵衞舟二艘にて、舟底に物頭足輕隱置、船頭二人宛にて遭行、階子を乞けれは、用心にや階子おろし不申、四五人にて日本の船の內を能々見すまし、日本人は先生、播磨屋、久保、船頭四人計かと問、金右衞門申けるは、いつもより荷數多けれは、大舟にいたし候迚、金財布を唐船江投入けれは、頭唐人申けるは疑事なしとて階子を提候へといふ、又兵衞、甚左衞門尚又革財布を投入候間、唐人共彌心安存し、階子二挺おろしける、折節空曇月も山の端に隱けれは、舟底の五十人の者共起上り、大階子を三挺唐船へ打掛、足輕とも一度に我先にとかけあかる、一番に上る二人を、唐人とも劔を拔切かけける內、兩人は深手なり、然とも日本勢大勢船に乘移、唐人ともを生捕皆々繩を懸、都合五十二人、內頭分三人、不殘小倉の城江入置、江戸江御注進被成、江戸より御下知にて奉行所江相渡す、

七月六日筑前領姫島沖より、四里ほと先に唐船三艘懸居候故、四五度追拂候得とも、又來て懸居候に付、松平筑前守殿家來黑田淸左衞門下知にて、物頭久野吉右衞門、松本市郎兵衞、船奉行磯部彌五兵衞、大目付北村彌次兵衞、足輕百人、鐵炮五十挺を添、姫島まて遣し置、焚草の茅を船に積、六日の夜四方より唐船を取卷、火矢を

射かけかやを投込、唐船をせめける、唐人とも火をけしにかゝる人は矢にあたり、火を防んとては船にもえ附、海に飛込唐人も多く、三艘の唐人みな亡ひける、是を遠目に見ける唐人とも、船をはやめて引退く、これよりして唐船一艘も見え不申候由、枯木集、

覺

拔荷之儀、前々より稠敷遂吟味候得共、今以不相止、近頃は沖にて荷物請取、又は流寄之浦にて荷物請取候事有之候、過分之賃錢取候事故申合候段、其以不屆に候、此後拔荷之儀相賴候者於有之は、其荷物直長崎御役所に持參り。被賴候樣子申出るに於ては、申合候科を免し候上、右荷持不殘其者へとらすへく候、

一拔荷いたし候、頭取召捕訴出候者於有之者、急度褒美とらせ、縱ひ前に拔買之手合いたし候ものたりとも其科を免し、仇を成さる樣に可申付候、

一唐人より日本人に、荷物相渡候手印遣し相賴候はゝ、早々可申出、吟味之上急度褒美とらすへく候、

右之通、急度可相守者也、

寶曆三年酉六月

備後

加賀

（附箋）備後守ハ、寶暦十六年六月、勘定奉行在職中、長崎奉行ヲ兼帶、加賀守ハ、明和二年正月、長崎奉行ヲ命セラレタレハ、是年兩人ノ名アルヘキ所謂ナシ、此名ハ奉行ノ相代ル度毎ニ其古役ノ名ヲ削新任ノ名ヲ板ニ書キ、先ノ札ト替テ打附ルコト例ナレハ、此兩名ハ明和ノ初兩奉行ノ名ナリ、然ルニ長崎古今集覽ニ所記モ、寶暦三年酉六月、備後、加賀、ト見エタレトモ、明和頃ノ高札寫ヲ掲載セタルナルヘシ、〇大成令續集、憲教類典〇按するに、備後守は石谷備後守、加賀守は新見加賀守にして、ともに長崎奉行なり、但し備後守は御勘定奉行より兼勤す、

寶暦六丙子年八月長崎奉行に渡、

唐船拔荷之儀に付、別紙之通度々被仰出も有之處、近年猥に相成、度々拔荷仕候者も有之由、其上近頃度々唐船漂流も有之、右に付ては、紛敷儀も有之趣相聞、畢竟申付不行屆故之儀に候、先年度々被仰出候趣、彌違失無之樣、自今共嚴敷被申付候、拔荷仕候者於有之は、相改召捕候樣可被申付候、此以後拔荷仕候者にて召捕吟味之上、先々相知候においては、所の領主越度可相成候條、被存其旨、無油斷可被申付候、以上、

八月

外に、正德四午五月、享保三戊六月、同十一月、同四亥六月、同十一年九月、唐船

拔荷之儀に、付相渡候觸書寫一帳に調之、五冊渡之、銘々寫取候樣申聞之、右之通、西國中國筋に領知有之面々江相觸候條、被得其意、右之趣を以、猶又唐船之者江も嚴敷可被申付候、

寶暦六丙子年八月

長崎奉行江

唐船拔荷有之、及露顯候はゝ、其船は不及申、在留之船主共江、罸減可申付候間、兼々其旨を存、相互に相糺合可申出旨、可被申付候、且又以來渡海停止之儀は、其船主計罸減之員數は可爲半分事、

右之趣、可被得其意候、

八月以上、大成令續集、

○唐商御咎幷御褒美

享保元丙子年四月、薩摩國に破船のよし長崎護送ありしに、不審なるにより、船主はしめ牢舍せしめらる、同十一丙午年正月廿二日夜、館内に盜賊入しか、詮議の上諸船より紛失の品を辨せしむ、延享三丙寅年八月十四日、唐商等爭闘して館内騷動せしむるにより、唐人の構内に商人の出入をとゝめしかは、唐人等御免の事を願ふ、寛延三庚午年九月廿三日、工社水主なり、狼藉の事あるにより、船主は信牌を沒收

せしめ、工社は過料を命す、
享保元丙申年
一當四月積戻の劉汝謙船諸處に漂流し、七月薩摩領にて破船し、當湊に送來被遂御僉議處、胡亂なる仕方に付、唐人屋敷札場に、一船の唐人三十九人籠置、長崎實錄大成、
享保十一丙午年正月廿二日夜、唐人屋敷十四番船之部屋に、戌刻諸船より强盜、翌朝より詮議之上荷物少々出る、紛失之分は諸船より辨之、長崎覺書、
延享三丙寅年八月十四日、館內丑十五番郭友光部屋に大勢之唐人竹槍等を以押寄せ、甚及騷動、內二人卽死十六人手負有、同十六日十五番船唐人新地被遣置之、同廿二日館內又々可令騷動旨風聞有之、寅六番、丑十四番、唐人塀を越逃出る、同廿三日此內より騷亂一圓不相止、不屆之至に付、今日より館內に通事中を始、火之元番、遊女其外諸商人共に出入被指留、數日之後唐人共段々依願、日本人出入御免有之、
寬延三庚午年九月廿三日、巳六番船之工社共、船主に遺恨有之由、唐人屋敷通事部屋に踏掛、狼藉不法之働を爲すゆゑ、御吟味之上信牌被沒收、銅罰減被仰付、工社共に過料銀被令差出之、以上、長崎紀事、
享保九甲辰年、唐船主郭亨統去年御用の馬を載渡り、且先年給牌の事によて義氣あ

胡亂　いいがげんなこと

りしを賞せられ、其身一代の信牌を賜ふ、同十七乙巳年四月廿四日、當春拔買の訴人せしによて、船主伊敬心、呉子明等に御褒美あり、同十一丙午年八月十七日、周元翰、拔買を捕へ訴ふ、のち御褒美あり、同十六辛亥年五月十二日、また謝愷臣去年拔買訴訟の褒美あり、
享保九甲辰年、郭亭統信牌御法之初年義志有之按するに、享保元年信牌を領歸唐せし船主等に讒訴せられしよしを聞、在崎の船主ら信牌を領する事をためらひしか、郭亭統ひとり何枚にても賜はらん事を願ふにより、外の船主も領する事に決せしを賞せしなり、旨、其上御用之唐馬牽渡し按するに、去年十二月馬牡牝二疋を載せ渡るなり、御賞美として、一生限恩加信牌被與之、長崎紀事、
享保十乙巳年四月廿四日
一唐船二艘、拔買訴人爲御褒美、新銀百枚宛被下之、長崎覺書、
享保十年
一正月廿八日、四番伊敬心船幷二月三日五番呉子明船入津、夜中拔買の者本船に來りしに、兩船主共に曾て同意せす、搦捕んとせし處、四番船にてはそのもの海中に飛入しを衣類を剝取、五番船にては直にその者を捕へて番船に相屆る、翌日被遂御僉議、逃去しものも相知れ、二人共に入牢被仰付、仍て四月廿四日、兩船主に爲御

褒美白銀百枚宛下し給らる、長崎志、
享保十年四月五日、水野和泉守被渡書付、袖書に、日下部丹波守、按するに、長崎奉行なり、

唐人　伊　敬　心　　　　呉　子　明

右當春、唐船江日本人乗移り抜買之儀申遂置候處、右唐人同心不仕、日本人を捕へ又は取逃し申候者之内、脱置候衣類等、早速長崎奉行江出訴候に付、爲御褒美、右兩人銀百枚宛被下之旨、御書付を以日下部丹波守江申渡之、柳營日次記、享保年錄、
享保十年十月

唐人　伊　敬　心　　　　呉　子　明

右當春之事、唐船江日本人乗移り、抜荷買可申由申置候處、右唐人とも同心不仕候、猶兎角買申度由、申候に付、唐人共日本人を召捕申候、其内逃候者も有之候處逃候者は衣類を留置候に付、長崎奉行所江、留置衣類共差出訴申候に付、右唐人共江銀子百枚宛被下之候、日下部丹波守取扱なり、承寛襍錄○按するに、此書月を誤れり、享保十一丙午年八月十七日、十八番周元翰入津す、夜中抜買の者本船に來しを、船主搦捕て番船に相屆る、追て船主江爲御褒美白銀百枚下し給る、」享保十五庚戌年十一月、三十三番謝愷臣船入津す、夜中抜買の者本船に來しを、船主搦捕之番船に

相届る、」享保十六辛亥年五月十二日、謝愷臣前年の爲御褒美白銀下し給る、以上、
長崎志、
享保十六年四月八日
御勘定奉行〻
戌三十三番唐船主　謝愷臣
右唐船〻、去冬日本人拔買を企游着、船中〻乘移候處、唐人共起合取圍之、早速番船〻訴出候に付召捕候、唐人共拔買之儀申合候事無之、御掟を相守候付而、爲御褒美銀百枚被下之、
但、右銀子は、高木作左衛門方にて相渡候樣可被致候、
右之通、長崎奉行〻申渡候間、可被得其意候、以上、享保年錄、大成令、

通航一覽　卷之二百二　終

通航一覽　卷之二百三

唐國總括部六

○町宿幷唐館附制令等

寛永十四丁丑年、唐商の旅泊差宿の事始まる、同十八辛巳年、又宿町を定む、これ商船渡來隨意に旅宿をとり、市中一體の住ひなきにより、かく定めらる、猶證に就て看るへし、寛文六丙午年差宿をとゝめ長崎記に、差宿停止になりしを十二年とせしは誤りなり、宿町附町の順を立て旅宿せしむ、其後船中乘組の客唐人を別に旅宿なさしめ、小宿と號せしか、いくほとな□停めらる、

寛永十四丁丑年、唐人差宿といふ事始まる、崎陽記錄、寛永十八辛巳年、馬場三郎左衞門兩支配之節、按するに、此ころ奉行馬場三郎左衞門、松德平右衞門兩人在勤なり、宿口計にては助成に難成とて宿人三貫目其餘は町中自注、唐人宿仕處之町中也、配分す、其上番人所知之宿計差置事、口錢餘計無之に付、唐船湊入津之節、番船を出し、何れへ宿を致し候哉と相尋、何町何某所へと書簡を以申出る、その書簡文字に少違有之、或は漂着の船を順番を定め、置順に當るを宿町に定め、其町に口錢を取せらる、是を振船といふ、數十年右の通りに有之處、寛文六丙午年、稻生七

旅泊差宿　唐人（中国人）の宿泊所

郎右衛門支配の節、唐船附町心次第に致す事停止になり、內外の町宿前を定め、順番に當る町を宿町とす、長崎記、

一唐船宿指名之節、町付或は名字之文字相違有之哉、又は漂着仕候船はふり船と號、自注、振り船と言は他國に漂着船也、內外町各番に宿町被仰付、致商賣口錢銀取之、寛文六午年六月、松平甚三郎様、無差宿被仰付、指船相止宿仕、口錢三貫目宛被下之、相殘分は三貫目宛、內外町中に是又順番に被下之、但船頭は宿町乙名方に居申候、長崎覺書、

唐船入津の節、長崎市中之者、家宅を船宿として、一船の唐人を寄宿せしめ、其船積渡る端物藥種諸品に口錢を懸、其宿主の得分とせしむ、依之唐船入津を見掛る時、市中船宿の者、小船にて迎に出て、我方に船宿の約束をなす、唐人方よりも何町誰某方に船宿すへきの書付を差出す、是を差宿といひ習はせり、又入津の內、船宿の者心當無之は、或は唐人書付に町宿名苗字等相違の節、又は漂着船の分振船と名附、總町割を定め、順番に町宿せしむ、是を宿町といふ、」寛文六年差宿を相止、入津の船不殘宿町附町の順番を定め、其町の乙名居宅に船頭役者を宿せしめ、其餘は家々に在留せしめ、其町中に口錢銀を取せ、其外總町中に配分せしめらる、また宿町附町の格相定まるの後、唐人とも一つの謀をなし、船中に客唐人を立て別町に宿

せしめ、是を小宿と名つけ、一船積來る荷物の內、船頭荷物少し計留置、其餘は客唐人の荷物なる由にて、過分に小宿に送り遣はし、其小宿主に口錢銀を取しむ、然共此事非分なる故、追而御詮議の上小宿を停止せしめられ、元之通り宿町一町中に船宿を定めしめらる、已上、長崎實錄大成○按するに、長崎志に、船頭幷に宿町附町への觸書を載す、年月詳ならされとも、寛文中の事なれは、姑く左に出す、

唐船入津以後、通事方より船頭總代幷宿町附町江、相觸候書付之寫、

爲御意申渡候事、

一唐人博奕之事、

一唐人町屋之女に不作法事、

一唐人喧嘩口論事、

右三箇條、兼々御法度之段、皆々存之、今更別而稠敷被仰渡候間、宿々隨分唐人御法度相背不申候樣に、吟味尤に候、勿論唐人中間日本人與組致し、右之惡事不仕候樣に、彌可有御吟味候、以上、

年號月日　　唐通事中

右被仰渡候趣、我々唐船宿町幷附町之面々、慥承屆申候、仍銘々判形仕候、已上、

何番船　船頭　判　　同　總代　判

宿町　おとな印　　附町　おとな印

右は例年唐船大形參揃候、已後奉行所に相斷申觸候、自然船間とをく候得は、不揃已前にも相觸候、以上、長崎記、

元祿元戊辰年、唐商の町宿を停められ、十善寺村御藥園の地に旅館を建、明年閏正月より、唐商を構內に移され、新に乙名はしめ番人を御抱ありて、門戸の出入を改め、唐人出行のときは差添をも命せらる、後しば〳〵修造ありて畠地等圍こみあり、正德三癸巳年、町宿復古の事を長崎奉行に訊問せられしか、然るへからさる旨言上す、其意によられて止られしなるへし、

差添　付き添い

元祿元戊辰年迄は、唐人町屋に在留して商賣す、則此年町屋に居候事御停止に成、十善寺村御藥園之地を引小屋を建、翌巳年より入津之唐人、此圍之內に悉く被召置、依之番人二十人抱、右之者とも唐人屋敷之門番之勤、其外出島門番に相加はる、奉行川口源左衞門、山岡十兵衞、宮城主殿、長崎御用書物、

近世唐船入津の數を定められしこと度々なり、あるひは五十艘、又は三十艘、又長崎町數に充て八十艘の時もありし、此年、按するに、船數八十艘とあれは、貞享四年なるへし、黑船我奸商と私に賣買する事禁せらる、これより唐人町町に宿する事なし、自注、十善寺唐人やしきといふ、別地旅館をかまへ、てこれにをらしめたま

ふ、自注、貞享五年地を點し、翌元祿二年の春船の請人此地に居らしむ、〇鹽尻、
一元祿元年、十善寺御藥園を以、唐人被召置由に而、九月より地形普請等仕掛り、翌巳年四月成就す、此入目錄六百三十四貫四百四十目餘、此内四百貫目從公儀爲御引替、高木作左衞門殿より請取之、巳年より酉年迄五ヶ年、唐人屋敷家賃銀を以上納いたし皆濟す、同二巳年閏正月より唐人圍に入、
一初年より元祿七戌年迄、屋敷間數圍內、東之角より南之角迄五十七間半程、南の角より西の角迄九十三間程、西角より北の角迄七十六間程、但折廻し北の角より東の角迄九十六間程、惣坪數八千十五坪半、自注、但畠地千六十五坪、辰未申三年に加はる、中門より外長屋總廓六百五十四坪六勺、自注、但此內戌年百五十四坪廣かる、四方練塀高さ七尺五寸より一丈二尺迄、自注、厚二尺七寸、北四十七間程箱の小樋、餘は中門內外境合四方塀忍返し、自注、元祿七戌年出來す、但間數四百五十四坪、自注、一間に付八匁四分二厘五毛、地子銀三貫八百四十七匁六分五厘、
一長屋十九棟、部屋數五十　三間に十八間七棟、但十四部屋、三間に二十間二棟、但四部屋、三間に、二十七間八棟、但二十四部屋、三間に三十六間二棟、但八部屋
〆
風呂屋一棟、自注、三間に七間一間に折廻し、庇有、自注、是は元祿三年年立、

鹽　塩の旧字
地形普請　土木工事

腰掛一棟、自注、二間に十五間、元祿七戌年立、　辻番所五棟、自注、一間に一間半、裏門一ヶ所、自注、口八尺程、
一中門の外長屋、自注、二間に三十四間、但折廻し、　内、二間は御檢使部屋
三間は大門　二間は内外町乙名部屋　八間は乙名部屋　九間は通事部屋、五間は番所　五間は通事部屋　札場は三間に五間一軒但　折廻し一間の庇、又一間半に三間
御檢使部屋　〆
　中門の外北の塀際　番所一棟、一間に一間、　同出御番所一棟、自注、一間に一間半、但後半間の庇有、
一大門の外波戸、自注、古來之通り筋に、薩摩屋敷二ヶ所と町屋敷一ヶ所之處、内外町中より買足、東北の間二十八間程、南西の間二十五間程、東南の間三十二間半程、西北の間十七間程、坪數六百五十五坪半、
　　　　　　　　　　　　　　　波戸番戸助
　大藏一軒、自注、三間に二十間　　番所一軒、自注、三間に三間半、但一間半に二間の仕續有、

通航一覽　巻之二百三　終

御檢使部屋　調査官の部屋
乙名部屋　一族の長の部屋

通航一覧　巻之二百四

唐國總括部六止

○町宿幷唐館附制令等

元祿二己巳年七月、唐館に制令の高札を建られ、正德元辛卯年十月、亦建添あり、同五乙未年六月、改革によて奉行大岡備前守、唐館の修令を地下の者に沙汰し、同八月、唐商にも諭す旨あり、

元祿二己巳年七月

禁制

一禁制三箇條之御高札但眞文、　　一諭唐船諸人

右之二串二之門に建、

元祿二年七月　　　　奉　行　憲教類典、令條錄、長崎實錄大成

○按するに、禁制の高札は寛永十一年長崎に建らるゝ所、諭文は同十八年、吉利支丹の嚴禁を唐商に示されしか、貞享四年、吉利支丹を耶蘇と書改め、猶示諭ありしを、こたび唐館新建により、二串とも建しなるへけれは、寛永よりの禁令等を左に示す、

寛永十一甲戌年五月、肥前國長崎港禁令、
一西洋耶蘇會人載渡日本國事、
一日本國兵器齎渡異域事、
一奉書船定額外日本人渡異國事、
附投化異國人準此、
右所定三章、須守禁法、若有犯則可處重罪、施行如件、
寛永十一年五月
寛永十八辛巳年、諭大明賣船三章、
一吉利支丹、以罪惡深重故、其駕船所來者、悉皆斬戮、且其徒自阿媽港發船海渡之事、既停止訖、自今以後唐船、若有載彼徒來則速斬其身、而同船者亦當伏誅、但縱雖同舟者告不匿、則赦之可褒賞事、
一吉利支丹之書礼、幷贈寄之物、潛藏匿齎來日本、則必須誅之、若有違犯者、速可告訴焉、猶有匿而不言者、其罪同前條事、
一以重賄密載耶蘇之邪徒于船底而來、即可早告之、然則宥其咎、且其賞賜可倍於彼重賄事、
右所定三章如比、唐船諸商客皆宜承知、必勿違失、貞享四丁卯年十二月、諭唐諸人、

一耶蘇邪徒自注、蠻俗云天主教、以罪惡深重故、其駕舶所來者、先年悉皆斬戮、且其徒自阿媽港發船渡海之事、既停止之、自今以後唐船若載彼徒來、則速斬其身、而同船者亦當伐誅、但縱雖同船者、告而不匿、則赦之可褒賞事、

一耶蘇邪徒之書札、幷贈寄之物、潛藏齎來於日本、則必須誅之、若有違犯而來者、速可告訴焉、猶有匿而不言者、其罪同其條事、

一以重賄密載耶蘇之徒于船底而來、則卽速可告之、然則宥其咎、且賜可倍於彼重賄事、

右所定三章如此、唐船諸商客皆宜承知、必勿違失、

貞享四年十二月　　　　奉　　　行以上、憲教類典、

正德元辛卯年十月

定

日本人、異國人、御法度背き、不依何事惡事を巧み、禮物を出し頼候者有之は、急度申出へく、縱同類たりといふとも咎をゆるし、其禮物之一倍御褒美下さるへし、若隱し置訴人於有之は、可處嚴科者也、

卯十月長崎實錄大成、

正德元年十月

條々

禁制

一斷なくして、唐人構之外江出事、

一傾城之外、女人入事、

一出家山伏勸進之者幷乞食入事、

右條々可相守之、若於違背は、可爲曲事者也、

卯十月

同年同月

定

一兼而定置役人之外、二之門より內江出入停止之事、

一唐人手廻りに相交商賣物有之候はゝ、留置可申出事、

一構之內江持入候諸色、幷外江持出候品々、門番所に而相改之可申事、

右之趣、堅可相守者也、

卯十月

外番所

此かこひ之內江、番人幷小使之外用事無之者、堅出入仕間敷候、若猥に入候者有之

においては、急度曲事可申付者也、以上、憲教類典、長崎實錄大成、

正徳五乙未年六月、唐人屋敷法度書、

○唐船幷唐館非常、附荷物藏

承應二癸巳年七月十七日、唐船摺熚の時、その船燒失せり、よて自後摺熚の時は、火戒のため地下人立會の事始、さる元祿二己巳年、唐館非常の備に、長崎十四箇町駈附の事を命せらる、同八年及ひ享保二十年改革あり、同十一戊寅年四月廿二日、市中より失火して唐商荷物藏燒失せり、よて歸唐の上再渡して商賣を願ふ、同十六癸未年十一月晦日、唐館より失火して構內過半燒失す、寶永二乙酉年九月十日、また館內より失火す、よて唐館掛り役のもの御咎めを蒙る、其後しば〳〵火災あり、

摺熚　火事

承應二癸巳年七月十七日、本興善町中尾長三郎所に致宿候安海出し唐船、荷役仕廻稻佐にて摺熚の節燒失せり、夫より唐人は於當地船造り回唐、以後摺熚之節は、宿町附町より、爲火用心乙名組頭立會相勤申候、長崎覺書、

元祿二己巳年被仰付、出火之節唐人屋敷ニ相詰る、町々、

今石灰町　今鍛冶屋町　本五島町　新石灰町　島原町　出來鍛冶屋町　西築町

今籠町　本籠町　油屋町　東築町　北馬町　丸山町　寄合町　〆十四町

右元祿二年被仰付、火事遠近に不構、唐人屋敷ニ相詰申候處、同八亥年被仰付候は、

本石灰町橋より內に出火之節は、唐人屋敷に早速駈付可申候、橋より外出火之節は、
先火元へ相詰防可申旨、被仰付候、享保二十乙卯年出火節、詰所町割相改候節、
　唐人屋敷　本篭町　今石灰町　寄合町
元祿十一戊寅年四月廿二日寅之上刻、後興善町乙名末次七郎兵衛宅より出火、同日
申中刻迄、內外二十二町燒失、
　　唐人荷物入候藏燒失覺
一藏數三十三　春船二十艘分、內十八艘燒失
一番船不殘燒、三番船同斷、四番船積移、五番船同斷、六番船同斷、七番船不殘燒、
八番船同斷、九番船積移、十番船同斷、十一番船不殘燒、十二番船同斷、十三番船
積移、十四番船一つ殘る、十六番船同斷、十七番船積移、十八番船同斷、十九番船
不殘燒、二十番船端物殘荒物燒　〆
一藏數十五　夏船之內八艘分、內六艘燒失　二十一番船端物殘荒物燒二十二番船積
移、二十四番船不殘燒、二十五番船不殘、柱燒殘る、二十六番船積移、二十七番船
不殘燒、〆九つ燒殘る、
　二口合藏數四十八、內二十四艘燒失、二十四艘燒殘る、○已上、長崎集、
元祿十一年四月廿二日寅刻、長崎後興善町より出火、東風烈しく、町屋二十餘町、

唐船三艘、荷物入置藏五ヶ所焼失、甘露叢、
元祿十一年四月廿二日夜、市中火災有之、其節在津之唐船荷物入置し土藏類焼す、
長崎實錄大成○按するに、この時寧波の船主等荷物焼失の損毛を償はんかため、是
年再ひ渡來して商賣を願ふ、浙江省寧波府之部、御用物持渡幷入津給牌の條併せ看
るへし、
元祿十六年十月晦日
一戌上刻唐人屋敷圍の內、上段の部屋三棟、但し十一部屋焼失、寅下刻焼留る、尤
御兩殿按するに、奉行永井讃岐守、別所播磨守をさす、年寄衆諸役人、不殘翌日ま
て相詰、
寛永二乙酉年九月十日
一丑下刻唐人屋敷出火、部屋數六軒焼失、辰下刻迄船數十八艘焼失故、朝暮二度は
辨當宿町より遣す、商賣仕廻候分は先乘被仰付、依之當番乙名安藤小兵衞、組頭蒲
地金藏、下見太治右衞門釘付、同年十二月九日被仰出候は、今度唐人屋敷掛り役人、
乙名與頭其外小役者迄不殘被召上候、安藤小兵衞、奥村八右衞門、村田伊右衞門、
水野小左衞門、蒲池金藏、下見太治右衞門、平野庄右衞門、筆者不殘、日行使陸八
代り乙名清田左吉、桃井彌兵衞、河本九右衞門、同組頭水野紋右衞門、田所七太夫、

蓑田八平治、加幡彌助、日行使は月役小使清藏、江戸町久左衞門兩人に成、尤總町乙名之內三十三町之乙名、一人前に銀五枚宛拜領被仰付、兼而勤方宜敷由に而、右唐人屋敷役替に付、段々代り有之、以上、長崎覺書、
寶永二年九月十日、夜唐館出火十一軒に而百八十間類燒す、同十一月九日、唐人屋敷乙名組頭小役共に不殘差替らる、長崎實錄大成、
寶永元甲申年、唐人屋敷出火有之、此屋敷の初より此節迄出火三度に及ふ、依て役人とも無念の御咎にて、乙名組頭下役に至まて役被召上、牢入いたし候、此時より詰番內通事も相止、長崎記〇按するに、此書年代を誤れり、
寶永四丁亥年八月十一日夜、唐人屋敷館內二部屋燒失、」元文元丙辰年二月九日申下刻、唐館出火、但卯二十五番假部屋火元に而、寅五番、卯十五番、同二十七番、四艘部屋三軒燒失す、但公儀より船主共に錢百貫文宛與へらる、以上、長崎志、
元文二丁巳年二月四日未中刻、唐館出火、但卯二十六番部屋、火元に而寅二十三番、卯二番、十三番、二十番、二十二番、二十四番、二十六番、二十七番、二十九番、辰七番、十六番、巳一番、右十二艘にて九部屋四軒類燒す、但其內三艘は加住也、幷土神祠共に燒失す、
寶曆二壬申年正月廿六日夜、申一番明船失火有、以上、長崎紀事、

明和戊子年十一月廿二日辰中刻、唐館出火、折節風烈しく焼廣かり、巳中刻比鎮る、

即焼失左に記之、

一棟三部屋梁間三間、桁行十八間、　一棟二部屋梁間三間、桁行十八間、

觀音堂側之籠所一軒　小部屋十五内四部屋焼失、十一部屋取崩、

天明四甲辰年七月廿四日巳刻、唐人屋敷家猪町大工小屋より出火、東風強く、觀音堂、土神祠、其外諸部屋不殘、二之門際まて焼失、尤關帝堂は相殘る、依之在留唐人八百九十二人、唐四箇寺江按するに、興福寺、福濟寺、崇福寺、悟愼寺なり、人數を分被差遣、假部屋出來之上館内江歸住せしめらる、」同六丙午年二月六日未之刻、唐館小部屋一軒出火焼失、已上、長崎志續編、

通航一覽　卷之二百四　終

通航一覧　巻之二百五

唐國福建省泉州府附厦門、部一

按するに、清一統志に、泉州府は東西二百八十里、本邦の里法に約し四十八里なり、下これに准す、南北二百三十三里あり、東南は海にして、西は漳州府の長春縣に界ひ、北は興化府の仙遊縣に界ふ、京を去る事七千二百五十五里、禹貢には陽州の地にして、南方の境たり、周に七閩の地、後越に屬し、秦に閩中郡、漢には曾稽郡の縣地とし、後漢に曾稽南郡都尉の地とす、三國に吳始て東安縣を置、晉に改て晉安といひ、陳に南安郡を置、隋に平陳郡といひ、後廢して建安郡に屬す、唐に豐州を置、貞觀元年廢して泉州に屬す、聖曆二年また武榮州を置、後廢せしか、久視元年又州に復し、景雲三年泉州と改、天寶元年郡に改、清源郡といひ、乾元の初泉州に復す、五代の初は閩に屬し、晉の開雲中南唐に屬し、宋にまた清源郡とし、福建路に屬す、元には泉州路と改め、明に泉州府とし、清にいたり猶福建省に屬すと記す、華夷通商考、長崎紀事、四夷八蠻船行記等に、日本より海上五百七十里あり、本邦の里法なり、鄭成功か故地なれは、長崎に來る船多きよしを記す、大清輿地圖説に、此地諸國通船の湊なりと見ゆ、清一統志、華夷通商考等に暖地にして寒薄きよし、人物柔和にて、善を樂み、詩書を學ひ、産業は鹽を製し魚を鬻て、商賈群集すと記せり、又此府の所屬厦門は海上二十里を隔し孤島にして、日本より六百里程あり、本邦里法なり、成功明國恢復せんと、この島を開き、泉州府の枝城とし、思明州と改め、この地より臺灣に渡りしなり、よて鄭經にいたりても、此島より長崎渡來の船多しと、華夷通商考に見えたり、

○渡來通商

慶長十二丁未年、泉州府の商船薩摩國に渡來す、證は、島津龍伯、許麗寰に與ふる書簡に見ゆ、明年歸帆の期にいたり、島津三位法印龍伯、かの商客許麗寰に書を與へて再渡の事を示す、慶長十一年九月島津少將家久琉球國に渡來せし明の冊封使に書牘を贈りて、異國の商船薩摩に來り通商せん事をはかりしにより、已降諸省の商人年毎に渡來せり、唐國聰括の部、渡來扱方の條併せ見るへし、同十八癸丑年正月廿八日、去歳渡來の商民奕吾死失す、よて弟と稱してかの貨物を取らんとする者あり、されとも眞偽決し難きにより、重て奕吾の眞子渡來を俟て渡すへきよし、島津少將家久より書を與ふ、

慶長十三年戊申年

與大明商客

大明泉州商客許麗寰、留滞於我邦者一寒暑矣、今年艤舟於我久志浦、回於大明、明年再渡之時不幸而舟雖至他州里、使我一小吏至於其地、子亦侍吏之至、以定器皿貨財之價、其自利利子者、全無毫釐之差、是全子之志而我之所望、亦在茲而已、其盟之堅者、金石膠漆、物莫能間、子其念之、

日本慶長十三年月日　　藤氏龍伯法印按するに、島津家藤原氏を稱するの辨は、琉球國之部唐國往來條にあり、

慶長十八癸丑年

与大明奕吾子書

大明國福建道泉州府安海人、有奕吾者、去歳隨商舶而來于此地、不幸而罹小疾、醫藥雖無懈怠、而不得其驗、吁時耶命耶、終蓋棺矣、有一人稱其弟者、欲取奕吾貨物、傍有一人云、此是他姓人、詐稱其弟、或曰眞弟、未知其眞贋、可奈之何乎哉、不若令奕吾貨物藏於吾府庫裏、待奕吾眞子來矣、先是辛亥歳安海人、黃龍與適來此地、是我相識也、奕吾眞子與黃龍與倶共同來、令此貨物遂一與之、不差毫釐、眞子亦勿疑吾言、伏乞昭察、

癸丑正月廿八日　　藤　原　家　久以上、異國日記、

○僧渡來住職

明暦元乙未年七月九日、泉州府の僧木庵渡來し、後攝津國普門寺にいり、又黄檗山萬福寺の後住となる、寛文五乙巳年九月十五日、物を獻して拜謁す、住職の御禮なり、のち紫衣御免あり、萬治元戊戌年悅山、延寶二甲寅年雪堂、同五丁巳年東岸、元祿六癸酉年方炳、同七甲戌年喝浪の僧侶渡來、皆永住せり、

明暦元乙未年七月九日、木庵和尙自注、隱元和尙弟子、泉州之人、下町石津長右衞門所江參候、安海船より來朝、萬治三子年攝州普門寺に入院、翌巳年黄檗山江入院、

貞享元子年正月廿日遷化、紫雲院にて寂、長崎覺書、

明暦元年、唐船木庵渡海、福濟寺に在住す、

萬治三庚子年、福濟寺在住之木庵、攝州普門寺に入、翌年黄檗山第二代之繼席と成、長崎紀事、

寛文五乙巳年九月十五日

　純子二卷　筆一箱　墨一箱　扇子二本　線香一箱

　　黄檗山萬福寺　木　庵　和　尙

是隱元禪師、令隱居、木庵一弟子にて後住御禮、右之寺院山城國大和田村に有之、則寺領四百石、去る萬治四丑年被爲附なり、寛文年錄、

黄檗山第二代、開山國師の第八法子賜紫木庵、性瑫和尙四十九歲にて萬治二年己亥

十月來朝、按するに、萬治二年來朝と書しは誤りなり、五十四歳にて寛文四年甲辰九月朔日入院、按するに、黄檗山萬福寺に入院せしなり、住持十七年七十歳にて延寶八年庚申正月退居、紫雲院七十四歳にして、貞享元年正月廿日遷化、紫雲院は按するに、黄檗山の塔頭なり、黄檗第二代賜紫木庵性瑫和尚の開基し給ふ所なり、黄檗開山國師傳、悅山自注、泉州之人、元和三亥年迄二十六年長崎崇福寺に住し、大坂舍利寺に居住、長崎覺書　○按するに、渡來の年月所見なけれとも、轉住の年より推算ふるに萬治元年なり、

慈福院は、按するに、萬福寺の塔頭なり、黄檗第二代木庵和尚の法子唐僧悅山道宗和尚開基ありて閑居し給ふ、其後本師の命によつて大坂の舍利寺に移り、延寶四年丙辰の十月、檀越の請に應し開堂し給て、久しく是に住し、元祿九年舍利寺を退て、今大坂高津西海寺に隱居し給ふ、今年七十三歳にして法體萬福なり、黄檗開山國師傳、

延寶二甲寅年、雪堂自注、千呆弟子、泉州の人、來朝、同四辰年住持一年按するに、長崎崇福寺に住職なり、貞享三寅年寂、

同五丁巳年東岸自注、泉州の人、來朝、元祿元辰年寂、長崎覺書、

元祿六癸酉年八月

一御當地按するに、長崎なり、福濟寺より後住の唐僧二人、御赦免之上招請之由にて、一人方炳と申僧、泉州の開元寺玄璞禪師之會下之平僧之由に御座候、以前に此方炳之師兄方煜と申僧、罷渡る筈に御座候得とも、其節俄に病氣故渡海罷成不申候に依て、則玄璞禪師より方炳罷渡申候樣にと被申付、今度私船に乘せ按するに、七十九番程敏公船なり、渡申候、此僧之儀、自然嗣法之僧にて無之歟と、私も隨分致吟味候所に、會而嗣法之僧にては無之、平僧にて御座候段其紛無御座候、則玄璞禪師より、福濟寺東瀾禪師江書簡一通爲證文越被申候、書簡之內にては宗檀と御座候、則玄璞之諱にて御座候、唐土之風俗にて、僧俗によらす、先方江遣し候書簡には字は書不申候、皆々諱を書申候禮儀にて御座候、此僧船中にても居所別に構を仕、唐人ともとは相隔申候て介抱致し罷渡申候、右僧之儀は、、開元寺を出、寧波江罷立、則御當津へ致入津候、五十九番船を尋參申候得とも、其節五十九番之船彼地出船仕候に付、餘に乘船無御座致猶豫罷在候を、私承付申候て、福濟寺招きの僧と申、殊に慥成書簡持參被致上は別條無之と存、幸私船出船仕候間乘せ可參段僧江申含乘せ來申候、尤對州江漂着之節も按するに、八月二日漂着挽船にて入津なり、終に陸へ上不申候、私申上候前後の樣子は、右之通迄にて御座候得は、餘に可申上委細は無御座候、

右之通、船頭程敏公申候に付、書付差上申候、以上、
酉八月廿九日　　　　唐通事共
謹具口詞
拙僧諱方炳、號聖垂、係福建泉州府安溪縣劉氏子、年一十七歳投開元寺良範師、出家薙髮、卽𢾾師亦未得法者、方炳今年卅三歳、因享年尚未老、曆戒亦未受、正欲行脚遍參以圖前途、此夏偶因福濟寺招請後住二僧、其一彜庵和尚按するに、彜庵は福州府の僧澹休の諱なるへし、已於前舟渡東、繼有炳之師兄方煜、正欲同舟浮泛、不意臨期罹疾、東渡弗果、續因炳本在鄕與開元咫尺之隔往來不息、是以玄撲和尚言及東渡之事、併師兄煜亦勉應招、炳初未之許、只緣撲和尚再三勸諭、兼以師兄囑遂彼志、所以一諾、前來其東瀾和尚係炳師叔之分、自當歸依執弟子禮、併無推委、今承諸位老爹查詰、詳細不得不述緣由、倘或嗣法在身暫以掩蔽妄言、日後露出圭角等情、一憑國規施行、再無異言、立此日後爲證、竟無佗意、此番海上爲風作蘗、拋描對州、始終座舟、未曾登岸與日本人交接、兼有漂流貴國難民七人、雖係同舟、朝夕亦未嘗交談、各居別艙爲隔與渠、併無交涉、所報是實、元祿六癸酉年捌月日、七十九番船上拙僧方炳、
七十九番船罷渡申候唐僧方炳申口之和解

拙僧儀、諱方炳、道號聖垂と申候、福建泉州府安溪縣劉氏の子にて御座候、年十七歳にて開元寺の良範と申僧を師に頼、致落髪出家仕申候、私師も未た得法不仕候者に而御座候、私義今年三十三歳に罷成申候、行年若輩に御座候得は、大戒も未た受不申候に付、兼而行脚を仕遂、遍參を以來之修行と存罷在候所に、當地福濟寺より後住之僧二人招之被申候內、一人彝庵和尚は以前之船に渡海被仕候、次に私師兄方煜と申候僧、右之船に致同船渡海之筈に御座候之處に、其期に及ひ不慮に相煩、東渡罷成不申候、然處に私儀泉州在鄕ニ罷在元開寺に程近き所に而、往來無絶候に付、玄撲和尚渡海之儀を被申出、殊に師兄方煜も是非罷渡候樣にと申候得共、最初は辭退仕申候、然共玄撲和尚再三すゝめ被申、尤師兄も我等一應之志を遂けくれ候樣にと申に依て、畏入罷渡申候、當地東瀾和尚儀も、師叔分にて御座候へは、元より致歸依、弟子之禮を盡し申筈之儀御座候、少も、異儀無御座候、只今各通事衆より御穿鑿委細之儀御座候へは、右段々根元申上候、若私嗣法之身に而僞を申、隱し申候而、後日に露顯其儀御座候はゝ、偏國規之御法に可被處候、異言有御座間敷候、後日證據之ため如斯御座候、此外には他言無御座候、今度は海上にて風難之害に逢申候而、對州ニ碇をおろし申候へとも、始終共に在船之儘、終に陸ニ上日本人と相交候儀無御座候、尤貴國漂流之日本人同船に而罷在候得とも、終に一言之物語も仕不

穿鑿　調べること

申候、銘々居處相隔罷在候而、彼者共に少も構不申候、右申上候、僞無御座候、

元祿六癸酉年八月日七十九番船に渡候、拙僧方炳、以上、華夷變態、

元祿六年七十九番船より、方炳自注、東瀾弟子　泉州之人、來朝、三十三歲、」獨方炳禪師、元祿六癸酉年渡海、長崎福濟寺第五代之住持となる、享保五庚子年、黄檗山に第十一世之繼席となる、」元祿七甲戌年、七十一番船に喝浪自注、東瀾弟子、泉州之人、渡る、三十二歲、以上、長崎覺書、

元祿七年、七十一番泉州船之唐人共申口

一私共船は泉州仕出し船に而、當閏五月十八日に、無類船泉州乘出し、同廿五日に普陀山に船寄せ、兼而普陀山江調置申候糸端物共積添、六月廿二日普陀山出帆仕申候所に、同廿五日海上大風に而、帆柱損し申候に付、直に乘り渡り罷成不申、則於其日に普陀山江船を乘戻し申候、右の通、帆柱損し申により、其船にて渡海難成、寧波に而替船を才覺仕、漸今度乘り渡り申候船を借り加へ、荷物積移し、唐人數六十人、幷御當地福濟寺に招請被爲成、御赦免候後住之唐僧一人、共に都合六十一人乘組候而、七月十七日に重而、普陀山乘り出し渡海仕候、

右之通、唐人共申候に付、書付差上申候、以上、

七月廿六日　　　唐　通　事華夷變態、

元祿七年、唐僧喝浪渡海以後、福濟寺第四代住持と成、長崎志、
享保七壬寅年七月廿一日、泉州府の僧道徽渡來し、船主とともに口書を出す、さき
に福濟寺の全巖唐僧招請の事を願ひ、歸帆の船に書簡を附して達せしによりてなり、
享保七壬寅年七月廿一日、十四番寧波船之唐人共申口
一私共船之儀は、南京之内上海にて仕出し、唐人數四十七人、外に御當地福濟寺よ
り按するに、長崎南京寺なり、招請之唐僧一人、都合四十八人乘組候而、當月十七
日上海致出帆、順風にて罷渡候に付、日本之地何國ニも船寄せ不申、直に今日致入
津候、船頭吳子明儀は去去年十九番之船頭に而御座候、則歸帆之節御與へ被遊候信
牌、此度持渡申候、乘渡之部は、去年之二十六番にて御座候、上海跡船之儀も、當
分一二艘渡海之仕度仕罷在候間、追々來朝可仕と奉存候、然は右唐僧乘せ渡り候儀
は、御當地福濟寺住持全巖より、唐僧一人招請之儀は、御願申上御許容被遊候に付、
福建泉州府開元寺において、道徽と申僧招に應し罷渡り可申と申候はゝ、寺務を司
らせ、追而は住職をも致させ申度由にて、書簡去年四月歸帆之節、吳子明方ニ請取
歸唐、以後開元寺に尋參り、道徽ニ致對談、則右之書簡相屆申候處に、此僧招きに
應し渡海可仕よし請合申候に付、當三月に重而開元寺へ參り、右之僧致同道、上海
迄罷越此度連渡り申候、道徽事泉州にて吟味仕候處、元より淸規を愼み守り、臨濟

正宗にて別派に而無之、尤傳法をも不仕僧に而御座候に付、乗渡り申候、

右之通、唐人共申候に付、書付差上申候、以上、

寅七月廿一日

風説定役　　唐通事目付　　唐通事共

唐僧道徽、法名其儼、本籍福建泉州府晉江縣人、俗姓王氏、年三十二歳、自十六歳披剃、拜投泉州府開元寺明心和尚爲師、至二十六歳、受本師大戒、仍在本寺修行迄今、未曾受法、實係臨濟正宗安和尚嫡派、因辛丑年間、承吳子明持傳貴國全巖和尚啓書、廷請前來照理寺務、住持福濟寺、以紹祖燈、素聞貴國仁邦、敬崇佛教、又蒙吳子明居士於去年八月持書到寺相請、至今年三月間明心和尚方許所請、爰是四月告辭開元寺大衆、起程蘇、本月由上海、同吳子明本船來崎、今有全巖和尚請書一紙、現據並無冒派隱法等情、日後亦不敢求回唐山、所具是實、

享保七年七月日　　　　唐　僧　其　儼　花押

寧波船頭吳子明船より罷渡り候唐僧道徽、口書之和解、

唐僧道徽、法名は其儼、生所福建泉州府晉江縣之者にて御座候、俗姓は王氏、行年三十二歳に罷成申候、十六歳にて、泉州府開元寺明心和尚を師とし落髪いたし、二十六歳に而本師明心和尚より大戒を授り、唯今迄開元寺に罷在修行仕、未傳法は不

仕候、尤臨濟正宗無安和尚之一派に而御座候、然處に去巳年御當地福濟寺全巖和尚より、招請之書簡を吳子明言傳り、去年八月に書簡を開元寺に持參いたし、招請之儀申入候、其趣は寺務を司らせ、追而は住職をも致させ、祖燈を繼せ可申との儀に而御座候、殊に貴國は仁義之御國にて、佛敎を崇ひ候よし承及申候、其上當年三月に、重て開元寺に吳子明參、明心和尚江も相達候處に招きに應し、渡海之儀被差許候に付、四月に開元寺大衆江も暇を乞、蘇州迄罷越、七月に上海より吳子明と同船にて、御當津江着船仕候、但全巖和尚より招請之書簡をも、今度爲證據持渡申候、尤別紙に而無之、傳法も不仕候段、曾而爲無御座候、勿論此以後歸唐之願仕間敷候、依之書付を以、申上候處相違無御座候、

享保七年七月日　　　　唐　僧　其　儼

右唐僧道徹、口書之趣和解差上申候、以上、

風說定役　　唐通事目付　　唐通事共崎港商說、

享保七年、唐僧大鵬按するに、大鵬は道徹の別號なるへし、渡海、以後福濟寺第七代の住持となる、長崎紀事、

大鵬、享保七年渡來、同九年福濟寺住職、延享元年、黃檗山第十五世繼席と成、長崎志、

通航一覧　卷之二百五　終

唐国福建省泉州府附厦門部二

○漂流

安永四乙未年十二月五日、一番孟定侯、同十一日三番許玉堂等の船入津ありて、これよりさきに泉州府に漂到ありし、陸奥國一の關領主田村下總守某、江戸廻米積同國のものとも、この兩船にわかち乘組せ送り來たる、よりて漂流の次第を糺問ありて、をの〳〵その本所に歸され、また護送の唐船主等には、先例のごとく御褒美として現米を下し給ふ、

安永四乙未年、一番孟定侯船、三番許玉堂船より奥州之者十五人送來る、此輩去午九月、奥州一之關田村下總守江戸廻米千七百七十七俵、同國小竹濱六兵衛船廿四端帆永福丸に積受、船頭水手共十六人乘組、同十一月江戸品川着船、廻米藏屋敷に納め、同廿五日品川沖出帆致す處、十二月七日午刻頃、奥州岩城の內鹽谷崎沖にて、俄に西風起り大雨降暗夜の如く成、船中へ波打込至て危きに因て、無是非帆柱を伐捨流漂處、同十日朝北風に替り波鎮ると雖も、山も不見大灘に流れ出、數十日の間毎度危殆の難風に逢、三月六日曉何方とも不知山岸に吹付られ、岩瀬に當り船底を

突破り、垢水込入に付橋船を卸し、乗組の者衣類手廻り等を乗せ、山岸へ船を寄せ、皆々陸へ上りしに、本船橋船共岩に當りて破船す、此所福建省之内泉州府惠安縣外海の離れ島にて、人家も無之、無爲方悃悵せし處、同日夕方惠安縣の漁父林註か小船通り、掛り漂民を救載せ、同七日惠安縣に連行、縣吏漂着の次第を吟味して後、福州府へ連越し、法海寺と云寺に逗留致す、此處にて船頭左五平病氣差重り、四月十一日終に落命す、然る處同廿五日、奥州岩城の者の内船頭勝兵衞、水主六兵衞、作兵衞、次郎、金右衞門等、當正月十八日唐國へ漂着致し、段々繼送られ右寺に來る、仍て始て面會し、互に漂流の艱苦を語り、席を同し、被を共にして、一同滯留す、五月廿六日に至り、警固唐人附添、漂民都合二十人此所出發、船場迄凡二里餘の路を經て一宿し、翌廿七日船に乗福州湊出帆、六月十一日浙江に着船、二階造りの長屋に差置き、米魚野菜薪等相渡し、蚊帳其外衣類等相與へ懇に撫育致し、十一月十八日、日本通商の船二艘に乗組、同廿日同所出帆、孟定侯船は十二月五日長崎港着岸、許玉堂船は洋中風順あしく乗後れ、十二月九日肥前國神樂島沖に漂着、同十一日其所より挽船を以て長崎港に着船す、右漂民護送に付、翌申年五月在唐荷主幷に船主、財副介抱唐人共へ、先例之通爲御褒美現米賜之、長崎志續編、

安永四年

船頭佐五平唐國江漂流仕候、十五人之者口書

奥州牡鹿郡門の脇村浄土宗　楫取　長右衞門　未四十八歳
同國同郡湊村一向宗　水主　三郎次　未四十一歳
同所禪宗　同　紋十郎　未三十三歳
禪宗　同　彦四郎　未四十歳
同所同宗　同　兵　吉　未二十二歳
同國同郡小竹濱同宗　同　久　六　未三十七歳
同所同宗　同　左治平　未二十六歳
同國同郡石巻之内本町同宗　同　長　松　未三十二歳
同所之内中町同宗　同　福四郎　未四十八歳
同所之内蛇田町法華宗　同　長之助　未三十三歳
同國桃生郡野之島禪宗　同　茂　七　未三十八歳
奥州宮城郡寒風澤濱同宗　同　金四郎　未三十八歳
同所同宗　同　德三郎　未三十二歳
同國同郡宮戸月濱同宗　同　彌四郎　未三十九歳
同國牡鹿郡湊村同宗　同　市五郎　未十三歳

右十五人申口

私共儀、唐國江漂着仕候處、此度申之一番船より長右衛門、三郎次、紋十郎、久六、長松、福四郎、茂七、金四郎、德三郎、同三番船唐船より彥四郎、兵吉、市五郎、左治平、長之助幷奥州楢葉郡之者勝兵衛、六兵衛、次郎、金右衛門、作兵衛送來候に付、踏繪被仰付、國元出船積荷物之品々、幷漂流之次第、委細有躰に可申上旨、御吟味御座候、

此段去年九月十五日、奥州一之關田村下總守様江戸廻し米千七百七十七俵、此石七百七十三石餘、同國小竹濱六兵衛船二十四反帆永福丸を、石巻川口江浮け、牡鹿川より船下積請、船頭左五平、楫取長右衛門、水主三郎次、紋十郎、彥四郎、兵吉、久六、左治平、長松、福四郎、長之助、茂七、金四郎、德三郎、彌四郎、市五郎、右都合十六人乘組、同十月右石巻川口出帆仕、同十一月廿一日江戸品川江着岸、同所より船宿深川蛤町三町目松本屋平右衛門方江致通達、翌廿二日、同藏屋敷へ荷揚仕、國元仕入之船中之粮米二十五俵、幷味噌薪等用意致歸國候積り、空船にて同廿五日品川沖出帆仕候、相州浦賀御番所御改請、御切手奉請取、其夜同所に船繫仕、翌廿六日出船所に船つなき仕、順風に而日々走り候處、同十二月七日九時頃、奥州岩城之內鹽谷崎沖にて、俄に西風起り、碇にて繫留候儀も不罷成候故、碇綱三房相

さげ流漂ひ、いよ〳〵風並悪く大雨降、暗夜之様に相成、船中に波打込候間、垢を繰相働候得とも、至てあやふく相成候に付、何も一同に髪を拂ひ、神佛を祈、同日七時頃帆柱を伐捨て、同八日九日夜中迄同風吹續き漂ひ流れ、同十日朝北風に相替り、浪鎮り申候處、山も見えさる大灘へなかれ出候間、何も不辨候得とも、去る七日奥州岩城之鹽谷崎西風にて東の方へ流れ漂ひ候うち、東風に替り候付、方針にて、西の方へ心懸帆桁をあけ、同十一日四時頃迄走り候處、西風に替り大雨降霧降大波に漂ひ、呑水遣切申候故、桶鉢端船等へ呑水をうけ留飢を凌、同十二日九時頃風和らき候得とも、島山も見えす、方針にて東西を辨へ候計り、何國の地とも不存一途に地方へ船を寄せ申度、帆を揚風にまかせ、何處ともなく走り申候、同十三日より廿九日迄色々風替り、さまて大風にも無之、海上靜に走り候處、粮米遣ひ切候てはかなひ難く候間、何れも申合一同粥二杯宛給、當正月元日夜九時頃より同四日朝迄、南風吹續き浪船中へ打込候間、垢繰相凌、同五日風靜まり、同六日雨降候ゆゑ呑水を受ため、同七日より十日迄、風無之浪平に付、帆を揚候得とも走り不申流漂ひ申候、船中に有合申候釣針にふくの皮をまき餌に致し、しひら二本釣あけ候間、みそにて焚給申候、右同日暮時頃より雨降候に付、呑水を受溜、十一日風無之、同十二日十三日西風烈しく波高く、既に船危く候故、垢を繰漸く相凌候處、同十四日朝より風しつまり、同十六日迄丑寅の風に替り、彌大灘へ吹出し候間帆を揚走り申候、同十七日朝より雨降、水澤山受溜、同日七時頃寅の風烈、楫板たてに破らる、帆綱をもつてからけ相用ひ、同夜五時頃風しつまり申候間、同十八日より廿七日迄、海上しつかにて帆をあけ走り、又は流漂ひ、同廿八日晝頃より戌亥の風起り大雨降、暗夜のやうになり、震動頻に波高く打込、水船に相成垢を繰、神佛へ祈誓をかけ、いつれも身命をかぎりに相働候處、同夜半頃より風和らき波も次第に靜り申候、いまた雨は降候間呑水うけ溜申候、同廿九日風無之帆をあけ候ても走不申、運にまかせ流漂ひ、または有合の釣針にてしび釣給申候、同晦日四時頃南風起あら波にもみ立られ、度々大難儀仕、いつれもつかれ垢繰儀も叶さる躰に、大波度々打込難凌、一同觀念仕、船中の垢をあび神佛を祈、念佛題目をとなへ覺悟罷在候處、暮頃より風和らき波もしつまり候故、いつれも安心仕候、垢を繰、早汐に流漂ひ、同二月朔日より六日まて海上靜にて帆をあけ走、また流漂ひ候處、同七日明方より十日夜中まて北風吹つゝき、同十一日朝より南風に相成、帆をあけ何方共存せす走申候處、西南にあたりて遠き小島を見かけ、去年十二月七日以來沖中に計り流れ漂ひ、或は風にまかせ走候ゆゑ、いつかたとも不存候へとも、いつれも一同に力を得、神佛を拜し、右島へ船をよせ申へくと種々働候得とも、向汐にて乘取かたく、同十二日には右の島も見失ひ、其上潮の色も濁候ゆゑ、いつれも力を落し、同三月四日まて海上に波も御座なく、帆を揚又は流れ漂ひ申候、同五日明方より寅卯の風はけしく霧深く吹なかし、同六日何方とも知らす岸に吹附られ、岩根間近く船あやふく候得とも、碇を入申候間もなく、岩瀬にあたり船底を突、垢込入申候間端舟をおろし、船頭左五平事先達てより病氣、長右衞門儀は船中働候節足をいため、兩人ともに歩行成かたく候間、端舟に抱乘せ、左五平、長右衞門所持の脇さし二腰、其外乘組ものとも衣類手廻り、ならびに粮米一俵取おろし、何れも一同に乘うつり漸く岸へ船を附、淺瀨にて候間海中へ何れも飛入、舟を岸に引よせて、手寄のもの衣類等投あけ申候へとも、米はあけかね相殘申候て、何れも陸地にあかり、いつれも垢離をとり神佛を拜し候內、右本船幷端舟ともに岩根にあたり破船仕候、波に引流され出申候、夫より岸をつたわり、山に登り見渡候處、此山ははなれ島にて御座候、

この島の儀は、漂流人つれ渡申候唐人ともへ相尋候處、福建府の內泉州府惠安縣の外海にて、右はなれ島は何と申島にて有之候哉、存知不申候よし、申聞候、人家もこれなく、海をへたて南の方地方續き相見え候得とも、渡へきやう無御座、草木のようす見なれさる、日本の地とは存られす、十方にくれ相歎き居候處、次第に風もしつまり、同日七時頃にいたり五人乘組候船一艘通候間、相招候得は、船を

寄せ私ともを見ておとろき申候様子に見え申候、右舟人とも、
　この船人ともの儀、唐人共に相尋候處、ケイアンケンの漁夫リンチウと申ものにて、外四人の名は承知不申候よし、申聞候、
頂の上に少し髪を殘し、筒袖の様なるを着し、船も日本造にて無之、尤漁人の旨申候得とも、不見染人物ゆゑ、唐國漂着仕候儀と、いつれもこゝろ落付申候間、私とも日本人にて、難風に逢漂流致し候間、助けくれ候やう相頼候得とも、一圓不通のやうすにて、船を出し可逃去躰にて候間、取逃候ては可便様も無之、いつれも一同に舟に取付手を合相歎き、助けくれ候やうにと仕形致し候得は、こゝろえ候やうすにて、舟に乘候やうにと仕形仕候間、暮頃十六人の者とも、右漁船へ乘うつり、その日は舟中に罷在、同七日朝地方に着船致し、
　此地方の儀、唐人に相尋候へは、ケイアンケンのうちにて御座候へとも、地名不存よし、申聞候、
二間半四方計の、かわらぶきの辻堂の様なる家一軒有之、舟人一人陸へ上り、駕籠のやうなるもの一挺持參、外へつれ可送のやうすにて、長右衛門乘候様仕形いたし候間、船頭左五平も歩行相叶はす候儘、今一挺相出しくれ候様に仕形致し見せ候得は、こゝろえ候やうすにて走り行申候、其内にいつれも船より上り、左五平、長右

衛門を脊負ひ、右堂のやうなる家へつれ候處、女躰の像安置有之、其所に待合候內、此辻堂の儀、唐人へ相尋候處、舟中ハナフを安置いたし候堂にて有之よし、申聞候、

唐人とも凡百人餘も見物に見え寄集り、たば粉、菓子、または錢二三文三十文位まて銘々くれ申候、然る所先達ての船人、外に可連行様子も仕形いたし、駕籠のやうなるもの一挺、また持参申候、持夫四人に貰請候錢一貫四百文に相雇、左五平、長右衛門を爲乘、船人に別れ申候、凡一里半計參候へは、人家續き、茶屋幷酒肴屋飯なと商ひ申候家有之、飯は茶碗にて二盃分付、錢五文宛に調申候、夫より凡五六里參候處、私とも塀の圍これあるかわらふきにて、十間程も有之役所抔の様なる所へつれられ參候處、役人の唐人一人罷出、

此役所幷役人の儀、唐人に相尋候ところ、センワウと申、海邊を守、往來の船を改候正六品の武官穿議の役所にて、役人は正六品のハワウと申、センウクハンに差つゝき、盗賊幷諸役等司とり候官人に御座候よし、申聞候、

何れもへ相尋候様子に付、私とも日本人にて難風に逢ひ漂流の趣、仕形致し見せ候得は、承知の様子にて飯を給させ、番人四人附置、右の役所に一宿爲仕、同八日朝飯後、昨日相雇候駕籠舁とも參り、左五平、長右衛門を駕籠に乘せ、昨日上陸いた

し候海邊の方ニ連れ行候付、右の場所ニ持返し捨候儀と相察候間、何れも泊候家へ立戻助けくれ候やふ、仕形にて相歎き候所に、唐人ともあつまり吟味致し候躰に候へとも、相互に一向相分らす、其夜も右の家に逗留、同九日主立候役人と相見え、此主立候役人の儀、唐人へ相尋候處、フクケンセイ、キウクハフの内ホテンケンと申所の知縣にて、正七品の文官、其地の年貢等訴訟の事支配致し候官人のよし、申聞候、

輿のやうなるものに乗り、供二十人計召つれ參り、彼是吟味致し候様子にて、致書付爲見候へとも、一向讀め不申候、外ニ可召連様子仕形致し、飯爲給唐人二人附置、同日四時頃出立、同日七時頃町家つゝき有之建候所へ着、ホテンと申所のよし、屋敷のやうに見え候内へ、私とも召連、

此ホテン幷屋しき、唐人へ相尋候處、莆田は興化府のホテンにて、右屋敷は知縣と申、正七品にて一縣の事務年貢訴訟を司とる唐人、相詰候役所のよし候、

暫すぎ白砂へ連行、役人五六人罷出、

此役人の儀、唐人へ相尋候處、知縣の下司典吏と申輕き役人の由申候、

何歟吟味致し候やふすに候へとも、互に詞一向通し不申候、立去候仕形致し、唐人二人附添、四間四方位の家に十六人共人置、番人十人計附居候、同日夜に入、また

候兵吉、徳三郎兩人白砂に召連候、上段に机に打敷をかけ燭臺を立、鐵砲を打笛を吹銅鑼をならし、暫く過き、此家の主人と相見え、

この鐵砲を打、笛を吹き、銅鑼をならし候儀、并此家の主人と相見申候ものゝ儀、唐人に相尋候處、主人と申候は、ホテンの事務、年貢訴訟を司とり、知縣と申正七品の官にて、漂流の次第自身致吟味罷出、凡て唐國にて公事訴訟人等白砂に呼出し、官位のもの自身吟味致し候節、チキを示し不意のそなへを爲見候ため、玉をこめず鐵砲を打、或は笛を吹き、銅鑼をならし候事に候よし、申聞候、

外に唐人十人程後に附添罷出、曲祿へ腰を懸け、附添候ものは左右に並居、一尺四方位の紙に文字を認めさし出候處、一向讀め不申候付、私とも難風に逢ひ漂着仕候間、日本へ被送返候様、彼是仕形にて相願ひ候得は、心得候躰にて唐人兩人相添、以前の所へ連歸、何れもに粥給させ、夫より門の外に連出、六間四方位の土藏のやふなる所へ入置、番人十人附置申候、同十日朝飯後役人躰の唐人罷越候而、

この役人唐人に相尋候處、知縣の下司のよし申聞、

何か吟味致し候やうすにて、衣類手廻道具等相改候處、又重立の役人一人供五六人召連參り、

此役人の儀、唐人に相尋候處、縣丞と申、正八品にて、知縣に打つゝき一縣の事

を司るの由申候、

吟味致し候やうすに候得とも、一向通し不申候、私とも日本人にて漂着仕候趣、仕形仕爲見候得は、心得候樣子にて罷歸候、同十二日迄逗留いたし、食物は朝粥、晝夕飯豆腐肴野采等を、醤油または鹽煮に致し爲給、懇に世話致しくれ申候、同十四日役人一人參り、

此役人、唐人江相尋候處、縣の司典吏と申輕き役人のよし、申聞候、

外江送被遣やうす仕形致し、唐人とも大勢にて駕籠十六挺持來、乘候樣に仕形候間、段々世話に罷成候禮申述、何れも駕籠に乘申候、重立候役人一人供十四五人召連、外に賄役人附添、總人數五十人餘にて前後を圍み、右莆田を何も出立、大門を出候得は、笛太鼓銅鑼をならし、石火矢を放ち申候、同日八時頃江口と申所へ止宿仕、十五日早朝賄役參、私二人は先江行、飯の仕度致し候間、はやくいたし候やう仕形いたし候付、私共は警固の役人と一同に出起、同四時頃茶屋にて飯を給させ、同日八時頃福清と申所江着仕、此處は他領のよし、右莆田より送來候役人省王江被尋候由、

此福建省王の儀、唐人江相尋候處、福清は福州府の內福清縣にて、省王は高官を尊敬して王と申候、福建省の事務を司シユンフクワンと申候、從二品の高官のよ

し、

寺號宗旨等は不存候處、寺に泊申候、この寺に女躰の佛像安置申候、

此寺、唐人に相尋候處、此所の船神出生の地に付、右船神を天后宮勸請、出家五

六人居守候間、寺と見請候か、寺にて無之よし申候、

同十六日、朝飯後同所出立候て、同日九時頃役所のやうなる所に十六人とも召連、

役人唐人出られ、拙者とも衣類手廻の道具相改、莆田より送來候人數の內、役人一

人賄役一人相殘、外之人數は罷歸り、福淸よりは私とも一人に附人一人つゝ相付候、

同日暮頃槓口と申所に着仕候、

この槓口の儀、唐人に相尋候處、福淸縣に往來之傳驛之由、申聞候、

町屋泊申候、同十七日未明出立、四時頃龍公と申所町屋續き、

此龍公の儀、唐人に相尋候處、漳州府龍溪縣の內にて市場の由、申聞候、

茶屋にて飯を給に、夫より瀨のはやき川幅五町計の所船に乘、五里參り陸に上申候

て野間を通、町屋續きて百間程の川石橋を渡、十町程町を通り過き、また二百間餘

りの石橋を渡申候、此所船着と見え申候、

此川石橋の儀、唐人に相尋候處、川は龍公の流川筋にて、橋の長さ百八十丈あり、

龍公橋と申候、諸國の船着のよし、申聞候、

大船夥敷繫置、種々の商人茶屋等有之、賑々敷場所にて、町並高さ五六丈石垣築き上け、屋形をたて石火矢仕掛候大門有之、福州、

この屋形の事、唐人江相尋候處、福州府の城下往來の總門のよし、申聞候、

右門の内江、私とも召連れ待せ置き、又門江入、役所の役人致吟味候躰に候得とも、詞通し不申候、

この役所之儀、唐人江相尋候處、右城門を守候ものを門吏と申候て、門の出入を改候ものゝよし申候、

夫より觀音安置したる法海寺江連行、

此法海寺の儀、唐人江相尋候處、福州府の内臨濟宗、法衣は日本の黄檗同様に有之、僧侶三十人程居候よし、申聞候、

此寺にて飯を給江止宿仕、同十八日晝頃役人大勢參り、

此役人の儀、唐人江相尋候處、知縣の下司のよしにて、シヒンケンと申候て、盗賊等の事を司る役人のよし申候、

衣類手廻道具相改、脇差二腰は召上られ、追々重立候役人、供大勢召連れ兩人參、

この重立候役人の儀、唐人江相尋候處、ヒンケン幷カウクワンケンの知縣にて、イワケンの事を司る役のよし申候、

拙者共を呼出し、日本詞少通し申候八官、龍官と申唐人兩人罷出、通辯を以唐國江渡來候譯吟味致し候間、私とも儀日本陸奥國田村下總守廻米積請、去年十月朔日國元出帆致し、同十一月廿一日江戸江着船致し、荷揚仕歸國の節、沖中にて難風に逢ひ、帆柱楫等損し當二月漂着、漁人に被助、この所まて被送續候間、日本江被相送候樣願候得は、追々被歸へきよし、通辯をもつて申渡され候に付、いつれも安心仕、右の法海寺に數日逗留仕、丁寧に世話致しくれ申候、然る處船頭左五平病氣彌增、無程藥用爲仕候得とも、猶無然に付、通辯兩人委敷相頼候得は、醫師兩人相添藥用仕呉候て、私共種々介抱仕候へとも、養生不相叶、同四月十一日死去仕、葬送の儀通辯を以申達候處、同十二日朝役人兩人罷越、醫師幷番人等承屆候やうすにて、夫より左五平死骸改等承屆候やうすの上、棺へ入南門と申所より相出、私とものうち彥四郎、兵吉、市五郎、福四郎、長之助等右五人見送に罷越候處、線香、蠟燭、燒紙等相與へ、唐人十人程附添、四五町かき參候へは墓所あり、葬式は無御座、右燒紙は墓所にて燒捨葬候を見屆罷歸候、私とも打寄念佛を唱へ回向仕候、同十四日石塔相立呉申候、長さ三尺餘幅一尺五寸程の石碑、日本陸奥國番左五平墓、乾隆四十年四月十一日身故、と切付申候、同廿三日の頃と覺申候、日本より漂流人またもつて五人參候よし、通辯の八官申聞候處、同廿五日私とも罷在候法海寺江、右之漂流連參候間、やうす承候へは、奥州楢葉郡の者之由、船頭勝兵衞、水主六兵衞、作兵衞、治平、金右衞門と申者にて、漂着此處へ送られ候よし、咄申候、右之者私とも と一所に番人相付け、右之寺へ差置候、同五月朔日家並に蓬菖蒲を軒端にさし、唐人とも禮廻仕候、同四日私とも一人に、笹巻餅、鷄卵五つ、錢百文、たばこ一包、白砂糖一包宛、省王より被與候よしにて、通辯の龍官相渡申候、

唐人に相尋候處、端午米を灰の汁に浸し、笹の葉につゝみ焚立、粽子角黍と申、民家にてこしらへ相祝ひ申候由、

同廿五日役人參、鰹節八本相與へ、浙江まて舟にて被囮送候旨、通辯を以て申渡候、五月廿五日まて右法海寺に逗留、同廿六日未明に重立候役人兩人參り、錢百文宛相與候、今日此處出立申候様通辯兩人を以被申渡候間、撫育の禮申、出起仕候、私共に一人つゝ相附、外に重立候役人兩人、通辯の八官、龍官、其外大勢附添、船場まて二里餘の處に罷越申候、私ともならびに外五人のもの都合二十人、警固の唐人とも一艘に乘組、同廿七日朝右福州の湊出帆、所々にて舟繫ぎ致し、同六月十一日暮時浙江着船致され候處、町屋續き賑々敷場所に御座候、その夜は舟に罷在候、同十二日朝飯後何も陸にあけ、人別改之、役所へ召連れ、

此役所之儀、唐人に相尋候處、浙江府の內古浦海防官と申、正四品にて海邊を守

り軍事を司、シンカウの船往來改方致支配候官人、相詰候役所にて、海防官と申
所のよし、申聞候、
名歳衣類手廻の道具等書留候て、魚、鳥、家猪、其外色々馳走致し、錢百文宛相與
申候、二階作長屋にさし置、番人大勢幷右八官龍官附置、懇に世話仕候、同十五日
より米、鹽、魚、鳥、野菜、薪等相渡し、私とも心の儘に致し候やう申付、自分と
手煮しにて逗留仕候、同十七日蚊屋四張總人數に貸渡し、同廿二日唐人袴一宛相與
へ、人一人にたばこ二包宛相與へ、廿九日に日本仕立の淺黄布子、帷子一つ宛相與
へ、七月三日に洗替に可致とて、唐人袴一宛相與へ、同七日唐人とも禮廻有之、且
所々に柱をたて、觀音、地藏彌陀の佛號の旗をあけ、夜中は燈籠を燈し申候、同十
二日より十五日まて、町中假屋をたて、十王曼陀羅をかけ、供物香花をそなへ施餓
鬼供養のよし、通辯之龍官咄申候、法師大勢あつまり太鼓銅鑼半鐘打ならし、拍子
を入れ經を讀誦仕候、私共も二階より見物仕候、同十六日女の寺參り群集仕候、同
十七日より十九日まて、船中祭の芝居御座候、拙者共も見物參候處、纔に假屋を作
り四方取拂ひ、唐人とも顏を繪とり、金入緞子、繻子類の衣裳を着、鳴物にて拍子
を取り、狂言仕候得とも一向に相分不申、右見物に罷越候、通辯さし圖付罷越見物
仕候、同十二三日頃木綿の綿入羽織一宛、蒲團一つゝ、唐人袴一宛相與へ申候、同

十五日彦四郎絹の綿入一與へ申候、同廿日浙江の諸役人代合に付、拙者とも出迎へ候様、通辯の龍官申候間、道端江罷出居候、輿に乘り團扇の柄のなかきを差懸させ、供二十人程にて通行に御座候、私とも平伏仕居候、同十一月十五日何も役所へ被呼出罷出候處、重立候役人出られ、此度渡相殘る錢一貫文、白砂糖一包、菓子五包、二十人江被與候に付、長の逗留世話に相成申候禮を申述、同十八日、乍浦湊船場まて三町程有之候處江、役人附添何も罷越候、私とものうち長右衞門、三郎治、紋十郎、久六、長松、金四郎、茂七、德三郎、福四郎十人、通辯八官さし圖にて同人差添、その外唐人大勢一艘に乘組、彦四郎、兵吉、左治平、長之助、外勝兵衞、六兵衞、作兵衞、金右衞門十人は別船にて、同廿日九時頃二艘とも乍浦湊出帆晝夜相走、長右衞門外九人乘候船は、同十一月廿二日頃より、沖中風不順にて乘後れ、肥前國神樂島と申所へ、同十二月九日漂着、翌十日此處滯留仕、同十一日挽船をもつて送られ、同日長崎江着岸仕候、右之通申上候處、唐國逗留中切支丹宗門勸に逢候儀無御座候哉、右躰之様子有之候はゝ有躰に可申上よし、再應御吟味御座候、

此段私とも儀、唐國逗留中何方にても切支丹宗門勸に逢ひ申候儀、決して無御座候、右躰之様子及見候儀は勿論、心附候儀毛頭無御座候、隱し置重て相顯候はゝ、

何やうの御責にも可被仰付候、

一私共儀武具類所持仕候哉、且金銀所持致し候哉、唐國逗留中商賣ヶ間敷儀不致候哉、委細可申上旨御吟味御座候、
此段拙者共出船の節、武具類決して船積不仕候、乗組之內、左五平、長右衛門脇差二腰、且左五平、長松、長之助、左治平所持之金子都合六兩三分、此度持戻御取上相成申候、尤唐國において商賣ヶ間敷儀、決して不仕候、
一往來切手幷札等所持仕候哉、御吟味御座候、
此段、私とも往來切手無御座、尤浦賀と申候札、守之儀は伊勢一萬度之御祓、幷不動、辨財天、六所明神、聖天、第六天、觀音の御厨子入觀音一躰所持仕候外、何にても所持不仕候、
一於唐國龍牌被相與候儀無之候哉、且金銀貰請候儀は無御座候哉、吟味に御座候、海龍牌被與候儀無御座候、金銀は一向貰不申候、內前文口上書に申上候通、外にも見物之唐人より貰請候分、則別紙に申上候、按するに、別紙今所見なし尤右相殘候分、此度御取上に成申候、
右之通、少も相違不申上候、以上、
安永四乙未年閏十二月
長右衛門　　三郎治　　長之助　　紋十郎

茂　七　　彦四郎　　金四郎　　兵　七
徳三郎　　久　六　　左治平　　長　松
福　松　　彌四郎　　市五郎迷復記、

通航一覽　卷之二百六　終

通航一覧　巻之二百七

唐國福建省福州府部三

按するに、清一統志に福建省福州府は、東西四百四十里、南北六百三十里に距り、東は大海に至り西は延平府の南平縣に界ひ、北は建寧府の政和縣に界ふ、府より京師にいたる六百三十三里とそ、又唐國歴代沿革行程記には、東西二百里許、南北千里許、日本路百五十五里强とあり、清一統志に、此地禹貢には揚州の域、周には七閩の地たり、のち越に屬し、秦に閩中郡の地とし、漢に閩越とし會稽郡に屬す、後漢に會稽南部都尉を置、三國には呉の建安郡に屬し、晉に晉安郡を置、揚州に屬し後復古す、齊猶これによれり、梁の天監中に晉安の地を折て南安郡を置、其後州を廢し、郡をもて東揚州に屬す、後豐州を置、隋に郡を廢して泉州と改め、大業の初又改て閩州といひ、尋て建安郡に改む、唐の武徳のはしめ建州と改め、六年に又泉州に復し、開元十三年改て福州といひ、天寳元年改て長樂郡となし、乾元元年また福州といふ、五代にいたり、唐の天成元年閩國を建、長興四年長樂府と改、漢の乾祐元年呉越に屬し福州と改、宋に猶福州といひ後福安府とす、元の至元十五年改て福州路となし、明の洪武元年改て福州府とし、同九年福建布政司の治とし、清にいたりて猶福建省治たり、城地は周十里にして、城門七所、水門四所東南に濠あり、北は山に倚、洪武四年舊址によて修築し、其後も重修ありとそ、四夷八蠻船行記に、長崎より海上五百十里と記し、長崎志には五十五里とし、一更は、本邦の里率に約し七里餘なり、三百八十七里なりとあり、增補華夷通商考には、五百五十里を隔、坤の方に當れりとありて、里程各異なり、萬國夢物語に、此府南京に比すへき大國にて、唐山巽の方の涯にて、海邊廣き地たるにより、日本へ渡海の津多しとあり、又日本防考略に、日本より唐國への渡海は、筑前國博多を出船、五島を過て此地に來るとて、唐順之といへるもの日本寇防のため、三月より五月迄は大汎なりとて巡哨し、三月を初哨といひ、四月五月を二哨三哨と唱へ、九月十月は小汎とてまた是に同しとそ、また明の洪武十六年、江夏侯、周德興といへるもの、福建の五寨とて、浯嶼、南日、烽火門、洞山、小埋の五所に水寨を記け、兵船各四十艘、軍兵二千二百人餘、又三遊と唱へ遊兵把總の官軍總て二千五百人、船數八十艘を備へ、倭寇を防くの援助とす、猶清朝の今にいたりても、福州府の防兵二千人、馬數千疋を備ふと記す、萬國夢物語に、甚暖地にて北極の出地二十五度、夏至には日輪天頂に近きゆゑ暑氣甚しく、冬日も雪降ことなしとそ、淸一統志に其性紓緩にして儉嗇なり、病者あれは巫を專分とす、學を好み講論を喜ひ表をかさる、下民はよく法令を守る、市廛の男女各其業を務む、されとも女子の務むる所、男子にまされりと、農民は漁獵または鹽を製すと見ゆ、また大清朝野問答、日本防考略等に、此府地方は山多く米穀は擔負して嶮岨の道を越るにより、米穀乏しければは、山谷海濱に盜寇の患ありと記す、增補華夷通商考に、この地の商船南京船同しく浙江山西陝西河南等の諸省の產物を齎渡れは、產物殊に多しとあり、また四夷八蠻船行記、官中要錄に、白糸、綸子、白縮綿、紗綾、緞子、巻物、水銀、墨跡、繪絹、天鵞絨、白砂糖、牛筋、魚膠等を持渡るよし見えたり、

通航一覧　巻之二百七　終

四夷八蠻船行記　中国から見た外国船の記録
天鵞絨　びろうど

通航一覧　巻之二百八

唐國福建省福州府部四

○僧渡來住職幷拜禮獻上

寛永六己巳年、僧超然渡來す、さきに南京漳州等の禪刹開創ありし兩寺開基の事は、南京漳州等の部にあり、例により、福州府の船主ら、かの僧を住持とし福州方の寺院を創建せん事を願ふ、御免ありて一寺を創建し、聖壽山崇福寺と號す、是唐三箇寺の一院なり、

寛永六己巳年、超然來朝、正保元甲申年寂、在住十二年、長崎覺書、

唐僧開場　　禪宗臨濟派

聖壽山崇福寺　　寛永六年建

境內七千四百三十四坪　　高野平鄉之內

一當寺開創の事、寛永六年唐僧超然當表に渡來れり、其頃福州方の船主共相議し、去る元和六年南京方に興福寺、寛永五年漳州方に福濟寺開創有之例に準し、唐船入津の最初に、天主教を尊信せさるや否の事を、緊しく穿鑿を遂け、且つ海上往來平安の祈願、又は先亡菩提供養、の爲林仁兵衛を檀首にて、右の超然を住持として、

禪院を創建したき旨、御奉行所に相願ふの處、免許有之、聖壽山崇福寺を開創し、諸船主共布施寄進緣銀及ひ香花料を進呈し、佛殿幷船神媽祖堂を造立し、毎船持渡る處の佛神の像を不殘寺內に持來しめ、住持超然を始、寺中に役僧を立置、委細可遂吟味旨、第一肝要の寺役に被仰付之、但市中にて福州寺と稱す、
一毎年三月廿三日、船神天后の祭祀なる故、唐三ヶ寺輪番に、三月、七月、九月廿三日毎に在津の唐人共出館して參詣禮拜する事を免さる、
一當寺山門は唐國製作にして、彼方の工匠等彫鏤して組合、當寺に於て造立す、施主年數等分明ならす、
一元文元年、唐船主林達升、九品淨土圖縫の屛風を寄附す、これを十六觀圍屛と稱せり、毎年涅槃會、盂蘭盆會等の節、諸人に閲見せしむ、長崎志、
寛政六甲寅年、聖壽山崇福寺媽祖堂及大破に付、唐船主より銀十二貫目寄附致し、以前之通り再造有之、長崎志續編、
一普定寛永十六年渡來、監寺二年、明暦元年歸唐、一百拙正保三年渡來、在住四年、
一淨達覺聞正保三年渡來、監守二年、明暦元年歸唐、一道者慶安四年渡來、在住八年、萬治元年歸唐、
一靈源元祿六年渡來、享保元年黄檗山第九世繼席と成る、一大衝元祿六年渡來、在

住十七年、一道本享保四年渡來、在住六年、一伯珣享保七年渡來、同九年より在住二十七年、長崎志〇按するに、右渡船の僧、福州府と定め難けれとも、福州方寺院に住職し、或は監督を務めし僧なれは、姑らくこゝに附す、

承應元壬辰年、肥前國長崎彼杵郡に屬す、興福寺の逸然、正保二年渡來せし浙江省杭州府の僧なり、上意にて唐僧請待の事を、福州府の黄檗山へ達す、よて同三甲午年七月六日、隱元名は隆琦といへり、渡來し、僧侶二十人隨從し興福寺に滯留す、內十人は明年歸唐す、明暦元乙未年、隱元はしめ陪侍の僧、攝津國富田島上郡に屬す、普門寺に移る、

承應元壬辰年、嚴有院樣御在世の時、古昔足利家の例に準せられ、日域に禪刹一宇創建せられ、唐國より、道德優長の僧を可令住持旨上意有之、當表興福寺の住持逸然方より、唐國經山寺費隱和尙の法嗣、福州府の黄檗山の住持隱元和尙方に、請待の儀再三申し入、則許諾有之、承應三年七月、當表興福寺に到着有之、

承應三甲午年、開山隱元琦禪師渡海、長崎興福寺に在着せり、唐國より隨侍僧二十人有之、其內大眉、獨言、獨知、獨湛、獨吼、獨立、良演、惟一、恒修、無上、此十人は始終陪侍せり、其外十人翌年歸唐す、明暦元乙未年、城州宇治黄檗山萬福寺に至り、開基の初祖となる、則大光普照國師の號を賜はる、以上、長崎志〇按する

に、此書明暦元年、萬福寺開創ありし如く記せしは、誤りなり、
承應三年、隱元應肥前興福寺主逸然之招、達于長崎、卽住興福移崇福寺、明暦元年、妙心派下二三者宿、以琦在西偏化未遠及、改訴公府許入畿內、始到攝之普門寺、上堂若論個事、如天普覆、如地普擎、如日普照、如月普明、如風雷普震、如雨露普潤、如霜雪普潔、如滄海普納百川、如深山普藏羣獸、等間豎一毫端、普攝無邊刹海、偶爾聊露片言、普收無量妙義、諸人於、是明得、便知雲門餠、趙州茶、曹山酒、金牛飯、雪峯毬、玄沙虎、德山棒臨濟、喝一串過盡淨無餘、信手拈來、無非家寶、取用不竭、然世間之寶汝等盡知法王大寶、如何理會、以拂子敲卓二下云、會麼達觀直下、絕疑猜個裡、何會惹點埃、果是濟家、眞種草、一齊拶入普門來下座、結制集衆堂裡千指、本朝高僧傳、
承應三年七月六日、黃檗隱元和尙來朝、萬屋町糸屋七郎右衞門所に參る、安海出の商船より來朝、長崎覺書、長崎の東明山興福寺の住持逸然と申けるは、按するに、正保二年渡來、當寺第三世なり、元來大明國南京の僧なりしか、國師は、按するに、隱元をさす、道德高き大善知識にてましませは、此和尙を本朝に請し、絕て久しき正法を興し、諸人を眞の道にいれんと、此由を言上し奉り、古石といふ僧を使とし、書簡に種々の珍物を取添て、大明黃檗山に遣はしけり、國師此由御覽して、信に日

本の人は、義を重し法に志深きよしを聞、今法のために再三請しけれは、日本に御渡りあるへきよしの返簡なされけり、

承應三年七月五日の晩方に、國師長崎の湊に入らせ給ひけり、明日興福寺の住持逸然、諸々の檀越と同しく船に至り、國師を迎へて寺に入まいらす、卽法語五則書て示し給ひ、又兩奉行至り給へは、國師偈を書て贈り給ふ、

明暦元年乙未の秋、攝州富田の普門寺の龍溪長老、國師は和漢にならびなき大善知識のよしを聞、此寺に迎奉らんと心指、書簡をのへて請し給ふ、時に竺印長老長崎に下り、書簡をまいらせけれは、國師此由見そなはし、老僧としたけて、遠き海上を凌き長崎に至る、又遙の上方へのほらんとて、辭退有事兩度に及ひけれは、長崎の御奉行、竺印と共に、再三請しけれは、是非に及す返簡をせられけり、其書に普門寺を以て我を招く、然れとも年老は風前の燈、なんそよく祖燈をあけんや、然共再三請し殊に兩奉行の法のため、又三百年來絶たる祖道を興さんためなり、ゆゑに老僧其眞を感て、勤し終てゆかん、若歸らん時は、僧か心にまかせよとなり、八月九日に上堂ありて、大衆に別を示し給ひ、普門寺へと心さし出させらる、九月五日、大坂の川口にいたらせ、龍溪和尚國師を普門寺へ入まいらす、板倉周防守、按するに、重宗なり、承應三年七月、所司代御免あれとも、跡職牧野佐渡守親成、明年十

二月上京まて、重宗在京なり、至り禮拜し給ふ、又酒井空印居士、國師の道德をきゝて、使者を遣はし法要を問、又大坂の兩御奉行、曾我丹波守、松平隼人正、及小濱民部少輔、按するに、小濱は大坂御船手なり、校領の名を記せしは誤なり、此三人至て相見あり、或時國師本國を思ひ出され、詩を作りて書し給程に、本國の黃檗山よりの使僧來り、諸官人等國師を迎て、本國に還しまいらせんとの書を呈す、國師此由見給ひて、一念きざせは家音至るとは、是なりと、左あらは本國に歸るへしとの所、龍溪江戶より歸り、此由を聞懇に留給へは、國師せんかたなく留り給ひ、返簡を本國に遣はす、酒井雅樂頭使者を以て、珍物を贈り維摩の像に讃を求め、松平加賀守使を遣はし、瑞龍寺の額を求め給へり、按するに、此事年代を記されとも、關東下向前の事なれは、姑らくこゝに附す、明曆三年丁酉夏のはしめ、龍溪長老に命し、汝關東に下りて、我本國に還らん事を申せとて、偈を書て送り、龍溪長老又關東に下向し、上意をうけて、八月江戶より歸り、國師を禮拜して、上意の旨をのへていはく、隱元を本朝に留置て、祖國の爲に法を弘めしむへし、其爲僧粮田を、按するに、僧粮田を賜ふと記せしは誤なり、月俸を賜ひしなり、賜ふとありけれは、國師此由聞給ひ、遂にとゝまり給ふ、以上、黃檗開山國師傳、

明曆元年九月廿二日、經山寺の隱元禪師去る、六日大坂へ參着、御日記、

明暦三年
覺
百人扶持、隱元禪師へ被下候間、龍溪禿翁、竺印、此内之手形、従去七月朔日、被
相渡、重而可有勘定候、以上、
明暦三酉九月五日　　豐　後　印
伊　豆　印
小田仁右衛門殿　竹譜蠹簡○按するに、老中松平信綱、阿部忠秋なり、
萬治元戊戌年九月十七日、台命に應して江戸にいたり、天澤寺に滞留す、上使とし
て老中松平伊豆守信綱、寺社奉行井上河内守正利を遣はさる、十一月朔日、拜謁し
物をさゝく、同廿一日、また營中に召て御暇賜物あり、
萬治元戊戌年九月十七日
一隱元禪師と號唐僧、天澤寺江到着付而、上使井上河内守、按するに、寺社奉行正
利なり、松平伊豆守按するに、老中信綱なり、被遣之、
同年十月廿九日
一富田龍溪被爲召、隱元禪師御目見樣子、被仰含之、
同年十一月朔日

一大廣間出御、上段御着座、隱元禪師御目見、唐人進物、钀緒二卷　仙香百本

墨十六挺　進上

板緣より上、下段二疊目也、

黄檗和尙華語錄六冊　隱元禪師扶桑語錄五冊　獻上、

同年同月廿一日

銀百枚、小袖十　御暇　隱元禪師

小袖五　龍溪

同三　禿翁

右、是は、攝州富田普門寺可被歸之由、被仰付之、以上、萬治年錄、

萬治元年十一月朔日、隱元禪師扶桑語錄五冊獻上、頃年來朝之隱元禪師、先月十八日當地參上、湯島天澤寺旅宿、今日御目見、同伴攝州富田普門寺住持、龍溪、妙心寺內、禿翁、大廣間出御、御上下、上段着御、隱元從右之席、大廣間御次之間ニ來、北之方伺候、龍溪、禿翁幷通事、扈從伊豆守、豐後守、美濃守、按するに、伊豆守は松平信綱、豐後守は阿部忠秋、美濃守は稻葉正則にて、いつれも老中なり、同御前出於御次間、上意通事ニ傳之、此時河內守、板倉阿波守、松平出雲守、按するに、河內守は井上正利、阿波守は重鄕、出雲守は勝隆にて、いつれも寺社奉行なり、出

座挨拶、隱元自注、黄衣、左に座具念珠、右に拂子、御前に出座、進物捧之、於敷居之內拜禮、龍溪書物十一冊、唐扇二本、以進物於同所御禮、禿翁杉原一束捧之、於板緣御禮、隱元登城之節、西丸大手下馬に而下乘、柱杖は御玄關迄持之、柳營日次記、

萬治元年九月十三日、十三日とせしは、誤りなり、唐隱元禪師、始て東武參向あり、在留中は天澤寺に止座なり、玉露叢、

萬治元年、妙心之耆宿、又告京尹、而承鈞命偕往江府、寓天澤寺、侯伯士庶拜禮作羣、謁源大樹、承賜歸攝、本朝高僧傳、

萬治元年七月、又龍溪長老江戶より歸てぃはく、此度國君、御相見なさるへきとの御上意あり、急き御下向あるへきと申されけれは、國師辭退あるへき事にあらされは、年六十七歲にて、九月六日に普門寺を立給ひ、關東さして下り給ひ、十一月朔日に、御相見なさるへきとの御上意にて、御城に御のほりあれは、すなはち國君御相見なされ、黄金、按するに、黄金とせしは誤なり、白銀なり、且賜物ありしは、御暇の時なり、吳服等を下され、御暇中て天澤寺に還りて、天下太平國君萬歲の爲に、放生會をなし給ふ、酒井空印父の爲に、國師を長安寺に請し供養あり、十一月廿八日に御暇ありて、按するに、御暇を賜はりしは、廿一日なり、天澤寺を出給ひ、

十二月八日に參州に至り、水野監物國師を城中に迎へまいらす、同十四日に、普門寺に歸り給ふ、然る處に淀の城主永井信濃守、宇治興聖寺に請して供養あり、明日又船にて、淀の城に入まつらせ、法要を問給ふ、黃檗開山國師傳、萬治二年己亥年六月、隱元に洛外にて寺地を賜ひ、同三庚子、伽藍を創し、寛文三癸卯年、山城國宇治郡において寺領を賜はる、御朱印は、寛文五年に賜はる、萬治二己亥年、賜大和田地、乃開萬福爲第一世、台命復寄莊田若干、按するに、寺領を賜ひしは、寛文三年なり、太上法皇、宣旨內奏法語、本朝高僧傳、

一明暦元年、宇治郡大和田の地に、禪刹一基創建有之、按するに、寺地を賜ひしは萬治二年なれは、富田普門寺へいりしを混ぜしなり、黃檗山萬福寺と稱し、隱元和尙開山初祖と崇敬す、僧徒二十人共に登山せり、按するに、僧徒二十人共に登山と記せと、萬福寺創建の頃は、十人は歸唐せり、其內十人は、後年まて始終和尙に隨侍せり、其內十人は翌年歸唐せり、

一城州宇治郡、大和田の地三寺按するに、三寺とあるは不審なり、開創有之、隱元和尙開基の初祖に被仰付、黃檗山萬福寺と稱す、此後長崎三ヶ寺按するに、東明山興福寺、分紫山福濟寺、聖壽山崇福寺なり、在住の內、德義ある僧を撰み、代々可被令繼席旨被仰渡之、長崎志、

寛文元辛丑年四月十五日、隱元禪師、於城州大和田村寺地拜領、御禮使僧御目見、
允明之筆一卷獻、柳營年表祕錄、如官日簿抄、
寛文元年四月十六日、隱元禪師寺院拜領之爲御禮、差越候使僧獨智、幷龍溪御暇に
付、袷五龍溪、同三獨智、被下旨、伊豆守按するに、老中松平信綱なり、傳之、柳
營日次記、寛文年錄、寛文五乙巳年七月十一日、按するに、寛永三年寺領下さる旨
命ありて、是年に御朱印を賜はりしなり、
黄檗山萬福寺領、山城國宇治郡五箇莊、大和田、廣覺、納寺、園本、新出按するに、
郡村名寄帳に、廣芝、畑寺、岡本　等の村名あり、黄檗開山國師傳に擧し方是なり、
五ヶ村之內、都合四百石事、新寄附之訖、幷境內九萬坪山林竹木諸役等免除、永不
可有相違者也、仍如件、
　寛文五年七月十一日
　御朱印寛文五年御朱印留、
寛文五年
御朱印　一高四百石　禪宗　宇治郡黄檗山　萬　福　寺　御朱印寺社領、
萬治二年己亥六月、御上意有之、京都之近邊にて地を見立寺を作り、隱元を移し申
せと、仰下されけれは、龍溪長老、國師を請し路邊の山々所々を見て、宇治郡大和

田村に至り見給ひて、此山勝地たりとの給ひければ、龍溪長老關東に言上あれは、卽御許し下されけれは、長老大に悦あり、是より伽藍建立の用意有けり、

寛文元年辛丑正月、國師慧林西堂を召、伽藍地の御禮に關東へ遣はされ、五月八日大和田の地開創し給ひ、黄檗山萬福寺と號し給ふ、是は本國の寺を忘れ給はさらんか爲なり、偖年七十歳にして、八月廿八日黄檗に入寺あり、國師未此山を開き給はさる時、攝州富田の普門寺にまし〱て、萬治庚子の三年に、此山を賜はりて、明年寛文元年辛丑の春、伽藍建立のため當山にのほり給ふ、

同三年癸卯正月十五日、御上意をうけて天下太平國家安全の爲に開堂説法あり、時に黄檗永代の僧粮として、宇治郡五ヶ庄、大和田、廣芝、畑寺、岡本、新出、此五ヶ村にて御朱印をなし下さる、

僧粮　僧侶の食糧

同四年甲辰、國師年七十三歳にならせ給ひ、九月黄檗の席を木庵和尚に讓り、上堂して大衆に示し、卽松隱堂に隱居せり、以上、黄檗開山國師傳、延寶元壬子年四月二日、勅許ありて大光普照國師の號を賜ひ、同三日寂し遺物を獻す、元祿八乙亥年佛慈廣鑑國師の諡號を賜はる、

延寶元年癸丑春微疾、上皇遣使存問、進偈謝恩、四月初三早刻、謂左右曰、今日不得遠離、吾行期逼矣、至午時遽起趺坐、衆請遺偈、琦卽書曰、西來楖栗振雄風、幻

出檗山不宰功、今日身心俱放下、頓超法界一眞空、書罷奄然留身三日、顏色不變、門人龕奉封于壽藏、世齡八十二、法臘五十三、嗣其法者二十八人、宰官居士淸信士女聞法結緣千有餘人、有七會語錄雜集若干卷、後水尾法皇、賜大光普照國師之號、本朝高僧傳、

延寶元年四月二日、太上皇、大光普照國師號の御宸翰をなし下され、氣色のやうを御問あれは、和尚國師號を頂戴あり、大に悅給ひ、天恩の忝を奏答し給ひけれは、上皇此度の氣色かない難よし聞召ての給く、國師は日本の寶なり、若命代るものならは、朕か身以て代らんと宣ひけり、實にかくのことき御尊敬は、昔よりためし稀なれは、聞人感涙を流しけり、扨三日の早天に左右に告ての給く、今日はみな遠くはなるゝ事なかれ、我時せまれりとありけれは、大衆みな集りて歎かなしむ、午の時になりしかは、我はや行んとの給ひて起直り座し給へは、衆僧遺偈を請ふ、國師筆をとりて大に書して筆を抛て卽遷化し給ふ、未の時なり、黃檗開山國師傳、

御宸翰　天皇の手紙

寛文十二年按するに、十三年の誤りなり、四月三日隱元禪師遷化、公儀江被爲遺物差上らる、

一謝恩賜一軸自筆　一五百羅漢圖　一王振承寛襍錄、元祿八乙亥年五月廿八日、隱元禪師國師號被下候、御禮、

黄檗山萬福寺　　高泉和尚

甘露叢○按するに、寛文十三年大光普照國師の號を勅許あれは、こゝにいふ所は、佛慈廣鑑國師の謚號の御禮なり、

黄檗開山隱元隆琦禪師特賜、大光普照國師、加謚、佛慈廣鑑國師、

承應元壬辰年六月、黄檗隱元禪師來朝、唐金山寺の僧也、唐亂世に付來朝の由、長崎にて說法の書記來る、林道春に被仰付讀之と也、承寬襍錄○按するに、此書年月共に誤りて異說なり、昔隱元禪師、日本に渡り給ひ、法を廣め、萬福寺を建立ありて、宗旨廣まりける、日本祖師達を拜禮に諸國を被廻候節、何國何とかいへる名高き祖師達を拜禮不被致候よし、後に弟子の卽非と申人不審を立、如何之譯にやと尋られけれは、隱元答て被申は、此祖師語錄無之故に位子不相知候間、拜禮難儀致候、道法有無共にしれず、中傳計にては拜禮難成と御申被成候由、學文の上にては尤なり、偖は佛法も學文なくては本の物にては無之なり、鹿門遺言、

黄檗開祖隱元禪師は、烟草を惡み給ふこと甚し、其偈にいはく、一管狼煙呑復吐、恰如炎口鬼神身、當年鹿苑有此草、不說五辛說六辛、此偈語錄には洩たるよし也、昔彼宗徒に聞しか遺亡せしを、又此比一和尙語られき、座禪看經の勤を空しくせるを惡み給ふならん、されは此物と飮酒は彼僧衆凡て不喫きとなりしか、當時は不喫

人は數ふる計也とそ、律を名として、唯其衣の絜のみを存したる寺院もあり、時宗の僧坊の酒樓になりしも、漸々に祖意にたかひ來れるの窮れるならん、閑田次筆、隱元禪師、唐にては常に人參多く服藥せらる、來朝後は人參を服する事をやめられけり、本邦は五穀ともに異國にまさりて、人を養ふ事尤勝れたり、故に人參を服するに及はす、落穗雜談一言集、

慶長の比、大明の僧隱元禪師本國の君臣國をゑびすにほろほされ、あだをむくふ人もあらすして、言甲斐なく、やみにしを憤り、遙々と海を渡り、肥前國長崎といふ處に來りて住ける、ある時稚子のあやまりてかしらをうちけるか、やかてこふしを握りて其柱を三ッ二ッうてるをみて、我かたの大臣は此國の小兒のたけくいさめるにはをとれりとて、涙を流されしとかや、諸家隨筆○按するに、此書隱元明國の亡ひしを歎き、渡來のよし記せと、しばしば、請待せしによて渡來なれは、恐らくは、舜水の傳を混淆せしなるへし、

承應三甲午年七月、隱元に從ひ渡來せし僧、長崎崇福寺に住せしか、獨知、獨湛、獨吼は後黃檗山萬福寺の住職となる、其餘は塔頭等に住せり、

承應三甲午年七月六日、黃檗隱元和尚來朝、同時隨身獨知自注、福州之人、天和二戊年迄三十年住す、按するに、渡海の年より算るに三十年とせしは誤りなり、長崎

の崇福寺に二十九年住せしなり、黄檗山後住、此年寂す、長崎覺書、
寛文十庚戌年、隠元隨侍之獨知、名を慧林と改、黄檗山第三代之繼席按するに、木庵の繼席となりしなり、と成、長崎實錄大成、國師第十六法子慧林性機和尚、七十二歳延寶八年庚申正月廿日按するに、黄檗山第二代の木庵正月十五日紫雲院に退隱し、跡入院なり、住持、二年天和元年辛酉十一月十一日遷化、世壽七十三歳、黄檗開山國師傳○按するに、此書前の長崎覺書と入院卒年等齟齬せり、いつれか是なるにや、後考をまつ、獨湛自注、福州之人、天和三亥年迄三十年住し、按するに、崇福寺に住せしなり、黄檗山後住、長崎覺書、
獨湛瑩禪師、隠元に隨從せし僧衆の內第四世按するに、黄檗山第四世なり、繼席となる、長崎志、
國師第十八法子獨湛性瑩和尚、四十四歳、天和二年壬戌正月十四日入院住持、十一年六十四歳、元祿五年壬申正月十五日退居獅子林、黄檗開山國師傳、
獨吼自注、福州之人○按するに、承憲三年隠元に從ひ渡來せしなり、天和三亥年迄三十一年住す、黄檗山後住、長崎覺書、
國師の法子、唐僧獨吼性獅和尚、漢松院開基ありて、按するに、萬福寺の塔頭なり、久しく閑居し給ひ、元祿元年戊辰十一月十六日法壽六十五歳にて遷化し給ふ、黄檗

開山國師傳、

大眉性善和尙は、國師の剃髪の弟子にて、國師來朝の時按するに、承應三年なり、御共にて渡り給ひ、黄檗草創の近比今の寶藏院の地において、精舍を構へて、廬山の遠法師の遺意にならひ、東林庵と名つけ、後國師の法を傳て安居し給ふ事久し、其後鐵眼和尙一切經板倉を立るに地せばし、大眉和尙大願の志をかんし給ひて、東林庵を今の地に引うつし給ひて、延寶元年癸丑十月十八日に遷化あり、世壽五十八歳、黄檗開山國師傳、

南源自注、福州之人〇按するに、隨從の內に此名見えす、良演の事にや、隱元和尙弟子、天和三亥年迄三十一年住し、攝州に居住、

帷一、自注福州之人、天和三亥年迄三十一年住す、黄檗に在、以上、長崎覺書、獨立は隱元の書記也、元來俗人にて俄に剃髪して日本に來る、故に法の事は疎しとなり、二老略傳、

通航一覽　卷之二百八　終

唐國福建省福州府部五

○僧渡來住職幷拜禮獻上

明曆三丁酉年二月十六日、僧卽非、千獃、はしめ曇瑞といへり、渡來し崇福寺に住す、卽非は崇福寺の中興開山と稱し、寛文三癸卯年、黄檗山萬福寺に轉住し、明年豐前國小倉に企救郡に屬す、いたり、一寺を建つ、千獃も崇福寺、中興二代の住持となり、元祿九丙子年正月廿八日、鈞命ありて萬福寺の住職となり、後紫衣をゆるさる、同十五壬午年、唐僧招待の事御免ありて、唐國黄檗山へ書簡の贈答あり、明曆三丁酉年二月十六日、卽非和尚諏訪町河南呂于所に參候、舟山船乘來朝、寛文三卯年八月、山州黄檗山に上り、翌辰年に至り、豐前小倉廣壽山福壽寺建立、主法四年、寛文八申年、還崇福寺、同十一亥年五月廿日遷化、長崎覺書、

明曆三年、卽非和尚渡海あり、則隱元和尚の法嗣道德學解他に超し名僧なる故、崇福寺中興開山と尊稱す、寛文三年黄檗山に登り、同四年長崎に歸來れる時、豐前小倉城主小笠原家按するに、右近將監忠眞なり、厚く請ありて、彼地に於て、廣壽山福聚寺を開創あり、主法四年にして、寛文八年長崎に歸役せり、長崎志、

隠元の弟子、卽非尤善書なり、雪山先生の書の事を卽非にも問たるとなり、卽非の書は筆法に習あり、黄檗中の善書なり、二老略傳○按するに、長崎志に、寛文五年鑄造せし撞鐘の銘を、卽非撰て書せしか、後漸々破裂により、安永三年改範し、猶元のことく銘を刻し、今長崎豐後町に掛る所の時の鐘なりと記せり、
明暦三丁酉年、卽非如一和尙の法子賜紫千呆按するに、千呆は後の名なり、渡來の頃は、曇瑞と號せり、性安和尙來朝、二十二歳、黄檗第六代、賜紫千呆性安和尙、其前一院を草創ありて、本師卽非和尙の舍利をあんじて瑞光院と號し給ふ、千呆和尙は長崎の崇福寺の住位にまします、時に元祿九年丙子の正月廿八日、御公命をうけて、黄檗山に進て、第六代の席をつかさとり、紫衣を賜はり、德光四方にかゝやき、道風盛なり、黄檗開山國師傳、曇瑞福州之人、卽非和尙隨侍して來朝、萬治三子年より在住五年、今改千呆、按するに、萬治三年より寛文四年まて、崇福寺に住職せしか、化林に讓りて、隱居せり、寛文七未年再住、按するに、崇福寺の化林寂せしにより、再住せしなり、七年、寛文八申年也、其後廣福菴に閑居、元祿八亥年十二月、爲黄檗山後住上京、長崎覺書、
萬治三庚子年、唐僧曇瑞渡海、後改千呆、崇福寺中興二代之住持と成、長崎紀事○按するに、此書幷長崎志に、萬治三年渡來とせしは誤りなり、卽非に從ひ、渡來な

れは明暦三年なり、
一崇福寺末菴　　廣福菴　　寛文八年二代千獃代建、本寺内、」廣善菴　同年同代建、本寺内、」廣徳院延寶五年同代建、本寺内、」祇樹林　貞享二年同代建、西山村内、」竹林院　同三年同代建、本寺内、」清凉院　元祿元年同代建、本寺内
一天和元年、當寺中興二代千獃和尚、寺中の僧徒を集めて、近年饑饉打續き、諸人困窮のよし聞及へりとて、先自分の什物、墨蹟、書籍、衣服等を賣はらひ、和尚みつから市中に鉢を勸め、當年九月十五日より寺中にて施粥有之、年を越て猶々飢饉甚し、仍て天和二年、三千人に與る程の粥を炊て、大釜一ッ鑄さしむ、釜の高さ六尺五寸、經り五尺五寸、重さ千九百六十五斤、釜の練廻りに、聖壽山崇福禪寺施粥巨鍋、天和二年壬戌仲春望後日の字あり、當寺の遺物也、
一承應中有上意、城州宇治郡に黄檗山を創建あり、隱元和尚開山初祖と成、其後長崎唐三ヶ寺の按するに、東明山興福寺、分紫山福濟寺、聖壽山崇福寺等なり、内より學行德義兼備の僧を撰ひ、可令繼席旨被仰付、仍而萬治三年渡海有し、按するに、萬治三年渡海とせしは誤りなり、千獃和尚、元祿八年黄檗山に登り、第六世の繼席と成る、長崎志、
元祿十五年、唐僧招待之儀に付、從黄檗山唐國江遣候書翰寫、

久仰盛名、徒切霓望自愧薄緣未獲覿面、毎聞座下繼席祖廷、大振門風、德被寰中、名著海外、足爲季代之典型、何幸、祖廷得座下出現、巋然若魯靈光、誠不愧爲國師之嫡孫也、但、安、按するに、千獃の諱なり、與座下、源流同流、形蹟相左、只得西向古檗峰、臨風側耳矣、陳者安奉上旨、主法黃檗、已閲七春秋矣、年來聖恩隆渥、超出諸方、魯蒙欽賜紫衣、加以特發帑金、繕修伽藍、寔祖山千古之光華也、安熟思東西黃檗廼國師隱老祖開法道塲、爲兒孫者、當以協心竭力、遞相撑支、崛起門廷、況國師老人有囑語、祖山佗日主法苟無其人、當往吾唐、招衆補住、但旦今山中唐侶多爲晨星、法道奈何、以故切稟招衆之意、特蒙上旨、許招四衆、此擧非啻有賴、于法門兼有光於從上也、惟冀座下念其同本連枝祖道鼎重、代擇越格衲子四位、過來相佐日後囑、累大法兼陸續繼住、祖山不惟國師兒孫踏滿于兩國、永使濟下法脉流通于萬世者也、若問茲方景況、上自王臣、下及庶民、特崇佛法、不异梵華、而況重文章尙忠義、至于偸嬾之徒謀利之僧、俱用不著矣、萬望座下、敢煩大手眼、選擇有志賢衲子文質邁倫、機用超格、已登壇受具樂、然而至則皆座下之大賜焉、千里求賢、意在眞切、惟祈體悉餘付請主舌端、耑此冒瀆、併候法躬萬福、臨函無任仰望之至、

右啓

上　福唐黃檗堂頭檗翁大和尙雷覽

扶桑黄檗法弟性安南拜

右和解

久敷御名を慕ひ申儀、常に不絶切に存候、然共自然と不緣に候て、不能面偈儀を恨申事に御座候、兼て及承候は、尊師祖席を御繼被成、法門大に繁昌致し、德義之御名天下に普く、海外迄も顯れ、末代之法規とも御成候事に御座候、則尊師祖廷に出現被成、其堆き事、魯之靈元のことく存候、寔國師之嫡孫に御出候段、恥しからさる御儀候、且又私儀、尊師と根元同派にて御座候得共、互に相隔罷在候得は、唯西方に向ひ候ては、其御地黄檗山之風を慕ひ、耳を傾け申而已に御座候、扨又申入候は、私儀爲上令黄檗住持蒙仰七ヶ年相勤罷在候、殊從上之御恩澤、諸方に超厚被仰付、紫衣迄に御恩賜被成下、其上伽藍爲修覆御銀致拜受候、是以黄檗千古之瑞光と奉存候、私兼て存候、雙方之黄檗は則國師隱元老祖、開法之道場にて御座候得は、兒孫に罷成候者は心を合、力を盡し、互に法門を相扶け申筈に御座候、勿論國師隱元老祖被仰付置候にも、此以後黄檗山に法を司り申僧無之候はゝ、唐國より僧を招き、補任爲仕候樣にとの事に候、然は唯今山中にも唐僧之輩少く御座候故、諸道相續之儀無心許存候、依之唐僧招申度旨御願申上候處に、上令を奉蒙、唐僧四人招申儀御許容被下候、此儀偏法門に疑有之事にて無御座、永々之光に罷成儀に存候、夫

不絶切　途切れることがない

希は尊師之儀、根元連枝之事に候得は、祖道を大切に被思召筈に御座候に付、私に御代り隨分衆に勝れ候唐僧四人、御選ひ被遣被下候は丶、以後は大法を致咐囑、且は黄檗山之住職相續にも可罷成候、於然は國師之兒孫兩國に繁昌仕、永代濟下之法脉、萬古迄も不絶事に御座候、若又此方之風儀承度と申候は丶、上は從王公下庶民に至迄、專佛法を崇ひ、儒道をも敬ひ、殊更文章を重し、忠義を尊ひ申候て、中々惰慢之輩貪利之僧徒なとは、用ひ申事も無御座候間、別而尊師を頼申候條、御苦勞に成、法力之御蔭を以、志し有之候僧、文質共に諸僧に勝れ、器量有之候て致受戒候者を被遣被下候は丶、是皆尊師之大成賜と可存候、寔遠方より知職を求め申度存念深切に御座候間、彌被入御念可被下候、委は頼遣候もの口上に可申述候條、頼入存候、幷御法躰御萬福之旨伺申候書を申認候内にも、仰き慕ひ申心底難述盡存候、

性安は千獃之諱　　唐通事年番譯之

返翰之寫

法脉同源、人地兩分、翹企道風遠播、限以碧波萬里、莫能瞻謁慈顏悵也、何如至於屢承注及遠須厚惠、益令人感愧交集、且未能少酧其萬一、想在老兄、以大圓鏡智、照了諸相、必然置我於世禮之外無疑矣、若欽聞承恩之渥與賜紫之榮、光映大千、豈特祖山在弟之私已哉、仰羨々々、近高居士賫來信物、俱已領入謝謝、及荷鼎囑以擇

賢欲授其補處、既是吾祖法席則事同一家、況流通正脉、責在子孫、當依命奉行、但時際末運、道風日超、欲求俊傑高才超格英邁之士、甚非造次而得、必須愼重訪擇勘驗頭有拔華之姿、然後方敢送其、遠赴座下也、惟冀寛宥容遲期、謀之爲禱、弟愧緣踈忝繼祖席、已及十載、竟不能行先人之法道、抱歉久退藏、而蒙當道護法及郡邑紳士合情堅留、乃於去歳、見山門年遠似將傾落、遂拮据葺修、點承龍天之靈、今大殿齋庫方丈以及諸堂、俱已告成、尚有法堂廊廡正在經始、看冬春之間亦可竣功矣、因座下是家裡人、欲知家裡事、故敢言及以塵法眼耳、餘緒亹亹統容嗣報、耑此佈復兼候慈禧洪福、臨池不勝主臣、

右復

上　大和山黄檗堂頭呆翁大和尚侍者

福唐黄檗法弟明遥和南

右和解

法脉一派の宗旨、兩國に相わかれ罷在候ゆゑ、其許の道風、遠境に流布いたし候を慕ひなから、萬里の波濤を隔候へは、不能尊顔、殘念如何計に存候、被思召寄、遠方毎度叮嚀の御音信に預り、彌感愧相催儀に御座候、然とも些少の御返報にも不及候段、老兄大圓鏡の智恵を以て、諸相を御照し被成候儀に御座候へは、定て某儀を

叮嚀の御音信　丁寧なお手紙

彌感愧相催儀　いよいよ畏れ多いと思う

世禮の外に御宥め可有之と存候、老兄御事上の御恩澤を厚御蒙りなされ、殊更紫衣迄御惠みに被預候儀、普く世界を輝し、某祖山の悅はかりにて無御座、結構之御儀に存候、此間尊氏の居士、其元よりの書翰幷御音物持參致され、何も受納いたし辱存候、然は補職を御授可被成ため、某方より賢才の僧徒を撰ひ進候様に御賴被遣、得其意申候、尤我祖師之法席の儀にて御座候へは、一家同前之儀に存候、增て法脉流通いたし候儀は、其弟子たる者の可精出事に御座候へは、仰に隨ひ賢才のものを撰ひ、進申筈の儀に御座候、乍然時末世に及ひ、道風日々に衰へ候時節にて御座候故、俊傑の高才格外に勝れたる人は、俄に尋出申儀難成御座候、隨分念を入尋求、吟味いたし略衆に勝れたる者有之候はゝ、遙に座下へ送進可申候、然上は緩緩と相計り尋出し候間、延引仕候儀を御免有之様に願ひ申候、某儀檀緣薄く有之身にて、祖席を繼來り候儀、最早十箇年に及ひ申候得共、先師の法道を行ひ得不申、殘り多く存候ゆゑ、久しく退院仕度存立候へとも、暦々の護法幷郡縣の官人衆、一同に達而留被申候ゆゑ、只今まて務罷在候、某寺之山門年久しく罷成候ゆゑ、去年時分より餘程大破に及ひ候に付、色々取繕修覆致し候處に、龍天の加護により、大殿齋堂方丈より、諸堂に至るまて、最早成就致し候、尤法堂廊下等は唯今經營の最中にて、當冬來春の間には、出來可仕と存候、座下へは一派の事にて御座候得は、一派の儀を御聞なされ度可被思召と存候ゆゑ、呉々申進、汚御目候、申述度餘情多く有之候へとも、猶期後便候、仍而御報申入、且又目出度御容躰を窺ひ申迄候、硯に向ひ不堪恐惶候、

右回章

譯者同前和漢寄文、

寛文元辛丑年六月十六日、高泉曉堂の兩僧渡來す、曉堂不幸にして程なく寂し、高泉は伏見に一寺を開きて、延寶七己未年四月移住し、元祿五壬申年正月廿二日、鈞命によりて萬福寺の住持となれり、紫衣御免あり、同八乙亥年五月廿八日、物を獻して拜謁す、

寛文元辛丑年、唐僧高泉渡海、直に黄檗山に至り第五代の繼席となる、長崎志、

國師第四嗣法慧門和尚之法子、賜紫高泉性敦按するに、享保十一年、福州黄檗山へ贈る書簡に、高泉墩とあれは、敦は誤りなるへし、和尚二十九歳、寛文元年辛丑六月十六日來朝、寛文元年辛丑十一月四日は、國師七十の大誕生日なれは、唐の黄檗の住持慧門和尚より、高泉曉雲二人の法子を遣はし、諸官人の壽章一山の役人の壽軸、齊金其外の珍物を獻し奉れは、國師御悦あり、二人の法孫を日本に留置給ふ、其後曉堂は不幸にして黄檗にて遷化あり、

高泉和尚ふしみに佛國寺を開創ありて、延寶七年己未の四月これに移り給ひ、其後

長松院と入れかへ、今是を法苑院となし、誠岩法子に讓り和尚は常に佛國寺に住し給ふ、元祿五年壬申の正月廿二日、公命を請て黃檗第五代の主となり、紫衣を賜はり、法幢さかんなり、住持四年、世壽六十三歲にして、元錄八年乙亥の十月十六日に遷化なり、黃檗開山國師傳、

高泉福州之人、隱元和尙弟子、天和三亥年迄二十三年住し、攝州佛國寺に居住、長崎覺書、

元祿八乙亥年五月廿八日、高泉に紫衣御免、御禮、

　毛氈十枚　花氈十枚　唐墨　唐扇子

　右黃檗山萬福寺高泉和尙獻上、甘露叢、

延寶二甲寅年、玉岡、雪堂等雪堂は泉州府の僧なり、渡來し、玉岡は明年、崇福寺の住持となる、元祿六癸酉年、澹休、月潭の兩僧渡來す、

玉岡、千呆弟子雪堂兩人、延寶二寅年來朝、自此年輪番之住持極る、玉岡、延寶三卯年入院、按するに、崇福寺入院なり、福州之人、」澹休、福州之人、千呆之弟子四十三歲、元祿六酉年五十一番船より來朝、」月潭、福州之人、千呆弟子三十八歲、元祿六酉年來朝、長崎覺書、

寶永六己丑年五月廿日、別光、智勝の兩僧渡來す、こはさきに唐僧招待の事御免あ

りて、崇福寺の大衡より福州府の鼓山寺へ、書簡を贈りしによりてなり、兩僧とも
上陸、入寺の事を大衡より願ひ、別光よりも證書を出す、同七庚寅年八月廿一日、
また僧一貫渡來す、
寶永六己丑年五月、四十四番南京船之唐人共申口、一私共船之儀、南京之内上海に
而仕出し、唐人數四十人、外に唐僧二人、都合四十二人乘組候而、當月十日に彼地
致出船渡海仕候、上海より當分は跡船とても無御座候、私共船此度渡船之內、海上
相變儀も無御座、尤日本之地何國にも船寄せ不申、直に今日致入津候、然は御當地、
按するに、長崎なり、崇福寺より福州之鼓山に、去々年唐僧招之書簡遣被申候に付、
船頭游三官請取、則鼓山に相達申候而、別光、智勝と申僧二人誘引仕、上海に連越、
當三月九日、上海出船仕候處に、於洋中大風に逢、楫を損じ申候に付、又々上海に
乘戻、楫等修理仕、漸此度連渡申候、尤唐僧乘せ渡申候旨趣は、船頭別紙に申上候
に付、省略仕候、右之趣之外、餘に異說少も無御座候、
右之通、唐人とも申候に付、書付差上申候、以上、
五月廿日
風說定役
唐通事目付
唐通事　共華夷變態、

寶永六己丑年五月、唐僧着岸候に付願書、
崇福寺拙僧大衡、因丁亥年曾奉誠詞、求招唐僧以作後任、幸蒙許允、故其年唐船回棹之際、致書于福州鼓山寺、託招後住之僧東渡、所以這回四十四番南京船主游三官、載唐僧別光智勝兩衆而來、兼帶鼓山恒濤和尚回翰一封、幷帶原招之書爲據、而別光在彼被選、能堪後住之任、而智勝乃隨侍別光、意欲居住日本、故兩衆齊至、全賴王上不忘靈山付囑、入爲法門金湯、愍他二人遠途跋渉得致長崎、仰望總唯登岸進寺、爲大衡猿子、續熖禪燈、功徳無量、

寶永六年五月日　　　崇福寺拙僧大衡書

右和解

崇福寺拙僧大衡申上候趣は、丁亥年、後住之唐僧招申度段、御訴訟申上候處に、御許容相蒙候に付、同年唐船歸帆之節、福州鼓山寺へ書簡を遣、後住之僧致東渡候樣にと賴遣候處、今度四十四番南京出し游三官船より、唐僧別光、智勝兩人罷渡申候、則鼓山寺恒濤和尚より返翰、幷其節此元より遣申候書簡爲證據、彼僧共持參仕候、右別光儀は於彼地被選出、後住職も可相勤僧にて御座候、智勝事は別光に隨侍之者にて、日本へ居住仕度由にて、兩人一所に被渡申候、全く王上靈山之付囑を被思召上、永々法門之御加護を被爲成下、則此二人遠路を凌渡、御當地に到着仕申候儀を、

御憐愍之程御許容之上、希は兩人共に陸に御上け、入寺被仰付被下候はゝ、私弟子に仕、法脉を續せ申度奉存候、於然は其功德限り御座有間敷候、

唐僧別光口書

拙僧、諱慧徹、字別光、行年三十六歲、原係福建延平府尤溪縣人民、於二十八歲投本縣碧峯寺覺先師、落髮出家、其年冬在本省福州府鼓山寺、爲霖老和尚受具足戒、卽於新和尚恆濤大師、受學道業、時因貴地崇福寺大衡和尚欲招後住、乃仗游三官執書到敝寺、與業師恒濤和尙議妥業、卽命拙僧持回書幷原住招札、與游三官同到貴地、承嗣崇福禪寺大衡和尙、爲後代主持、行道利生、實未曾得法、倘有傍言冒派隱法日後求歸等情、任凴貴國法度、究治不敢毫悔、立此花押爲據、

寶永六年五月日　　唐　僧　別　光

右和解

拙僧、諱は慧徹、字は別光、行年三十六歲、元來福建延平府尤溪縣の者にて御座候、廿八歲にて本縣於碧峯寺、覺先師に歸服仕、落髮出家仕候、其年之冬本省福州府鼓山寺の霖老和尚に具足戒を受、則當住恆濤和尚に隨ひ、法道を學ひ申候處、御當地崇福寺大衡和尚より、後住之招待に付而、游三官と申者に書簡を言傳被申候を、則鼓山寺へ持來り候、而本師恆濤和尚と議定有之、本師より拙僧に被申付、返書を與

へ被申候、幷招待之書簡をも致所持、游三官と貴國江罷渡申候上は、崇福寺大衡和尚之後住をも相嗣、法道を行ひ、衆生を利益仕度奉存候、但未曾而付法は不仕候、若宗派之儀を僞り、嗣法を隱し申候と、脇より申上候者御座候歟、又は後日に歸唐の儀を奉願候はゝ、貴國の御法令如何樣にも可被仰付候、少も後悔仕間敷候、依之爲證據判形仕差上申候、

譯者同　前和漢寄文、

寶永六己丑年、唐僧別光渡海、崇福寺第四代之住持と成、同義勝、按するに、華夷變態、和漢寄文等、智勝とあり、この書獨義勝に作るは誤りなり、渡海已後同寺第五代之住持と成、長崎實錄大成、

寶永七庚寅年八月、四十七番寧波船之唐人共申口、一私共船之儀、浙江之内寧波に而仕出し、唐人數三十四人、外に唐僧一人、都合三十五人乘組候而、當八月九日に寧波より致出船、同廿五日に普陀山江船を寄、觀音に參詣仕、卽日普陀山乘出し渡海仕候、然は去年游汝義御當地江按するに、長崎をさす、罷渡、商賣相遂歸帆之刻、御當所福濟寺より唐僧一人招來之儀賴被申候に付、則寧波江歸着仕、福州鼓山江罷越、一貫と申僧一人誘引仕、寧波江連越、今度私とも船にのせ渡申候、尤唐僧乘せ渡候旨趣は、別紙に按するに、別紙の文を脫せり、申上候に付、省略仕候、

右之通、唐人共申候に付、書付差上申候、以上、

閏八月廿一日

風説定役

唐通事目付

唐通事　共華夷變態、

寶永七年、唐僧全嚴渡海以後、福濟寺第六代之住持となる、長崎志〇按するに、華夷變態と名相違なれとも、是年他に渡來の僧なけれは、一貫の一名なるにや、享保六辛丑年、僧杲堂渡來して長崎興福寺の住持となり、明年黄檗山萬福寺に移りて繼席となる、

同八癸卯年、竺菴又渡來し、興福寺の後住となり、後また黄檗山の繼席となる、同九甲辰年七月、萬福寺は隱元嫡派の唐僧選擧すへき旨、鈞命ありしにより、同十一丙午年、招請の事を、福州府の黄檗山ならびに杭州府の二箇寺に、果堂より、各通の書簡を贈るによて、長崎の三箇寺、崇福寺、興福寺、福濟寺なり、よりも副簡して、五月歸唐の船頭、柯萬藏に托せしかは、明年福州府の仲祺和尙渡來すへきよしの返簡到來せり、萬福寺に書簡ならひに贈物等の入費を賜はりしか、同十六辛亥年にいたり、仲祺遷化のよしを申、是まで柯萬藏等、仲祺の事により僞計ありしかは、重ねての渡來をとゞめらる、此時浙江省杭州府の僧、籛船渡來すへき返簡持渡り、

願ひにより信牌を與へしかとも、猶船主等の僞りにや渡來もなく、信牌も返納せしかは、遂に唐僧渡來は止みたり、浙江省杭州府之部、僧渡來の條併せ見るへし、享保六年辛丑年、杲堂昶禪師渡海、長崎興福寺第六代の住持となる、同七壬寅年黄檗山に登り、第十二世の繼となる、」享保八癸卯年、竺庵印禪師渡海、長崎興福寺第七代の住持となり、同十九甲寅年、黄檗山に登り、第十三世の繼席となる、按するに、右の兩僧、福州府の僧とも定めかたけれとも、福州方の寺に住職するをもて、しはらくこゝに附す、」享保十一丙午年、爲上意、宇治黄檗山隱元嫡派の名僧を可被招請旨、按するに、次の書翰によるに、上意ありしは享保九年なり、唐國三處に書翰を令相渡、享保十一年

唐僧招待之儀に付、黄檗山萬福寺より、長崎三箇寺江差越書翰寫

尊莫尊乎道、美莫美乎德、是故道德存則法道斯興矣、苟非道德並存、則法道亦隨衰矣、乃當是時自非有國王大臣不忘靈山之雲、豈得令法久住耶、玆惟大法垂秋宗風不振、以至祖山寂寥、此雖時節因緣、而亦不得非昶之薄德所致也、昶嚮蒙恩施時、奉國命則曰、宜還人、在清國而得法拾我隱昶派下、既稱名議者、諸至貴地、俟昶之退席而後繼之、昶奉命之重、夙夜注心、第恨昶在唐山、日不與我國師兒孫相識也、以故寓書於清國三寺、代選其人也、玆圖先得其或來者之語錄、以驗道學、若何然後再

發請疏、冀貴地三寺主暨東堂諸公禪師亦共相議、令此擧易成就、若或審淸國有我國師派下知識、則諸公禪師亦爲致書諭、大於淸國三寺、推奬其人、以加夫當選之一數、想彼地寺主省力多矣、豈不玅哉、此事全因公庭之命、不可草草、外具二品少引遠意、存留爲榮、右上達崇福伯珣興、福竺嚴諸公禪師、蒲次福濟大鵬、東堂諸公禪師不及另柬、均此致意専祈、

名　勒　單

右和解

尊き事は道より尊き事はなく、美しき事は德より美しき事なし、此故道德存すれは法の道玆に昌へ、誠に道德の二つ共にあらされは、法の道も次第に衰ゆるなり、此時に當りて、國王大臣、釋迦の咐囑を思召、不被下候はゝ、法の道久しく相續可成や、今爰に大法も少し衰へなんとし、宗風輝かす、祖山寂莫に及ひ候事、是時節因緣とはまふしなから、然もまた元昶德薄き故の成行なり、元昶先比御恩施を奉蒙、殊に國命を奉受、其趣於淸國法を嗣き、吾隱昶の派下にして、知識と稱せられ候ものを、其御地へ招請し、元昶退院の後繼席仕らせ候との事なり、元昶國命の重きを奉受、晝夜心掛申候、唯殘念なる儀は元昶唐山に罷在候節、吾國師の兒孫知る人無之候、夫故淸國三箇寺へ書通候て、一人を撰せ申事に候、就夫先渡來るへき人の語

法の道　仏法
玆に昌へ　ここに栄え
今爰　いまここに
就夫　それについて
先渡來る　まず渡来する

録を取寄せ、道學の程を試み候て、其のち重ねて又招請の跡を發し可申と存候、御地三箇寺の寺主、及ひ東堂諸公禪師、又一同に御相談の上、右の事成就し易きやうに被成度候、若或は清國において、吾國師派下の知識有之候儀を、具に御存知候はゞ、諸公禪師方より御書通被成、清國の三箇寺に被仰遣、右の人を御推擧候て、撰の數の内に御入候はゝ、彼地三箇寺の寺主餘程苦勞を免れ、重疊の事に可有御座候、此儀全公庭の仰出しによって如此候に付、倉卒ならさる事にて、外に二品通し候、聊遠境の微意を述候までに候、御留被置候はゝ可忝候、

東堂、諸堂禪師へは、別啓に不及候間、右同斷に御心得被下候様頼入候、

名別紙に記　　二木幸三郎譯

黃檗元䄂合十拜

儀帖

謹具　　白銀壹版　霜楮壹束　　敬奉申　有副啓

右和解

進上　　白銀壹枚　楮壹束　　敬意を述候別啓あり、

黃檗元䄂合掌拜

唐國三箇寺に遣候書翰寫

大日本國山城州黃檗山萬福寺元䄂拜、寓書于大淸國福州黃檗堂頭大和尙座下、疇昔之歲、元䄂一葦東渡、前住于肥前州長崎東明山興福寺、此爲我隱元老祖最初演法道

重疊　かさねがさね

聊遠境の微意　いささか遠くからの気持ち

場、寺主明僧逸然融請焉、袒住未三載、而癸卯仲春恭奉國命、進于山城州黃檗山萬福寺、乃係徑山費隱和尙法嗣隱元琦、此國持賜徽號爲大光普照國師、後又加謚佛慈廣鑑國師、開山始祖之禪叢也、蓋自國師闢山之初、住僅四載、遂擧其嗣木庵瑫、爲二代席、而後慧林機獨湛瑩相繼而住、皆國師之副矣、厥後國師法孫高泉潡、千獃安、悅山宗、悅峯章、相續補席、至于今袒爲十二代、皆貴域來也、其間有得法而後來者、有來此而後嗣者、則弗容焉、若然者前住東明若崇福濟而後繼席、我黃檗以顯其法例也、甲辰之秋七月、袒謹奉國命、則曰自此之後、黃檗擧其住持、宜選夫在淸國得法而係我黃檗普照國師派下、道德學解並備之者、請至長崎隨住興福、崇福、福濟三寺、俟黃檗虛席、擧其繼之、若夫國師同門派下、則其源出自費祖、而未遙異非國師兒孫也、非國命之意也、袒不敏敬聞命矣、而第恨袒在貴域時、偏遊名刹、猶尙不與我國師兒孫相識也、則欲招之而張綱得乎、伏惟座下今在聖域、盛唱宗乘、敢叩貴域、有我國師兒孫否、爲道學並備之者否、袒欲請之許惠然肯來否、旣爲道學並備之者、則當有語錄而行於時、請身寄一部、倘或雜語有稿、而未鋟諸梓、抽謄偈頌法語若文章二三篇、以見寄袒亦足矣、袒欲蹈海歸而請、不可得、已惟座下德量海涵誠能察之、冀蒙見諭以成此擧、則幸甚焉、而感乎座下莫大之恩矣、袒辱荷國恩、選主祖山、乃觀此國文物風規崇佛敬僧、非他域可比、則亦一大佛土也、伏乞座下以此示之於其或

來者、而按するに、和解の文によるに、この間脱文あるへし、座下之賜大矣、謹此奉問、臨書馳想不勝激切懇禱之至、

右上　福州黄檗堂頭大和尚座側

大日本享保十一年歳次丙午三月日賤名勒紅

右和解

大日本國山城州黄檗山萬福禪寺元昶、拝して書を大淸國福州府黄檗堂頭大和尚座下に寄せ候、先年元昶事一葦に乘て東渡せし處、最初肥前國長崎東明山興福寺に住職いたし候、此寺は吾隱元老祖最初に法を說れ候道場とす、隱元老祖は寺主の明僧逸然融より請待致され候き、元昶事、右寺の住職三年に不滿候處、癸卯仲春恭しく國命を奉受候て、山城州黄檗山萬福禪寺に進山仕候、此寺は元來、徑山費隱和尚の法子隱元琦、此方御國特恩の上、大光普照國師と別號を賜はり、後また佛慈廣鑑國師と諡號を加賜候、開山始祖の禪林なり、但國師開山候て、住職僅四年の間にて、其法子木菴瑫を擧け、二代の繼席と致され候、其後惠林機、獨湛瑩住職相續有之き、何れも國師の法子にて候、其後國師の法孫高泉潡、千獃安、悅山宗、悅峯章、段々繼席相續ありて、今元昶まて十二代、皆貴國より渡り來り候、尤其内に嗣法候て、渡り來り候も有之、渡り來候て、嗣法候も有之、一様ならず候、然れとも、近來は

渡來候て、法を嗣候ものはあらされは、渡海不相叶候、如此にて最初、或は東明山の住職を務、或は崇福寺、福濟寺の住職を務候て後、黃檗山の法席を繼候事、是其法例立たる所也、甲辰秋七月、按するに、享保九年なり、元昶儀、謹て國命を請、奉蒙其趣は此已後、黃檗山住持を擧候には、淸國において嗣法候て、しかも吾黃檗山普照國師派下にして、道德學解兼備候僧を撰候て、長崎へ招請し、興福寺、崇福寺、福濟寺此三箇寺の內に住職務させ、黃檗山の住職明き申候時分、右の僧をあげ、繼席に仕らせ申へし、國師同門の流と申候ても、其源費祖より出候は、其末異にして國師の兒孫にあらす、國命の御意にて無之候、元昶不敏、謹て右之通上意を奉請候、然とも唯殘念なる儀は、元昶貴國に居申候節、名刹方に偏參候得共、國師の兒孫と知人無之候、然は相招候て、法をかゝやかし申度候へとも、相叶不申候、伏おもんみるに、座下御事は今聖域において、盛に宗乘の敎を唱られ候付、御賴申入候、貴國において、吾國師の兒孫有之候哉、其僧果して道學ともに兼備はりたる人に哉、元昶招請候て、心能請合渡來へく候哉、但すてに道學ともに兼備たる人に候はゝ、語錄有之て當代にとりはやし申へし、何そ右語錄一部、言傳被遣被下度候、若又語錄有之といへとも、草稿はかりにて板行不致候はゝ、偈頌法語、又は文章二三篇、御拔書候て、事傳御見せ被下候而も、事足り申事にて、元昶其地へ渡り歸り候て、

奉蒙 たてまつりこうむる
其趣 その趣旨

尋求度候得共、罷成ざる儀候に付、其段は座下の經量をもつて用捨有之、能々御推察之上、何卒被仰聞被下度、此儀成就候はゝ、大幸に奉存、座下莫大之御恩と、辱可奉存候、元昶儀、忝も國恩を奉蒙、黄檗山住持を撰ひ候に付、此方御國文物風規ありて、佛僧を崇敬有之様子を見候に、餘國にたくらへ申されて、誠に又一つの大佛國也、伏而御賴申入候條、座下此書翰を以、罷渡へき僧にも御見せ被下候て、座下御返書之內、右僧の生所名あざな、書付被仰付可被下候哉、若心能請合被渡候僧有之候はゝ、座下よりの大なる御賜物と可存候、謹て爰に御尋申候、此書札に臨て、思ひ慕ひ申計に候、偏以專用可奉願候、

賤名は紅帖に記　　譯　者　同　前

儀帖

大日本城州黄檗元昶和南拜

謹具　　白金參版　　霜楮二束　　奉申敬哂留是祈、有副啓、

右和解

大日本國州黄檗元貳合掌拜

進上　　白銀三枚　　紙二束　　敬意を述候御笑納賴入候、別啓あり、

大清福州黄檗堂頭大和尚に、書翰一通、儀帖一通、按するに、此時浙江省杭州府、靈隱堂頭大和尚、福嚴堂頭大和尚へ、同しく各通に書翰、儀帖を贈りしなり、

長崎三箇寺之唐僧添書翰

大日本國西海道長崎鎮崇福照浩　興福淨印　福濟正鯤等、謹奉書於大清國福州黃檗寺大方丈猊下、切印等同處中華、未曾親炙、今居海外有懷靡及、茲啓者、緣此日國山城州黃檗萬福禪寺、高法祖上隱下元國師開山、迄今相傳十有二代、皆係我唐僧東渡者、現住堂頭杲堂、法諱元杲、亦是近年東渡前住長崎興福、於壬寅冬奉命進住黃檗、舊例堂頭退席、皆由長崎三寺推補、於舊年新奉國命、向後黃檗補席必務唐山、別請的是國師子孫曾經出世開堂、及才德並備學識優長者、茲命堂頭、備書儀寄舶商、致座下求訪、伋命　印　三寺、轉宣其意、伏冀座下會同兩席及耆舊諸大德、求訪果是國師嫡派孫曾已經開堂、並才優長者爲法東渡者、先開其籍貫年歳、及履曆語錄詩文寄來、另奉諸啓聘禮、先到長崎、隨住三寺、後進黃檗補席、伏乞座下留神、偏爲採訪、以副國命、俾轉重興黃檗佛法、不致凌遲、國師亦必含笑於大寂光中、又出於座下莫大之功、餘悉堂頭副啓、茲不復贅、臨穎主臣無任瞻注、不宣、

名具單肅　慶餘

右和解

大日本國西海道長崎鎮興福寺淨印、崇福寺照浩、福濟寺正鯤等、謹て書を大清國福州黃檗寺大方丈座下に奉り候、然は淨印等、中華同く居申候とも、終に御親み申候

儀も無之候、只今海外に罷在候後は、御懐しく存候得共、不能其儀候、爰に啓上候は、此方日本國山城州黄檗山萬福禪寺事は、高法祖隱元國師開山にて、唯今まで相續十二代、皆唐國より東渡せし僧にても、唯今之堂頭杲堂法名元昶申候は、是又近年渡來られ候て、最初長崎興福寺に住職候處、壬寅冬、按するに、享保八年なり、國命を奉受、黄檗に登山有之て、住職致され候、舊例之通にて候へ共、堂頭退隱候においては、皆長崎三箇寺より席を繼申事にて、去年新に國命を奉請候は、向後、黄檗繼席之儀は、唐國より別に正敷國師之兒孫之內、出世開堂候て、しかも才德兼備、學識勝候僧を請し可申との御事にて、爰に仰付有之候、上堂頭より、書札進物等を差添、唐船之商人へ言傳之、座下御尋求被下候樣、頼入られ候、猶又拙僧共、三箇寺へ仰付有之候に付、右之趣を申述候、依て希ふは、座下御方より、兩席之大衆及ひ宿老の諸長老、御寄合之上、御尋求可被下候、果して國師嫡派の孫にて、以前より開堂相濟、才德勝れ候て、法の爲に渡來るへき僧、有之候はゝ、先其僧の生所年數幷履歷、語錄、詩文等をを御書立、言傳被遣可被下候、別規に請待の啓聘禮を捧け、先長崎へ請し、三箇寺の內へ住職せしめ、其後黄檗へ進山あつて、繼席可有之候、伏而頼入候條、座下御心を留られ、尙々御尋之上、國命之御意に相叶はれ可被下候、黄檗佛法再與にて、衰微に及ひ不申候においては、國師もまた寂光の中

舊例之通《とおり》　古いしきたりの

にて、歡喜可有之候、此段皆、座下莫大之功力の御陰と可存候、書餘は堂頭副啓に具に申進候に付、爰に略し候、筆に臨て恐入、且思ひ慕ふにたへす候、不宣、

名は謹而別紙に記、畾紙あり、

單之字

恭候　　　　崇福照浩

蓮祉　　　　興福淨印同拜

副言　　　　福濟正鯤

和解

崇福寺照浩

恭御樣體窺候別啓あり　　　興福寺淨印同拜

福濟寺正鯤

譯者同前

長崎三箇寺之唐僧より、黄檗山に返翰之寫

四月廿七日、領得發來致唐山三處、書三緘幷禮物、復承翰諭、長崎三寺卽會同、各住持等披讀、知國恩爲法求賢至意、和尚振興祖道、盛心莫不感歎、印等亦另致書一緘、細陳始末、其稿曾經送僧官、轉呈鎭主、親閱其福州黄檗一書、業徑發付本年一

番船主柯萬藏頒去、其船於五月十一日發棹矣、靈福隱福嚴二書、已經分付二番寧波船主尹心宜、但其船尚未開棹、諒在來月間、始得回唐、謹此奉聞俟二番開棹日期、另報承諭公庭之命、不可草草、印　等不敢不遵、至蒙頒賜厚意、謹爾暫領俟璧謝謝、未一復上、

致唐山三處、書稿呈關二隱居再囑道意、

黄檗堂頭大和尚方丈

崇福照浩

興福住持淨印同頓首拜復

福濟正鯤

右和解

四月廿七日に、唐國三處へ被遣候書翰三通幷禮物、到來請取申候、扨又預御書翰、長崎三寺之住持共、寄合披見之上、國恩之御上より、法の爲に賢を被求候、御懇慮を奉承知、和尚祖道を、再興被成候御心底、旁以感歎仕儀に御座候、淨印等方よりも、別に書翰一通差遣、具に其始末を申述候、右書翰之草稿、先達而寺社方迄差出、御奉行江被差上、御披見に被入候、福州黄檗江之書翰は、最早當年一番船頭柯萬藏江相渡候、請取らせ遣申候、右之船、五月十一日に出帆いたし、靈隱寺、福嚴寺江

之書翰二通、是又二番寧波船頭尹心宜江、申含置候處、右之船、いまた出船不仕候、來月比歸唐可仕候、依之謹而右之段、御知らせ申入候、二番船出帆之時分、又々御左右可申進候、公庭之仰出に御座候條、倉卒ならさる儀御座候段、被仰下奉畏候、御懇情之上、御惠に預り、謹而暫受用仕候、追而其後御返禮可仕候、御禮逐一ならす候、復上、

唐國三所江遣候書翰草稿、御目に掛申候、隱居兩人も宜可申入旨申付候、

黃檗堂頭大和尚方丈　　年番唐通事譯之和漢寄文、

享保十二丁未年、船主柯萬藏、按するに、前年書翰を附せし船主なり、福州府萬福寺仲祺和尚可渡來、返翰持來れり、長崎紀事、

享保十二年十一月

覺

一銀百貫目

內、金四兩二分　去午年相渡候分　銀に積二百六十一匁三分一厘五毛、但當時相場、金一兩に付銀五十八匁七厘替

銀五百十六匁　右同斷、但十二枚分

殘而銀九十九貫二百二十二匁六分八厘五毛、此度可相渡分、

右百貫目は、今度黄檗萬福寺唐僧、請待に付被下之候、先達而相渡候殘、書高之通、鈴木飛騨守、松平日向守斷次第、右役僧請取手形を以相渡、重而可有勘定候、以上、

享保十二年十一月

伊　賀　印

左　近　印

和　泉　印

鈴木　飛驒守殿

松平　日向守殿

富士市左衞門殿

河原　七兵衞殿

蜂屋丈右衞門殿

木村佐次右衞門殿按するに、和泉は水野和泉守忠之、左近は松平左近將監乘邑、伊賀は松平伊賀守忠周にて、いつれも老中なり、又鈴木飛驒守、松平日向守は、大坂町奉行、富士市左衞門、以下四下は、大坂御金奉行なり、

萬福寺役僧湛然請取書付

萬福寺より、唐國江書翰遣、致遺物候に付、去午年、被下候金銀引之、右殘銀書面之通、此度請取申所、仍如件、竹橋餘筆○按するに、請取書に、銀高幷年月を缺たれとも、文中去午年とあれは、享保十二年の請取書なり、

享保十三戊申年、仲祺愈可有渡海旨、再翰聘儀等令差遣らる、
但同年、仲祺來朝爲用意、當寺內に寮舍數箇所新に造立有之、
同十四己酉年、入津の船風說に、去年仲祺僧徒共に普陀山川口まて連出る處、改役
搜し出し、柯萬藏は入牢、僧徒は本山に令歸らるゝよし、翌十五年、鄭恆鳴渡來り、
仲祺は先達て遷化のよし、外の僧徒可渡の勅許を蒙りし由、十六年、魏弘舟仲祺渡
海の事、官府表相濟候に付、僧徒自宅に養ひ置のよし、又同年、鄭鳴恆渡來り、仲
祺遷化の事、實說のよし申し出る、段々被遂御僉議の處、是まで數人の唐人、自分
の利欲を貪り、種々僞計を巧し由、令露顯に付、柯萬藏、魏弘丹、渡海禁制被仰付、
此事廢亡せり、長崎志、

通航一覽　卷之二百九　終

通航一覽　巻之二百十

唐國福建省福州府部六

○漂着幷難船

慶安二己丑年七月六日、福州府船、薩摩國山川津に揖宿郡に屬す、漂着せり、よて長崎奉行、幷に松平黒田筑前守忠元へ、注進せしよしを、八月二日、松平島津薩摩守光久より言上す、元祿八己亥年九月朔日、また同領永良部島に、國圖によるに、揖宿郡山川津より南方に當りて、琉球に近き島なり、商船漂着せり、よて明年六月廿四日、長崎港に護送ありて、船主ら誓書を出す、明和五戊子年七月十七日、紀伊國日置浦に牟婁郡に屬す、商船漂着せり、よて村吏土着の醫武田伊織をして筆語せしめ、和歌山へ注進す、よて十月十七日、同所より長崎に護送し、明年四月にいたり着港ありしかは、商賣をゆるされ粮米を賜ひ、八月十四日歸帆す、天明元辛丑年四月廿八日、去子年十一月廿六日、薩摩領平島にて河邊郡に屬す、破船せし難商、長崎に送り來る、よて歸唐船二船に分ち送らしむ、寛政元己酉年五月、去戌年十二月三日、薩摩領諏訪瀬島に可邊郡に屬す、破船せし漂民送り來る、よて歸船二艘に分ち送らしめ粮米を賜ふ、慶安二己丑年八月二日、松平薩摩守方より申て曰、去る七月六日、福州之船難風に逢、某領内に着岸仕之由也、様子承屆、長崎奉行且松平筑前守方迄、注進可仕と申來と、云々、按するに、松平忠元、是年在國にて、長崎御固なり、琉球人去る戌年に、按するに、正保三年にて、明の隆武元年なれは、福建城陷し年なり、大明に參候所に、韃人方に被執候、然所に今度琉球人に暇を出し、唐人之韃人に成たる輩二十餘人、爲見送と稱、琉球人に相仕遣す所に、難風に被漂、松平薩摩守領內山川と申所に着船するの由、重而注進有之、寛明日記、

元祿九丙子年六月廿六日、按するに、漂着せしは去年九月朔日なり、

薩摩領沖之永良部にて破船仕候福州船之唐人共、誓詞を以申上候口書之和解福州船頭周寶舍、幷財副客役者こくしや、謹而誓詞を以申上候、然は、私共儀船中之人數、都合百十人乘組申候而、去年六月十四日、福州より出船仕、同廿三日に、普陀山に船を寄せ、則於彼地に又々荷物積添、御貴國に爲商賣渡海仕申覺悟にて、同年七月廿八日に、普陀山出帆仕申候處に、風不順に御座候故、跡にも先にも乘り得不申體にて、漂罷在候處に、八月十六日に不慮之大風に逢、卽に及沉溺に申程之危き儀にて御座候內、同十八日、ちくとう綱と申候て、梶をつなき申候肝要成綱をきらし申候に付、卽時に梶を浪に被取申、梶無之候ては船之つりあひ惡敷、船もゆり割

乘り得不申體　乘ることができない様子

惡敷　わるく

れ申儀に御座候に付、無是非帆柱を切り捨、露命を助り申度志し迄にて、天地を俯仰仕、祈念を致し、海上漂流仕、東西も曾て難辨、流れに随ひ居申候處に、九月朔日に、神明佛陀之御加護にて、薩摩領外海之島、永良部と申所江流れ着、其內遙之漁船を見かけ、救を乞申候得は、段々其所之衆に注進有之候歟、追々罷出救被申候、同四日に、荒物、細物、荷物等陸江持上り、尤船底江積込有之候荷物は、すきとは取揚得不申、同七日に、彌惡風強く、私共本船は瀨方に當り破壞仕申候、其所海底殊外深く御座候、勿論海底に沉み申候荷物は取揚申方便無御座、殊更僅計之荷物にて、不苦儀に御座候、且又其所之役人衆より、介抱を得構ひを被申付、其上小屋等拵私共被召置、稠敷警固にて、放逸に無之樣にと被申付にて御座候、破船之船板にては、水せこ幷に火床を拵、此外之船具等は散々にくだけ、曾て用に不立品々にて、持運ひ申候手間も大分費申儀に御座候に付、達而所之役人衆に願申、不殘燒捨申候、私共儀、御當地江一刻も差急參着仕、商賣等も相遂申度念願にて御座候得共、彼地遠所之島と申、殊に風並不順之所にて、早速に御當津江運送難成及延引、漸當年四月朔日に、永良部島より役人衆下知にて、小船を被差出、破船之取揚荷物幷に船釘等積乘せ、永良部にて病死仕候唐人一人、私共願申彼地江葬、殘て百九人之者を、船中に稠敷警固にて送屆被成候、當月十六日、則薩摩領脇本にて、人荷物共大船に乗せ移、同廿三日に脇本出船仕、前々之通警固にて、廿四日に、順風能無恙、御當津江着仕、誠以再生之心地にて難有奉存候、私共乗組之人數過半は、年々御貴國之御仁風之御政事を奉慕、我先に來朝仕、商賣相遂申候者共之儀に御座候故、別而御貴國之御法令、御嚴密に御座候旨、兼而奉存、毛頭不法仕申心底にて無御座候、此度之儀、無是非惡風に逢、薩摩領江漂流仕、不仕合にて荷物等も大分海に捨、本船も及破却に申候得共、可仕樣無之儀共に御座候、薩摩におゐて飯米、野菜、肴等申請候より外、少之物も取やり仕不申候、彼地之役人衆、能此段存居被申候、然處に只今、王上御國法を御大切に被思召上、稠敷一船之人數不殘被召寄、去年以來、福州より出帆仕、薩摩領江破船仕候旨趣、一々詳に御詮議被爲仰付、御尤至極之御儀に奉存候、今度取揚申候荷物共、薩摩より送參候を、御當地にて例之通嚴密に段々御改被成候得は、微細相知御不審も御晴可被成儀に御座候、尤私とも儀、少も違犯之志しにて、漂流に事寄せ薩摩領江着岸仕申候はゝ、則王上御明白之御詮議にて、急度罪科に可被爲行候、其上御貴國、大小之神祇之御罰を罷蒙り、其外諸之冥罰を請、永く浮可申儀御座有間敷候、元より邪意不屈之志しにて、全く其罪を遁れ可申儀、猶更無之道理に奉存候、扨又私共、去夏福州出船仕候節、大清十五省共に、太平に御座候由承知仕候、定而諸湊より來朝之商船共、委細に可申上と奉存候、私共福州を出帆仕、普陀山に寄せ、夫より薩摩領に漂流仕候日數、最早一年を送り申候儀に御座候得は、私共出船以後之大清之風說、存可申樣無御座候、此上は王上御仁德之御慈悲を罷蒙り、私共諸之苦難を御察格、別に御恩を御施、百九人之者共、及困窮空故鄕に罷歸、父母妻子等及流浪に不申候樣、被爲仰付被下候はゝ、偏に御厚恩之程、其限り御座有間敷候、依之謹而誓詞を以、旨趣を申上候、以上、

其私共致連判以誓詞、謹而申上候、

元祿八年乙亥年六月十五日

船頭　卓舜哲

財副　陳白如

夥長　陳一鏡

舵工　鄭　興

總官　高茂才

右之通、船頭幷役者共差上申候書付、和け差上申候、以上、

唐　通　事　共華夷變態、

通航一覽　卷之二百十　終

唐國福建省臺灣府毘耶宇島部七

按するに、臺灣府者舊名北港といひ、東番とも號し地勢彎弓に似たるをもて、のち臺灣と稱すと明史にあり、郡國利病書には臺灣と記す、重修臺灣府志に、鄭成功臺灣を取しより、總名を東都と改め、其子錦舍に至り、東寧と改むとあり、また東寧の文字にトクネキの訓を施し、フヲルモサ、ホルモーサとも稱すよし、喎蘭新譯地球圖說、近代西洋翻譯の書に載す、こは蘭人の唱へなるへし、我朝にては塔伽沙谷と唱へ、また高砂の文字を用ふるよし、華夷通商考に記す、長崎夜話草には、我商民臺灣貿易の地北線尾をさして塔伽沙古と唱へ、實は高砂とあり、臺灣紀略に、臺地澳外皆沙堤とあれは、砂地をさしての唱へなるへし、また康熙二十一年にいたり、臺灣の號に復せしよし、平臺記略に記せり、此地日本より西南海上六百四十里をへだて、琉球より西泉州府の廈門より東にあたれり、島の長百四五十里日本の里法なり、あるよし、萬國夢物語、華夷通商考等に載す、また古昔荒服の地たりしか、隋の開皇中虎賁陳稜といへる者を遣はし、澎湖三十六島を略し、元の末には巡司を置、明の嘉靖四十二年、倭寇林道乾といへるもの、福建近海を掠めしにより、都督大猷

郡國利病書　明時代の本

錦舍　人名

これを征せしかは、遁れて臺灣に退屯し、閩書に、嘉靖萬曆の間、奸民日本の民を誘ひて、明の地を侵掠せしを、明人倭寇といふとあり、終に倭地となす、また萬曆間、海寇顏思齋香祖筆記には、顏振泉とあり、臺灣に住せしか、鄭芝龍歸唐してかれに屬し、思齋死して芝龍魁首となる、後この地を去りしかは、遂に蘭人押領して、商賣の窟穴とし、崇禎八年始めて築城して赤嵌城と名つく、淸の順治十八年、鄭成功倭使何斌通と東南洋記には、荷蘭通事何賦通と記す、謀りて、蘭人を破遂して其地を取、赤嵌城を承天府と改め、天興萬年の二縣を置しか、その子鄭經にいたり、二縣を二州に改む、鄭克塽におよひて淸に降りしかは、福建省に隷し、府ならびに四縣二廳を設く、淡水は二廳の一にして、府を去る事三百五十九里、唐國里法なり、西は大海に通し、東は高山層巒たり、また大鷄籠山小鷄籠鼻頭山大鷄籠嶼等あり、大鷄籠山の麓に、數十艘の巨船を容へき港ありて、東方にかの山あり、一望にして巍然たり、これ臺灣の祖山にして、日本往來の洋船みな目當とす、鷄籠嶼は成功日本と交易の地とし、石城を築くよし、淸一統志、重修臺灣府志に記せり、氣候二月八日頃、本朝四五月のことく、六七月大熱、冬は八九月の比に均し、霜降事なし、晩夏にいたり雨澍て耕種し、歲に一收して豐盈なり、禾麻野を蔽ひ、廬舍畜牧の富饒中土にひとし、されとも木綿なく、且布帛の多きを知らす、みな中土より貧く、人物賤しく、男女とも椎結常に裸體、女子は草を聚めて裙とし、年十五にして斷唇旁齒、男子は穿耳して飾とす、鹿肉を生にて食し、皮を鬻て酒食を求め、或は木綿に換て多く貯ふるを榮とす、性頑愚にして姓氏もなく、先祖の祀も行はす、父母より外親戚の稱もなく、青草を見て歳首をしり、只勇を尙ひ走る事を習練し、鏢鎗を遣ひ鹿を獲る事數千、耕作は女子健にして勞し、男子は逸なりとそ、されとも土人長老を尊敬し、孤獨或は廢疾のものあれは、鄕里の人これを餔ふ、よく夭死のものなしとそ、こは明史、淸一統志、華夷通商考、萬國夢物語等に載る所なり、また華夷通商考に、成功國中を治めしより、漁人獵師の外は、中土の人も多く居住せしゆゑ、中土の風俗に習ひ、文字も學ひ、三敎通達の地となれりと記し、また重修臺灣府志に擧る所の風俗、成功已降の事なれは、良日本の風に彷彿たり、この地より商船渡來は、年毎に一度來りしは、成功治めしより常に渡來すと、華夷變態に記し、重修臺灣府志に、此地蔗を植糖を製すること歳に二三十萬斤、商船是を日本其外諸國へ貿易すとのす、視聽草にも、此地より積來る產物、砂糖、鹿皮、山馬皮、樟皮、石灰、煙草とあり、また此地所屬の島には、臺灣より五十里、泉州漳州等の海岸より六十四五里海中に昆耶宇島あり、長三里幅一里、又は半里ほとの小嶼あり、これ臺灣の地要害たるよし、華夷變態に記せり、臺地澎湖嶼をはしめ、所屬の島嶼數多

ありといへとも、今此編に關らされはこゝに略す、

○渡海御朱印

慶長十七壬子年正月十一日、洛商津田紹意に、昆耶宇島渡海の御朱印を賜はり、元和元乙卯年九月九日、長崎御代官山村東安に、臺灣異國渡海御朱印帳に、高砂と記せしは、本朝にての唱へにて、實は臺灣なり、渡海の御朱印を賜はる、

慶長十七壬子年正月十一日、權現樣より源右衛門祖父津田紹意儀、御朱印頂戴仕候、紹意弟小作と申者、毎度異國に渡海仕候、右御朱印于今所持仕候、寫、

自日本到昆耶宇島舟也

右

慶長十七年壬子年正月十一日

御朱印貞享稲葉丹後守書上載京都町人津田源右衛門書上、

元和元乙卯年九月九日

高砂國自注、始而被遣候也、

一自日本到高砂國舟也

右

元和元乙卯年九月九日

等安に被下候、長谷川左兵按するに、長崎奉行長谷川左兵衞なり、狀あり、元和元
七月廿四日、南禪にて書之、高砂國と書由也、左兵狀來、功不成後に來、異國渡海
御朱印帳、
寛永五戊辰年、是よりさき長崎御代官末次平藏、商船を唐國福州府に渡せしか、洋
中にて臺灣居住の蘭人に奪掠せらる、此頃阿蘭陀人の地を押領す、平藏此仇を報せ
むと、ことし家人濱田彌兵衞、同小左衞門を臺灣に渡海せしむ、彼等計策をもて其
頭人を屈せしめ、かつ其子を捕へ歸る、證は阿蘭陀國之部、御咎筋の條にあり、

通航一覽　巻之二百十一　終

通航一覽　巻之二百十二

唐國福建省臺灣府部八

按するに、鄭芝龍は福建總督たれとも、明の天啓のはしめ日本より歸り、臺灣の顏思齋黨中にいり、思齋死して芝龍魁首となり、後福建の熊文燦に降り、終に總督となる、されは芝龍もと臺灣に起り、また其子成功も臺灣に據し、襲て鄭經克妻にいたる、また明の正朔を奉して居住せしかは、すへて鄭氏の始末はこの部にをさむ、

○鄭氏援兵願等附風説

正保二乙酉年、是より先韃靼の兵明の逆亂によりて兩京を陷れ、明主を擒にし、國を淸と號す、この年十二月、かの福建道總督鄭芝龍部將崔芝をして、商民林高に書を齎し、來て危急を訟へ、明朝再興の援助を乞ひ奉る、芝龍字は飛黃、小字を一官といふ、はしめ我邦に渡來し、肥前國平戸に住し、平戸一官と稱せり、その頃妻を娶りて成功を生む、國姓爺是なり、芝龍歸國の頃より、明朝騷亂、こゝに至りて、この乞ありしなり、その渡來及ひ拜禮等の事は、唐國總括部、拜禮獻上物幷術技上覽の條に收む、よて長崎奉行山崎權八郎江戸に注進あり、されとも彼地絶て往復なきをもて御許容なく、明年正月十二日、井上筑後守政重、大目付、宗門奉行をかぬ、

馬場三郎左衞門在江戸、長崎奉行、奉はりて、早々歸帆せしむへき旨返書を出す、
後光明院御宇正保元年は、大明の毅宗皇帝之崇禎十七年に當る、前々より大明の朝
政衰へ諸國亂れ、陜西李自成獻忠、又河西李若なと、前々より謀反して西安府を攻
破り、夫より北京皇城へ入しかは、防戰に不叶して、毅宗皇帝も三月十九日煤山と
いふ所にて自縊して崩御なり、大明大きに亂しかは、南京の守護史可法は御一家福
王を取立天子として、遼東の吳三桂韃靼國へ行て十萬の加勢を請、山海關より攻入、
四月九日に北京を取返し、李自成は討負て陜西に落行て、吳三桂追討に發行、其跡
にて韃靼の加勢逆心して、北京の都を攻取て、大淸の世と改、韃靼數萬南京へ攻入、
福王を生取、史可法は討死し、大明はいよ〳〵亂れけれは、福建の鄭芝龍天子の一
門唐王を天子に取立、韃靼と合戰勝負あらされとも、大敵ゆゑ鄭芝龍か下司の崔芝
といふもの謀て、商人の林高といふ者を使にて、長崎まて差越、按するに、林高長
崎へ來りしは、正保二年十二月なり、日本の加勢を乞ひ候得とも、大猷院樣虛實御
疑ひ被成、御許容なし、南龍君遺事、
崇禎十五年は寛永十九年に當る、この年李自成叛逆、崇禎十七年三月、北京へ攻入
る、四月十九日崇禎帝自殺、自成僣號大順國と稱す、改元永昌、五月史可法南京に
て福王を卽位せしめ、弘光と改元す、福王は崇禎の從弟なり、正保元年甲申にあた

れり、明年乙酉春、呉三桂韃靼の兵を借て、李自成を撃平け、北京を復す、三桂は李自成を逐て陝西へ赴く、韃靼直に北京を奪ひとる、順治と改元し、大清國と號す、五月韃靼南京を攻取て、弘光帝を擒にす、史可法戰死す、六月鄭芝龍福州にて、明の太祖の後胤唐王を立て、明年丙戌隆武元年と號す、鄭芝龍若年の時按するに、談海に、時に年十八とあり、日本へ渡り、肥前の平戸にて、履を賣て數年逗留す、平戸一官と稱す、妻を娶て子を生む、按するに、臺灣鄭氏紀事に、田川七左衛門訴狀を引て、平戸士人田川氏の女、成功及ひ弟七左衛門を生むと載す、其後妻子をは平戸に留置て、その身は本國へ歸る、崇禎の初年の頃なるへし、此時南海福州の邊に海賊起る、芝龍も海賊に接り亂妨す、其後崇禎帝に罪を謝し、官軍となりて海賊を悉く平く、名將の聞えあるに依て、飛虹將軍と稱し、福建道の大將に任せらる、凡夫より大名に成ゆゑ、明朝の厚恩を報んと欲し、福州に都を立て、韃靼を平けて明朝を再興せんとす、然れとも兵勢不足なるゆゑ、日本の加勢を請んとの志あるに依て、先崔芝か方より書簡を長崎へ遺して、日本の返事を試るなり、崔芝は芝龍か部將なり、

大明國欽明總督水師便宜行事總兵官前軍都督都府右都督臣崔芝、泣血稽顙奏、爲國仇不共天地、鄰誼可聯唇齒、敬竭請討之誠、以圖恢復之擧事、竊惟東西南北開闢之

界限甚明、治亂興衰元會之循環遞變、四維盡撤、國乃滅亡、五倫未毀、運必聿興、我大明一統開基、遞傳三百餘紀、列后延祚、相承一十六君、主聖臣忠父慈子孝、敦睦之風久播于來享來王之國、仁讓之聲奚止于我疆我土之封、去歳甲申、數奇陽九、逆闖披猖、天摧地缺、蠢爾韃虜乘機恣毒、犢汚我陵廟、侵凌我境土、戕害我生靈、遷移我重器、天怒人怨、惡貫罪盈、今我皇上神明天縱、乘龍御極、改元隆武、應運中興、親率六師、以蕩妖孽、命芝於肅虜將軍爵下、任芝以水師先鋒都督、芝荷重寄、誓不俱生、切圖弔伐、大舉不禁、呼援鄰邦、環按朝貢、諸列辟有心者無力、有力者無餉、有餉者無舟械、恭惟日本大國、人皆尙義、人皆有勇、人皆訓練弓刄、人皆慣習舟楫、地鄰佛國、王識天時、我明人泉貨貿通、匪止一日敬愛、相將不遠千里、芝葵心是抱、萇血在胸、欲盡主辱臣死之忱、難忘泣血枕戈之擧、特修奏楮、馳諸殿下、聊効七日之哭、乞借三千之師、伏祈迅鼓雄威、刻徵健部、舳艫渡江、載仁風之披拂、旌旗映日、展義氣之宣揚、一戰而復金陵、使叨半臂、再戰而復燕都、並藉全功、船械糧草暨仰携來、報德酬勳、應從厚往、從此普天血氣、共推日國斷鰲補石之手、而中華君臣永締日國山河帶礪之盟、瀝血披衷、翹望明鑒、芝不勝激切痛籲之至、爲此具本、專差參將林高、齎捧謹具奏聞、

自爲字起至齎字、止共計肆百捌拾漆字、紙全張、右謹奏聞、

隆武元年拾貳月拾貳日總督水師總兵官前軍都督府右都督臣崔芝
當正保二年乙酉
大明國欽命總督水師便宜行事總兵官前軍都督府右都督臣崔芝謹奏、爲冒請堅甲以助恢復事、芝承王命、總領水師、招討浙直、以復南北二京現駐浙江舟江日出崇明縣金山衞、與虜相持、恨兵寡械乏、未奏全捷、竊慕日本大國威望隆赫、籠蓋諸邦、敬修奏本、請兵三千、一以聯唇齒之誼、一以報君父之仇、伏仰德威、發兵相助外緣、虜之長技以箭爲先、芝軍因乏堅甲、戰輙受傷、因思日國之甲、天下共羨、以禦弓矢、如金如石、伏懇俞允、准芝平價貿易明貳百領、一同大國精兵、前來征戰、倘得成功、皆荷大德、統容竭誠、厚報事關激切、一併專修差參將林高、齎棒謹奏聞、
自爲字越至齎字、止共計壹百捌拾玖字、紙全張、右謹奏聞、
隆武元年拾貳月拾貳日、總督水師總兵官前軍都督府右都督臣崔芝
當正保二年
右崔芝か書二通、林高長崎に持來、江戸へ傳達、老中被備上覽、春齋按するに、治部卿法印春勝なり、於御前讀之、其後松平伊豆守依上意、井伊掃部頭直孝宅へ行向ひ、春齋讀之、此時馬場三郎左衞門、山崎權八郎長崎の奉行たり、馬場は在江戸、山崎は在長崎、而崔芝か書簡幷林高口上を注進す、井上筑後守は長崎の事を取次役

人なり、

正徳二年乙酉十二月

正徳三丙戌年正月

去月廿六日之御狀到來候、然者林高持參之書簡幷林高申口之書物令披見候、大明兵亂に付、加勢幷武具之事申越候通、御老中江申候得者、日本と大明と勘合百年に及て無之によりて、按するに、天文以來勘合の事絶えしなり、日本人唐へ出入無之候、唐船年來長崎江商買に參候といへとも、密々にて渡候よしに候間、此度林高參候て訴訟申候とも、卒爾に言上申事にて無之の旨に候條、右之通申聞せ、早々林高歸國候樣に可被申渡候、恐々謹言、

正月十二日

馬場三郎左衛門

井上筑　後　守

山崎權八郎殿

右上意之趣、松平伊豆守承て、殿中にて春齋自筆に書之、御右筆衆も不知之、前者接得、十二月廿六日之書所云者、林高賚來之書、并林高之口詞已入覽矣、因大明反亂、來請助兵及軍器之事、倶與衆閣老言、而閣老曰、日本與大明及有百年之數、並無往來、所以日本之人不往唐山、而唐山之船雖來日本、貿易者只是密通之說、此際

林高雖然時來求請、非我可卒然而奏于上之事也、前事可與林高說明速使之回唐、恐々謹言、

是は井上、馬場が山崎への返事の趣を、漢字に書て林高に申渡なり、

正保三年春

答長崎王談

一日本與大明有百年之數、並無往來、雖唐船來到長崎、唯是密通之說、我亦聞得大明禁通日本之事、令林高賚來之書札、而衆閣老難以奏于上矣、我之主意其書札、豈可留在此處、當卽發回、已交付之矣、

一軍器之事、此節意欲許儞帶回、奈日本御法度森嚴、不拘大明國、卽各壹國亦皆如是也、所以爲下不敢主意、我亦嘆息之、及有百年、並無往來、所以日本不往大明、而大明之人來長崎者、本國亦不禁之、容其商買、令林高如此申來、衆閣老不奏于上者、理之當然也、卽林高之心以理度之想、必亦以不奏于上爲然者乎、

是は山崎か申渡す趣を、林高合點し山崎へ答るなり、明國の商人長崎の奉行を長崎王と稱するなり、

正保三年春

是より前芝龍福建道の大將として、毎年長崎へ商船を遣すに依て、日本へのちなみ

ありと思ひ、平戸に留置所之妻子を福州へ呼ひ迎んことを請望む、長崎奉行より、井上筑後守を以て言上しけれは、御許容有て、妻子を福州へ遣さる、按するに母子ともに福州へ往しことく記せしは誤りなり、成功は寛永七年に明國へ往き、成功の母は正保二年遣はされしなり、其子は卽ち鄭彩なり、字成功、長崎にては森官と稱す、按するに、この書及ひ鵞峯文集に、鄭彩鄭森を同人とし、且成功を彩の字とせしは、紀事混淆して誤りなり、明史稿に、鄭成功初名森材とあり、鄭成功傳には、初名森、字大木、隆武元年國姓を賜はり、名を成功と改むと載す、たゝ鄭彩の事、元明史略等に、芝龍之一族とのみにて、其系譜詳ならされとも、鄭成功傳に、永暦四年鄭彩魯藩の柄を專らにし、弟の聯と兩島に據て事を理めず、敗の兆有と聞く、成功部下と謀て廈門にいたり、强て聯か軍を借り、兵勢盛んにして海寇みな屬す、よて彩は出て避んとすゝむれとも、聯從はすして遂に殺さる、彩は南中に避て、漁獵して數歲歸らず、家に死すとあれは、その同人にあらさる事明らけく、自餘此書及ひ明史稿、三藩記事、三朝實錄等にも、鄭彩永勝伯となり、副元帥となりて、所々戰功の事等散見せるにても見るへし、但しおもふに延寶二年、華夷變態編纂のときに、書簡の末なとに大意を書入し事見え、また當時の記にても、來船の商民傳聞の風說等に據し說なるへし、卽に延寶六年撰する鵞峯文集に載る吳鄭論に、韃虜掠華殆四十年、正史未見、則不詳眞僞、然本朝昇平、西海波穏、德風廣覃、福泉商船、洊至長崎、譯鞮通語、津司驛傳具達、故余輩竊有聞焉と記し、結文に戊午七月晦、夜雨滴檐、獨坐燈談、口授侍史、記所聞小槪、待中華歸一正史載來決之、とあれは、成功鄭彩同人と誤りしもむへなるべし、芝龍歸國の後、平戶の妻別人に嫁して子を生む、森官か異父の弟なり、此子は平戶に留る、按するに、この異父の弟といへるは、田川七左衞門の事なるへし、されとも臺灣鄭氏紀事に、田川左衞門并鄭道順訴狀を引て、芝龍及ひ成功しは〳〵書を贈りて、妻幷七左衞門を招く、よて母子とも平戶より長崎に赴きたれとも、七左衞門幼稚たるによて、かの地にとゝまりしか、正保元年七左衞門歳十六に成しかは、成功强てまた招く、よて母七左衞門に諭して云く、汝年稍長せり、しかして我往ざれは父兄の權を失せん、官に請て來歳明國に赴ん、汝は猶止まるへし、毎歳來船に托して贈銀せむと約し、明年御免ありて、芝龍の妻は渡海し、後遂に節に死す、七左衞門江戶に來り、明國に渡海し、成功に力を戮せ、淸を滅せむ事を願ふ、御免ありて、七左衞門書を長崎渡來の成功か商船に托して送り、其意を達せしか、船主等財貨の私あるをもて、七左衞門渡海の事を厭ひ、其書を達せさりしかは、遂に志をとげすして長崎に死す、其子道順鄭氏に復し、父と共に明國に赴んとせしか、事ならすして死せしにより、正德中江戶に來り、醫を業として死すとあり、推考するに、田川氏は成功外家の號なり、芝龍妻子をかれに托して歸國し、七左衞門かの家に人となり、田川を稱せしによて、芝龍の妻別人に嫁し、異父の弟と誤りしなるへし、芝龍か事從信錄の末にも、武經開宗名將の內にも載たり、經國雄略は芝龍か兵書也、以上、華夷變態、

正保三丙戌年九月、明の使節黃徵明の使者徵明前月海上にて韃人に抑留せられ、渡來する事を得す、故に別使を出せしなり、及ひ鄭芝龍の使者、數通の書翰に方物携へ長崎に渡來し、猶援兵の事を願ふ、よて江戶に注進ありしかは、長崎よりの注進を、華夷變態に十月とすれとも、老中より長崎奉行へ九月廿一日出せし返書に、當月八日之書狀到來とあれは、今決して九月の事とす、尾張大納言殿卿、義直卿、紀伊大納言殿賴宣卿、水戶中納言殿賴房卿しは〳〵登營ありて相議せられ、書翰の體御不審あるにより、上使として日根野織部正吉明豐後國府內の城主、內藤庄兵衞按するに、內藤庄兵衞何人なるか今考へかたし、を遣はさるへき旨仰出され、長崎奉行には、松平伊豆守信綱をはしめ老中連署をもて、早々歸帆せしむへきむねを達す、隆武二年は正保三年に當る、其年の八月十三日、隆武帝の使者黃徵明渡海、日本へ加勢を乞ふ、鄭芝龍か書簡數通あり、日本の正京皇帝へ二通、上將軍へ三通、長崎王へ三通、各進物あり、然るに徵明、海上にて韃靼人に抑へられ、來朝することあ

たはす、故に船に己れか使者を載せ、芝龍か書簡幷進物に、徴明もまた書簡を添て長崎へ到來す、同年十月、按するに、御日記幷林家譜には四年とす、長崎より江戸へ注進す、老中その趣を言上す、先考按するに、林道春信勝なり、於御前讀進す、數日評議あり、尾張紀伊の兩大納言、水戸中納言も登城、右之書簡春齋これを讀む、阿部對馬守按するに、重次、月番たるに依て、右之書簡ともを預り毎日出納し、毎度自ら封して漫に他見を許さす、故に寫すことあたはす、然れ共毎日評議の席に侍るゆゑ、其大概の趣を、先考自筆にこれを書すこと如左、

一正保三年丙戌十月に、按するに、十月と記せしは不審なり、太師平虜侯爵鄭芝龍より正京皇帝へ進る狀、二通之內一通は、隆武皇帝の勅旨を書付、周の彭濮唐の回紇か事をひき、勁兵を借んと求候趣なり、さきには兵五千といへとも、其分にては敵にかちかたきほとに、猶も多くかり度との旨なり、勅書幷禮物を捧く、

隆武二年八月十三日　年號の間に太師平虜の印あり、

大花眞金緞二十端（大紋金入のどんす）　雙面色大緞二十端（色どんす）　大花二綵緞二十端（たびい）　大紅花京緞六十端（緋りんず）　大鳥素八絲二十端（しゆす）　雪白花京綾六十端（白りんず）　鳥花天鵝絨二十端（びろうど）　雪白花絲綢四十端（白さや）

一同人より正京皇帝への副狀に、皇帝親製勅書、命兵部侍郎黃徵明、齎捧以借勁兵云々、

隆武貳年捌月拾參日自注、是にも平虜の印あり、

一同人より上將軍への狀三通の内に、二通は借兵の事專ら書之、使者船遇風波ことをのせたり、一通には芝龍か妻子の事を書て、日本より小女十人奴隷十人求申候、又小子のことを母思て、唐國へよひ度となり、又顏大娘といふものも、芝龍か知りたるものなり、よひ度のよしなり、龍か子大明へ來てはや十六年になり、按するに、成功傳に、鄭成功崇禎三年、明國へ赴きしよし記せは、こゝに十六年とせしは十七年の誤也、婦をめとりて孫を生む、唐王懇切にて騎馬の禮に准す、忠孝伯に封せられて十餘萬人をひきゆ、母以子貴、故に母も夫人に封せらる云々、末に名なし、姓名具正幅といふ、年號も日月もなし、三通共同儀狀あり、目錄若干、援のための禮物歟、又儀狀あり、目錄若干、妻子のことの禮物歟、

上包に、侍生鄭芝龍頓首拜とあり

一同人の移文に、欽命福京留守

大將軍便宜行事　　　　　　　　　　大　　　師

鄭爲某事云々、借兵を乞ことを書候、

隆武二年捌月十三日

一同人より長崎王へ越候狀三通、二通は借兵の事、一通は彼妻子の事、右三通ともに、上將軍への書も文言少も不替、老麾をも老台をも同様にほめりた、上將軍へは恭惟老麾臺、長崎王へは恭惟老台臺、と書替たるはかりなり、是にも年號月日不書候、

儀狀二通あり、目錄若干、上將軍への禮物よりは數少し、將軍への禮物多し、其次は正京皇帝、其次は長崎王、但し彼妻子の事、將軍と長崎王との狀にあり、皇帝への書には借兵のことはかりにて、妻子のことはなし、

一唐王使者黄徵明より正京皇帝へ進候書中には、專ら借兵の事を書候、日本大明より相通することもひき候、大伯仲雍のこと幷に秦のとき千人來り候こと、又大元より世をとりて、日本を四五度せめたることあれは、韃靼は日本の仇なりなんと、いろ〳〵の由緒かきのせたり、されとも畢竟日本大明は友邦なれは、大明にしたかふへきことなり、今援兵かされよとの旨趣也、

欽命居守福京總督留後一切軍國事務兼總督中軍等五軍都督府印務東南直省粮餉軍務、賜坐蟒尚方劍掛平虜大將軍印招討西北直省、安順勦逆便宜行事專理巡務帶管守事保疆奉駕大師平虜侯爵鄭芝龍、

隆武貳年捌月拾參日　　　大師平虜侯鄭芝龍

定虜似鄭鴻達自注、芝龍弟也、芝龍與江達同立高祖九世孫唐王、正位閩中、國號隆武、○按するに、平虜侯定虜侯を、國姓爺傳には、平鹵侯定鹵侯とあり、この書誤寫なるへし、大明欽命出師徵兵恢復正使大僕寺少卿加福京兵部試右侍郎賜一品服職黃徵明

副使錦衣都督康永寧自注、與正使黃徵明、同以六月二十日出福州、逢風而歸、陳元京、曾少吾自注、徵明福州出船の時、兩人に進物もたせ先出船す、皆風に逢て漂散す、少吾か船は浙江に吹つけられて、韃人にいけとられ、進物もうはひとらる、此度又進物をとゝのへて、芝龍か使者陳必勝、黃徵蘭兩人、小船に乘りて長崎へ着岸す、

此度加勢可被遣かと、數日御評議の上にて、被遣間敷に大形極る、但し豐後府內城主日根野織部正に內藤庄兵衞を被差添、爲上使長崎へ被遣、黃徵明か使者に對面し、上意之旨を申渡し、使者を可令歸國、但し猶も使者申旨有之は、能承屆歸府可言上と被仰出、織部正か居城長崎に近し、庄兵衞は少々文字を知るに依て、兩人を上使に被定也、

此度難問、

一日本皇帝とかゝずして、正京皇帝とかくは何そや、我朝の京師何そ他方よりの正京を求んや、無用の稱號なり、京は他州にもあり、」一正京皇帝は於日本而指誰乎、上將軍は亦指誰や、長崎王も亦指何人乎、王號奇恠の事なり、」一皇帝と將軍と長崎王とへの禮物多少不審、」一上將軍への進物の内に玉帶あり、蟒衣あり、蟒衣は龍紋をりたる衣裳也、此玉帶蟒衣は、大明にて天子の服乎、何れの官位の服乎、我朝へ何そみたりに衣服を呈するや、」一芝龍か奉勅の書に、日本の二字ありて闕なし、無禮歟、」一芝龍か上將軍への狀にも、長崎王への狀にも、東隅日出なといふことあれとも、たしかに日本といふことなきゆゑ、何れの國へ遣す狀とも難知事、

正京皇帝へ一官より捧候狀の內

一端書に大師平虜侯爵鄭芝龍と有之候、狀之內に芝龍と書不申、侯爵と書付候事、無禮の樣に存し候事、」一高祖成祖を日邦より一字あかり申候事、但明朝と日邦とは同とほりに書き申候、」一一官印判をし候所あがり申候事、

正京皇帝へ一官より越候別紙の內

一唐王勅諭の內に、日本を闕字無之事、」一正京皇帝へ唐王直書越不申候て、一官奉書如何、」一啓の字一字あがり申候事、」一一官より上將軍書三通の內、貴國貴地なと有之候へとも、日本と申す字無之候故、何國へ遣候ともとくとは難知候、但此

狀の內明朝を、貴國と申より一字さげ、又明朝に缺字無之事も有之候事、」一一官方より捧候狀の內に、正京皇帝と押紙有之候は、日本にて誰を心あて越申候哉、」一同人より上將軍と押紙有之は、日本にて誰を心あて越申候哉、」一同人より長崎王と押紙の有之候は、日本にて誰をさし申候哉、」一正京皇帝へ捧候狀の內には、一官官位名有之候、上將軍書にも長崎王への書にも、上包に名これあり候て、狀の內には名書不申候、何樣の事見申候哉、」一玉帶蟒衣は大明にて帝王の裝束にて候哉、但何ほとの官位のものゝ裝束にて候哉、」一一官より越候公文は、日本へ不禮の狀の躰にて候事」、一一官上將軍書の內、老麾臺と書付候事、」一上將軍初は將軍にたてまつると存し候へとも、徵明書簡の樣子見合候へは、上將軍たるへく候歟、」一徵明書簡は上將軍へはいんぎんに、長崎王へはしために書候、以上、華夷變態◯按するに、これ上使よりかの使者に申渡へき、詰問の箇條なるへし、

正保三丙戌年九月廿一日

當月八日之書狀到來、從大明之使者黃徵明捧之書翰二通、幷其方に差越候書翰一通、いつれもやはらげ相添被差越候、其外黃芳欽口上、別紙之覺書も令披見候、然者黃徵明下として上をはからひ、加勢之儀を付て捧書簡、輕々敷儀申越候、如此成儀卒爾に江戶へ言上仕事罷成事にて無之由、具に申聞、早々歸帆可被申付候、恐々、

戌九月廿一日

阿　對馬守

阿　豊後守

松　伊豆守

馬場三郎左衛門殿

山崎權八郎殿令條記、憲教類典、

正保二年に按するに、三年の誤りなり、鄭芝龍か書簡を日本へ差越し、天子唐王の勅使黄卿と按するに、黄徵明の事なるへし、いふ者に貢物を持せ、大明國を打出けるに、海上大風に逢、船破損候故、小船にて貢物を添、鄭芝龍か書簡を長崎迄差越、段々と事を申、色々と日本の加勢を乞、依之大猷院樣、御三人按するに、尾張義直卿、紀伊頼宣卿、水戸頼房卿なり、幷老中面々、其外諸大名を被召寄、大明國より之加勢否の事被仰出、御相談區々なり、御無用と申族も有、又異國より日本へ加勢を乞事、本朝の面目なれは、御加勢尤と言あり、色々不決なり、御三人へ御相談のとき、頼宣卿仰上らるゝは、中華より加勢を乞候事、日本の御威勢四海の光輝なれは、諸浪人を取集候て、十萬も可有御座候、それに西國中國の大名小名被差加可然、扨公方御身寄の者、西國にては我等一人にて御座候、總大將被仰付候はゝ、大慶不過之可存候、大軍を引率し大明に責入、日本の手並を見せ可申と、御老中迄御屆被仰入、紀州へも陣用意被仰越、眞鍋眞入齋宗白は秀吉公御代に、朝鮮征伐の時、大明勢と度々合戰して覺あれは、御供に可被召連との事、眞入は先年大明勢と戰しに、尸を異國に留ず殘念に存候處、珍敷沙汰を承り、老後の思ひ出御出馬の御供いたし、異國にて討死可仕事、大慶不過之候と申上候得は、頼宣卿御機嫌なり、然るに加勢被遣候事、止めになりたり、紀州頼宣卿言行錄、南龍君遺事、

同年十月十七日、長崎より明兵敗亡せしよし注進あるにより、さきに上使を命せられし日根野吉明、內藤庄兵衞、發途に及さる旨仰出され、同廿日在府の大小名に、そのよし老中傳達し、在國の輩には同廿四日奉書をもて達す、

正保三年十月十七日、長崎より十月四日の書狀到來、其趣は、八月下旬韃靼人閩中へ攻かけ、山賀關を攻破る、大明人不及戰而迎降る、韃靼人延平へ攻入る唐王出奔、江西之甘中其后は自殺す、或曰、爲韃被捕、八月廿八日鄭芝龍福州を避て、舟に乘て福州より三里さがり海上にあり、王孫文武官幷芝龍か妻子、皆乘舟奔泉州、陸路には一揆起て濫妨するゆゑ、福州の落人皆舟に乘て逃去、官人は不及申、富民まても皆福州を逃出つ、貧民はかり福州に殘り留る、韃人未入福州、而延平より九月二日三使を以て芝龍方に遣し、髮をそり降參せは、福建廣東江西三省を芝龍にあたへ國王とすへし云々、芝龍返事に、髮をそらず我まゝにてそのまゝをき、三省を領せ

しめは、降人となりて納貢すへしと云々、三使其通を韃靼へ告へしとて、延平へかへると云々、此狀到來に依て、織部正、庄兵衞長崎へ被遣に不及なり、山崎權八郎通事を以て、福州旣に敗れぬる上は、加勢の沙汰に不及と、徵明か使者に申渡し、進物共受納に不及、可令歸國と被仰出、其後の傳說に、鄭芝龍韃人に被欺降參す、日本より被遣芝龍か妻は自害す、芝龍をは約束の領地をもあたへす、北京へつかはし禁獄す、唐王も生捕となる、芝龍か子鄭彩按するに、鄭彩成功と別人なる事は前に辨す、餘兵をあつめ、福州を取かへし、明帝の一族魯王を迎て監國せしめ、永曆と改元す、再興の志あり、魯王の命にて、鄭彩に將相の高官を授て、建國公に封す、朱姓を賜て朱成功と稱す、依是每年長崎に渡す商船を、國姓爺船と號す、俗人は鄭彩を森官と稱す、森官武事に達せり、年々に國郡を切取て、勢漸强大なり、華夷變態、

正保三年十月十八日、唐をダッタンより取候由、十七日之晚申來候也、是まて如官日簿抄、柳營年表祕錄同し、同月廿日、大明國より加勢之儀申來候得共、御せんさくの上可被仰付由思召候處、落居候由申來候、此段諸大名衆へ老中被仰渡候、御徒頭無名氏之記、山本氏筆記、

正保三年十月廿日

一今度大明國兵亂、平戶一官、加勢之儀に付書簡雖差越、充所無之、其上雲牋之內御不審條々有之故、長崎江上使被遣、一官使者に樣子御尋之上、實否可被仰出之思召之處、重て長崎より書狀到來、大唐令落居、唐帝幷一官敗軍之由注進之、依て兎角之儀不及被仰出之旨、在江戶之諸大名江、今日於殿中、上意之趣老中傳之、

同年同月廿四日、松平長門、松平新太郞、松平右京大夫、松平土佐、松平阿波、松平安藝、伊達遠江、松平出羽、細川肥後、鍋島信濃、立花左近、有馬中書、右拾貳人、福州落居之由注進有之趣書、幷異國船來朝之時御仕置之覺書、右之家來殿中江召寄、伊豆、對馬按するに、老中松平信綱、阿部重次なり、被渡之、次松平肥前、松平越後、松平薩摩、森內記、京極丹後、福州落居之奉書、是又彼家來招殿中、同人渡之、以上、猷廟日記、

正保三年十月廿日

一筆令啓達候、今度依大明兵亂、從平戶一官、加勢之儀に付而書簡數通到來、備上覽候處、書中之趣御不審之條有之故、長崎江被遣上使、一官使者に樣子可被成御尋と被思召候處、當月四日之書狀從長崎來着、福州令落居、唐王幷一官儀、明退城中之由注進候、然る上は不及御穿鑿候、此種在江戶之面々江も被仰出候付而、其元江も可相達之旨、依上意如此候、恐々、

十月廿日

阿部對馬守
阿部豐後守
松　伊豆守

鍋島信濃守殿令條記、憲教類典、

又告韃逐陷福州、於是援兵之儀止矣、且示告群國主等不可遣兵、信綱忠秋重次寄書於光尙、告鈞命之趣、

正保三年大明大亂、有平戶一官、達寄書於本邦請兵、長崎奉行告諸江府諸老、其後又告韃逐陷福州、於是援兵之儀止矣、且示告群國主等不可遣兵、信綱忠秋重次寄書於光尙、告鈞命之趣、

今度大明兵亂、從平戶一官就加勢之儀、書翰雖到來候、充所無之、書中之趣御不審之條々在之候、然者大明與日日本末代迄之儀故、長崎に被遣上使、一官使者樣子御尋、其上仰出可有之と被思召候之處、當四月之書狀、從長崎來着、福州令落居由注進候、然上は不及兎角之儀候、此段在江戶之面々に就被仰聞候、其元にも可相達旨、依上意如此候、恐々謹言、

十月廿一日

阿部對馬守
阿部豐後守
松平伊豆守

細川肥後守殿細川家譜、

正保三年、鄭芝龍援兵を乞し時、加州の書狀の趣、十月廿一日之奉書、今月朔日致拜見候、然者依大明兵亂、從平戶一官方就加勢之儀、書翰雖差越候、充所無御座、書表御不審多依有之、長崎へ被遣上使、一官使者樣子被成御尋、其上仰出可有御座候旨被思召之處、先月四日從長崎書狀來着、福州之事令落着由注進、此段在江戶之面々被仰聞候付、爰元へも可致承知之旨、上意之趣畏奉存候、御前可然樣被仰上可被下候、恐惶謹言、

月日

松平肥前守

松平伊豆守殿

阿部豐後守殿　續白石叢書、

鄭芝龍尊立明之唐王、以存快復之志、當我正保二年乙酉、芝龍慮其力與賊不兩立、欲請援兵於我邦、先試使邊將崔芝達其趣於長崎司、而三年丙戌、聘使船旣發、遇賊於洋中被掠奪也、再聘之艤未成、福州陷、芝龍爲降虜、鵞峯文集載吳鄭論、

正保三年の夏、大明國平戶一官といへるもの〻方より、書簡を以言上の事あり、意趣は、大明國悉亂れ、於國々合戰有之、依て大明國と達旦と及兵亂、大明難儀に候間、御加勢被下候樣に奉願由なり、左樣は〻末々御手下に罷成へく候、先以數年兵亂にて作毛無之候間、兵粮をも被下候樣にと申上、則異國の繪圖を仕差上申候由、

其節西國にて兵粮、所々の藏より點檢ありて、異國江可被遣御沙汰のよし專申けり、さあらは御加勢も可被遣かと申ならしけり、然る處に御旗本中へ御書付出し有、寫し、

一今度大明兵亂に付御加勢之儀、平戸一官所より書簡指渡し候、右書簡の充所も無之、其上文言は結構に候得共、紙面の充所無之、上包に計其身の官位を書、充所は付紙に仕候、其上文言にも御不審之處多有之に付、大明と日本末代之事に候間、長崎へ御使被遣、樣子委御尋被成、其上とかふの儀可被仰出と被思召候處、韃靼人福州へ亂入るへき之由申來候間、藏王も按するに、唐王の誤りなり、江西の內へ相退、一官船中にたゝよひ、穿鑿にも不及候間、一官使者歸帆仕候樣に、長崎へ被仰遣候事、正事記○按するに、此書信用し難き異說なれとも、姑らく存す、

通航一覽　卷之二百十二　終

通航一覧　巻之二百十三

唐國福建省臺灣府部九

○鄭氏援兵願等附風説

慶安二己丑年、鄭彩より長崎奉行に、書簡をよび物を贈りて、武器を借らん事を請ふ、鄭成功よりも、唐通事の許に書を贈りて援兵を乞ふ、

キンメイチンジユカウセツナンチヨクトウノシヨチハウトクリグンムケンリラウシヤウクワセイリヨタイシヤウグンインシシヤウハウケンマウイトウダンジユヱツビンギギヤウジセウシケンタイシノタイシヱイセウハクキンハウコクシユカホウタイシケンコクコウテイサイ、（欽命鎭守江浙南直等處地方督利軍務兼理糧餉掛征虜大將軍印賜尙方劍蟒衣登壇授鉞便宜行事少師兼太子大師永勝伯今奉國主加封大師建國公鄭彩）書ヲ日本國王ノケンワウ（賢王）ノハンカ（藩下）ニイタ（致）ス、ヒソカ（竊）ニヲモンミレ（惟）ハ、ワカ（我）大明クニヲヒラキ、南キン（京）北キンヲタテナラヘ、十三シヤウ（省）ヲサダメ、天下コトゴトクシタカワズトイウコトナシ、異國ノウチニテハ日本ヒトリヂヨフクカシソン（獨爲徐福遣）ニシテ、大明トホドトヲシ（雖在僻地）トイヘトモ、モトコレ唐人ノシソンナリ（實惟華人）、大明ノタイ

ソ（太祖）世ヲヲサムルトキ、日本ヘネンコロナリ、其外シヤムロ（暹羅）リウキウ（琉球）カウチ（交趾）ノ國々マテモ、大明ヘミツキモノヲサ、クルコト、三百年ノアヒダタユルコトナシ、ダツタン（韃靼）人ハ、チクルイドウゼンノモノニテ、レイギヲシラズ、文字ヲモナラハザル國ナリ、大明ノセイソ（成祖）ノトキ、ダツタンヲセメテ其國ノミヤコマデウチヤブリ、ダツタン人ノコリスクナニナリ、又ソノノチ又ダツタン人ハビコリヲ、クナリテ、サンヌルキノヘサルノトシ（甲申歳）、大明ノウチニテリジセイ（逆李）トイフモノ、タイランヲヲコシ、ソノウヘダツタン人ミダレイリテクライヲウバフ、コノコト日本ヘモキコエテ、イキドヲリマシマストウケタマハル、ソノノチ大明王ノ一門ウチツヾキツワモノヲヲコシ、ケイシウヨシウリヤウヱツ（荊豫兩粤）ナドイフ國々、スデニトリカヘス、閩トイフ國トセツカウ（浙江）トハテイサイ（本藩）カリヤウブンナリ、大明ノロワウ（魯王）ヲモリタテ（馮翊）、コウケンヱンセウ（興建延邵）ナドイフミヤコ、ヨツ（四府）アガタ二十アマリヲウチトル、ツワモノ、ムカウトコロカタズトイフコトナシ、大明ノシソン方々ヨリヲコリテ、ロワウ（魯王）ヲタツトビテ大シヤウトシ、アヒトモニカウリヤクス、イマモノカシラ千人ニンジユ百萬アリ、フナヂクガヂアヒワカレテス、ム、ダツタン人キモヲケシ、ツワモノヲアツメ、シロ〳〵ヲマモル、人ノコ、ロミナ大明ヲシタフユヘ、トコロ〳〵ヨリギヘイヲコル、テイサイ（鄭彩）フナイクサ（舟師）ヲヒキイ、セツカウ（浙江）ニイタル、トキニテイヱンコウチンナンシヤウグン（定遠侯鎮南將軍）トイヘルテイサイカ一モン、アヒツヾイテカセイス、ソレワカ國ト日本トハリンゴ（齒唇）クナリ、テイサイカヲルトコロ（本藩）トキハン（貴藩）トハコトニシタシキアヒダ（同胞）ナリ、イマホト方々ヘツカワスヒヤウロウ、毎日スジフマン（數十萬）ナレハ、テイサイガリヤウブンバカリニテハマカナヒナリカタシ、マヘカタヘイコクコウ（平國侯）按するに、平國侯は平鹵侯の誤寫なり、フネ三ソウヲツカワシ、シンモツヲヲクリ、日本ノカセイヲコウテ、ダツタンヲタヒラゲントス、フリヨニ風波ニアフテ舟モシンモツモウミニシヅミヌ、ソレヨリ四年ヲスグ、フタ、ビソノコ、ロヲツガントヲモヘトモ、ヒヤウラウトモシキニヨリテヱンインス、先日テイサイカメシツカヒ（差官）ノシサン（施賛）ト云フモノ日本ヘマイリ、カヘリテ日本ニテモテイサイカコ、ロザシヲ、アワレマル、ヨシヲ申ス、シカレバスコシ武具ノタスケヲナサレバマンゾクタルベシ、コレニヨリテトトクソウヘイクワン（都督總兵官）チンクワウユウ（陳光猷）チンヲウチウ（陳應忠）シサンカウシン（江新）トイフシシヤ四人ヲ舟三ソウニノセ、ヤクシユ（藥材）イト（絲）キヌ（綢）ヲモタシメテ、日本ヘツカワシシヤウバイ

（貿易）セシメ、フルキヨシミ（舊好）ヲノブ、タ、イマツカワスシナ〱ト、日本ノ武具トカヘモノニイタサントネガフ、テツパウ（鳥銃）コシカタナ（腰刀）ヨロヒ（角甲）ヱンセウナマリ（硝鉛）ナドノ武具、タ、イマキウニシヨマウニゾンスルトコロナリ、キハン（貴藩）ソノコ、ロヱアリテ、スグレタル武具ヲユラビ、コノシシヤニワタシ、テイサイニヲクラハ、ロワウ（國主）ヘソウモンシ、大明ノコラズタイヘイヲイタストキ、コノコトヲ書物ニノセテ末代ニツタヘン、ムカシタウ（唐）ノ世ニクワイコツ（回紇）トイフ異國、クワクシギ（郭子儀）トイヘルタウノ大シヤウノス、メニヨリテ、唐ヘチウセツアリ、クワイコツ（回紇）ハヱビスクニナルサヘカクノコトシ、イワンヤ日本ハ大唐トミナモトヲナシキ（同派）國ニテ、文字（詩書）ヲナラヒレイギ（禮儀）ヲシリタルコトナレバ、大明ノカクノコトクナンギヲ見テ、コ、ロヲツケザランヤ、（不屬意乎）タヾイマテイサイヨリツカワスシシヤナラビニ下々マテ、ヨクニフケルコトアルベケレハ、チウトニテフンシツスルコトモアルベシ、又ハワタクシニシヤウバイシ、ヲノレガリヲトルコトアルベシトコ、ロモトナシ、ネガワクハソコモトニテ、三サウノ舟シヤウバイヲユルサレハ、ソノシナ〱ヲチウモンヲモツテシシヤニワタシ、サウイナキヤウニヲ、セツケラレタマワルベシ、テイサイモトヨリ日本ヘタイシ、マコトノコ、ロザシヲゾン

ス、今ビンギヲヱテツ、シンテ書狀ヲヲクル、コノムネアキラカニハカラレヨ、フセン、

監國魯

ロワウカンコクノ三年十月十七日

シンモツ（土儀）ニシキ一タン（宋錦緞）ビロフド十タン（天鵞絨）リンズ十タン（光花綾）シライトキヌ十タン（白絲綢）

朱書　當慶安二年、此書簡於殿中一見獻和解、故不遑寫本文、

イニシヘヨリスグレタル大シヤウノ、大ナルコ、ロザシアルハ、ミナ人ノチカラヲカリテ本意ヲトグコトナリ、イワンヤカンナンノトキニアタリテ、天下ノタメニ大ナルチウセツヲ、ナサントスルモノハ、ヒトシホチカラヲイタスベシ、大明ヲコリテ三百年、イライヒサシク太平ニシテ、人イクサノミチヲシラズ、シカルニダツタンツヨクヲコリテ、ナンキン、ホクキンヲヤブリ、ミヤコマワリヘミダレ入ル、大明ノ國々チクルイノ國トナル、ソレガシ大ミンノヲンヲフカクヲモフユヘニ、ヒトタビハヂヲス、ギ、アタヲムクヒントヲモヒ、セツカウ、ミンクワウノアヒダニヘメグルニ、ドウシンスルモノヲ、シ、サレドモヒトリミニテコ、ロザシヲトゲカタク、ナゲキテ年月ヲスグ、ソレガシ日本ニテムマレタレハ、尤日本ヲシタフコ、ロ

フカシ、イマカンナンノジブンナレハ、ハヾカリナガラ日本ヨリ、ワレヲヲヂヲヒノゴトク、キヤウダイノゴトクオボシメシテ、メグミノコ、ロアランコトヲネガウ、ソレガシムマレイヅル國ナレハ、ネンゴロノコ、ロザシヲヲコシタマヒテ、數萬ノ人ジユヲカシ、大明ヘワタシタマワハ、ヲ、キナルホマレマツダイニノコリツタワラン、ムカシヨリレキ〳〵ノ人、アルヒハタニンノチカラヲカリ、アルヒハイコクノカセイヲモツテ、本意ヲトグルレイヲ、キニヨリテ、コ、ロザシヲノベテ、カヘリコトヲマツモノナリ、

平戸一官か子森官かところより、右長崎に罷在候唐人の通事五人へ來る書簡なり、森官は則鄭彩なり、朱成功も同人なり、按するに、この書鄭彩成功を同人とせし誤りは、前に辨す、またこの成功の書簡も、到來の年代をしるさ、れとも、文中に永暦二年の事見ゆれは、前の彩の書簡とゝもに、我慶安二年に到來せしなるへし、此書簡本文不遑寫之、殿中において早々獻和解故なり、華夷變態、

鄭成功贈歸化舜水書

一別萬里、雲外常望東天、眷戀不休、俯以忠孝之道、原於君寵父慈之德、剩森家世厚上帝鴻恩、森微身而其中生成也、然則忠孝併單在奉君主無餘矣、此以森不肖荷光武重興之義、不得舍于寢食之間、雖然力微勢疲、無奈狼狽、今欲遠憑日本諸國侯假

多少兵、恭望台下代森乞之諸國侯、便是與台下曾謀之處也、台下今做採薇客、而莫忘國恩懇懇、若托諸庇得復運之勢、森之功皆出台下手裏者也、黄泉朽骨、不敢空忘、俯賜明鑑、至戰至慄、

右上舜水同盟朱公大人　床下　愚弟鄭森稽首

板倉氏藏板○按するに、この書簡年月を記さゝれとも、鄭森と書せしによれは、隆武元年成功と改し前のことく思はる、されとも文中に荷光武重興之義とありて、成功の印を押たるは不審なり、また隆武帝に陛見の前、父芝龍を舍て此事に及ふへしとも思はれす、且鄭成功にも、隆武二年芝龍、成功の諫をいれす、清に降りしかは、成功憤慨して落る所の儒巾襴衫を焚、儒服を謝して師を起さんと謀る、是より先、旣に爵位に列すといへとも、一日も兵柄に與らすとあれは、旁以て改名後の書簡のことく思はる、但し舊名を書せしはまた不審にして、此頃舜水渡來の事も覺束なく、旣に一宵話にも、この書簡の事疑はしきよし諭したれとも、普く世に知る所なれは、姑らくこゝに附して後勘にそなふ、

同三庚寅年、鄭彩より琉球國に書を贈りて、日本より武器ならひに火藥等を送らん事を謀らしめ、到來せは其便に就て猶力を借らんと請ふ、

欽命鎭守江浙南直等處地方督理軍務兼理糧餉掛征虜大將軍印賜尙方劍蟒衣登壇授鉞

舊名　古い名前
覺束なく　はっきりしない
後勘　あとで調べる

便宜行事少師兼太子大師永勝伯、今奉國主加封大師建國公鄭爲、布告罪愆、共伸天討事、炤得天生民而立之君、惟曰其助上帝、則夫居民上者、所當子惠元元也、我大明高皇帝寛裕溫柔、聰明睿知、德布中外、用是人心效順、四海賓服、嗣我列宗皇帝、代有聖德、懷邇柔遠、三百年之內、恩澤熙洽、與貴國往來時通、群黎安堵、貴國其亦聞之熟矣、惟茲醜虜豺狼成性、亦欲生呑貴國而甘心也、我大明保護貴國、兵革弓馬、不得越度其地、其有功於貴國、恩固不少、詎我大明亂逆首難、彼狡乘間、遂敢肆虐、竊據我神京、屠掠我州縣、暴殄我民人、本藩累受國恩、獨立義旗、恢復福興泉漳許多郡邑、虜氣大挫、貴國爲唇齒之邦、其得不深腥羶者、本藩力也、因而慶國公陳邦傳恢復廣東、豫國公金聲桓恢復江南、原都督吳三桂恢復北京、沐國公恢復雲南、其餘山東南京浙江等地豪傑蠭起、不可勝數、大明疆宇、將指日全復矣、本藩統督大師、刻期進勦、而長鎗大劍衣甲硝藥等、頃所費不貲、貴國與日本國實逼處、此休戚旣爲相關、心力亦宜勉合就移咨、爲此咨移、貴國其有長鎗大劍衣甲硝藥等物、立刻製辨、齎到本藩軍前、或應償銀、或應充貨、本藩俱聽其便、幷煩移咨日本國王、俱相成倡義明罪、致討異日成凱奏、貴國不世之勳、當有特酧、此係軍機重務、毋得泛視遲延、爲此具咨、須至咨者、

右咨琉球國中山王世子

監國魯肆年伍月二十一日

キンメイチンジユカウセツナンチヨクトウノシヨチハウトクリグンムケンリラウシヤウクワセイリヨ大將軍印シシヤウハウケンマウヱトウダンジユヱツビンギカウジセウシケン太子ノタイシヱイセウハクキンハウコクシユカホウ大シケンコクコウテイサイヨリ、リウキウノ太子ヘツカハス狀ノ趣キ、ダツタン人ノ罪ヲアマネクフレツゲテ天討ヲクワヱントス、ソレヲモウニ天モロモロノタミノタメニ一人ノ君ヲタツ、其君タル人ハ天ノタスケトナリテ、アラユル民ノ上ニ居テ、諸人ヲ子ノゴトクメグミソダツヘキ所ナリ、大明ノ太祖皇帝ムマレツキユタカニヤワラカニサトク明ニシテ、智惠人ニスグレタリ、其德天下ニヒロマリ、四海ノハテマテモシタガハズト云コトナシ、ソレヨリ後代々ノ帝王サトク明ニシテ、チカキモノヲバナツケ、遠キモノヲバヤスンジ、三百年ノ間恩澤ヒロク普シ、琉球ヨリモ使者往來シテ、アンドノヲモヒヲナスコト久シ、シカルニダツタン虎狼ノゴトクナル心アツテ、琉球ヲムバヽントス、大明ヨリカセイヲツカハシ守ラシム、コレリウキウモ大明ノ恩ヲカウムルコトスクナカラズ、近年大明亂テナンギニ及ブ、折フシダツタン人亂入テ都ヲムバイトルノミナラズ、方々ノ國々ヲランバウシ、アマタノ人民ヲコロス、我等久ク大明ノ恩ヲウクルユヘ、ギヘイヲアゲテ福州興州泉州漳州ナドノアマタノ國々ヲトリカヘス、ダッタン大ニツカレクジク、琉球ハ韃靼ト隣國ナレトモ、彼ニセメトラレザルハ我ラガチカラナリ、コレニヨリテケイコクコウチンハウテント云人ハ廣東ヲトリカヘシ、ヨコクコウキンセイクワント云人ハカウセイヲトリカヘシ、ゲントトク呉三桂ト云人ハ北京ヲトリカヘサントス、ボクコクコウト云人ハウンナンヲトリカヘス、其外山東南京浙江ナト云所々ノレキレキ、蜂ノゴトク起ルモノアゲテカゾウベカラズ、大明ノ天下近日サイコウセントス、我等モ諸方ノ味方トアイヅノ日限ヲ定メ、軍ヲヲコサントス、然レトモナガキヤリ、大カタナ、ヨロイ、エンセウナドノタグイ、其アタイ甚高シ、琉球ハ日本ト國ナラビニテ、ヨシミフカキヨシキ、ヲヨブ、ナニトゾテダテヲメグラシ、日本へ申ツカワサレ、右ノシナシナノ物ヲ調ヘモタセテ、我等軍中へ到來セハ、銀子財寶ヲ以テ其アタイヲツクナフヘシ、然ラハ其便ヲヱテ我等ヨリ日本國ヲモタノミ其力ヲカリ、ダッタンノ罪ヲカゾヘアゲテ、コレヲウツベシ、軍功成就シ本望ヲトゲハ、琉球國ノ忠節カギリアルベカラズ、大明ヨリ別シテ其ヘンレイヲムクユベシ、只軍ダンコウノミギリナレハ、其外ノマツリコト事シゲキニヨツテ、此狀ヲ調ルコトモ延引セリ、其ムネヲヱラルベシ、

右琉球國中山王世子ヘツカハス世子は太子のことなり、琉球の王死して、其子繼目相續なきうちの狀なるへし、

監國魯肆年伍月廿一日監國は大明の王の名代をすることなり、魯は魯王のことなり、魯王いまたまことの帝位につかず、かりに王となりて名代をするゆゑに、監國といふなるへし、

萬治元戊戌年六月廿四日、臺灣の商船入津す、鄭成功の使者これに乗組來りて、書と物とを獻し、舊に因て通信あらん事を乞ふ、されとも御返簡もなく、獻物も受給はすして、九月十二日歸帆せしめらる、東日記、玉露叢をはしめ諸記多く、この時成功援兵を乞しよし載せたれとも、華夷變態に載る書簡、强ち援兵を乞しにもあらす、されともおのつから文中その意あり、旣に慶安二年通事の許に書を贈りて、援兵の事を願ひたれは、こたひ書と物とを奉りて、舊好を厚ふせん事を請ひ、其實は援兵願の意なるへし、されとも推考の說なれは、長崎覺書に從ひて、姑らく本文に省く、

萬治元戊戌年六月廿四日、國姓爺使船として人數百四十七人乗入津、荷物役に被仰付、本博多町京會所岩田七左衞門所に宿被仰付、逗留仕候得共、使者幷進物は御請不被成、同九月十二日荷物積歸帆、長崎覺書、

萬治元年

欽命總督南北直省、水陸漢土官義兼理糧餉節制勳鎭賜蟒玉尙方劍便宜行事掛招討大

将軍印總統使國姓成功頓首拜、啓上日國上將軍麾下、伏以洲同瞻部、就一水以判東西、境邇蓬萊連三島、而天地域占爲雷之位、光拂若木之華、百篇古文、蚤得嬴秦之僊使、歴代列史、並分上國之車書、道不拾遺、風欲追乎三代、人重然諾、俗尤敦於四維、恭惟上將軍麾下才擎擅天、勳高浴日、鑄六十五州之刀劒、雌雄爲精、服五百一郡之版圖、礫沙皆寶、文諧丹府、屢有表使至金臺、釋輔儒宗、再見元公按するに、元公は隱元なり、參黃檗、雖共臨乎覆載、還獨奠其山河、成功生於日出、長而雲從、一身繫天下安危、百戰占師中貞吉、叨世勳之賜李、恩重分茅、效文忠之祚明、情深復且馬嘶塞外、肅愼不數餘兇、虜在目中、女眞幾無剩孽、緣征伐未息、致玉帛久踈、仰止高山、宛壽安之在望、溯洄秋水、悵滄海之太長、敬勒尺凾、稍伸丹悃、爰賫幣篚、用締縞交、舊好可敦、曾無趙居任于今復往、中興伊邇、敢望僧桂梧如昔重來、文難悉情、辭不盡意、伏祈鑒炤、可任翹瞻、

成功載拜愼餘

大明朱成功より來る書簡之寫自注、成功は森官なり、平戶一官か子なり、萬治元年七月十日、長崎より到來、於殿中寫之、但不及御返書、此書簡不及和解、於殿中於諸老前讀之、

傳說云、朱成功度々韃靼人と戰て利を得たり、既に南京に攻入んとする折節敗軍し、

福州に居ることあたはす、軍敗の餘兵を以て、雞籠國へ按するに、雞籠國と記せしは誤りなり、雞籠山雞籠嶼等ありて、臺中の地名なり、攻入り、阿蘭陀人を追出し、雞籠國を押領す、改て東寧府と號す、按するに、この時總名を東都と改めしなり、東寧と改めしは鄭經に至りてなり、每年長崎往來の商船たゆることなし、數年の後、朱成功三十八歳按するに、鄭成功傳によるに、三十九歳なり、にて病死す、その子を鄭經といふ、錦舍これなり、相續し東寧に居る、華夷變態、

萬治元年九月、大明福王の臣鄭芝龍嫡男秦官、按するに、森官の誤りなり、援兵を請ふ、然共不及御加勢之由、御返簡有之、東日記、玉露叢○按するに、この書返簡ありと記せしは誤りなり、

萬治元年六月廿四日、臺灣より國姓爺爲使者船、一艘百四十七人乘組着船す、此國姓爺自注、和藤内是也、平戸出生の唐人、其父は鄭芝龍、其子鄭成功といふ、その頃唐國、十四五年以前明朝亡ひて淸朝に一統せし處、其王孫等福州邊に流落して、明代に再復せしめんとの計略專らなり、右の鄭成功是を傳へ聞、唐國に押渡り、變を窺んため、先臺灣に居城を構へ、福州に渡て、左所と云處に大屋形を建て居館とし、明朝再復の荷擔を成んと欲す、按するに、この書鄭成功是を傳へ聞云々といふより、紀事誤りに似たり、仍て諸方に隱れ居たる明朝の舊臣等、聞傳へ慕ひ來て、

其幕下に屬するもの數をしらす、遂に明朝の親戚の如く推尊ひ、歷代明朝國姓の朱氏を冠らしめて、國姓爺と稱し崇め、左所の屋形を厦門と稱せり、自注、大屋形といふ號なり、後年迄此處を厦門と言傳へり、右陣中の事なるゆゑ、日本より援兵を乞請たきとの使者船、獻上物を捧げ來れり、獻上物等一切御受無之、九月十二日令歸帆らる、但この國姓爺、夫より數年挑み戰ふといへとも、遂に不得勝利、臺灣に蟄居す、長崎志、

森官自注、名彩、字成功、俗呼曰森官○按するに、彩を成功同人とせしは誤り也、前に辨す、猶奉明主、纔保南隅、賜國姓號朱成功、屢與賊戰、互有負勝、每歲發船渡長崎、貨殖以厚軍備之利、稱其船曰國姓爺也、嘗聞芝龍少時貧賤、來寓平戶、賣履送歲、俗稱一官、娶妻生子、乃是森官也、芝龍歸明、討南海賊、能用兵有大功、時稱良將、擇爲福州之帥管南方水路云、寛永年中、憑商舶請長崎司、經官裁使其妻及森官得至福州、芝龍降時、其妻自殺、而森官所爲如此、皆言母子共存日本武勇之風、想夫芝龍以一隅對强大之敵、可謂赳々丈夫也、及其困窮不能全節者可以惜乎、或託名假義、欲營其自家乎、其中心果不可測乎、森官戰謀不劣於父、若天假之年、則不負成功之名乎、不幸短命、可以痛恨也、鵞峯文集載吳鄭論、

五島に五島一官といふものあり、芝龍か舊友にして、五島に住居し、領主の寵愛に

依て年を送りぬ、その一男子を、鄭成功平戸に留め置て友とす、既に鄭成功日本の御免を得て、福州に到るに臨て、五島一官か子を倡ひ往んことをねかひ訟ふ、公けも御憐愍ありて、その心に任すへしとの御事にて、一官か子鄭成功と同しく出船す、則福州城内に入て、鄭成功と一所に在て、晝夜坐臥を同ふして遊ふ事三年、城外四邊の名跡所々見めくり、近き程南京西湖等にあそはしめんといひて、さま〳〵日この馳走、美を盡せりといへとも、唯日本をなつかしと思ふ心しきりなりけれは、强て暇を乞しに、さまさま留められしかと、老親に事よせて、終に長崎へかへりぬ、此をのこ日本風俗にあらためゝ、清川氏久右衛門と號し、元祿年中迄存命居て、福建道所々の物語、國姓爺城中のありさま、男女の風俗、四季折節の儀式、城内正朔元三に門戸に松竹を飾り立る事、日本の如く祝きしたぐひ、鄭成功日本故郷を慕ふの意深かりしと見えたり、是より今に福閩の間、正月門松立る所多しと聞傳ふ、偖鄭成功か別腹の弟も按するに、田川七左衛門なるへし、前に辨す、長崎にありしを、福州よりむかへもせずして、長崎に居住せしか、後に國姓爺日本へ使船ありて援兵を乞し時、おのれ行ん事を願ふといへとも、公けの許しなくて、つゐに不行、援兵も又ゆるしなくして、むなしく使船は歸され、本朝へ珍貨の音物共も受給はすして歸されぬ、長崎夜話草、

芝龍寓于我邦、取妻生成功、此爲國姓爺、其子經亦能繼父志、奉明主數十年、孤立乎海島中、可謂義烈矣、淸歸葬其父子于安南、如田横故事、豈不美哉、然以難易較之、何翅霄壤、而横則載之正史、後之作者顯之詩文、千載不朽、如鄭者僅收之小說、人亦不大知之、可謂不幸矣、考槃堂漫錄、

丙申按するに、明曆二年なるへし、季冬の物語に、大明の亂の事、平戸一官、氏は鄭、名は芝龍、其弟鴻逵、芝龍子は芝彪、今代明人芝彪を呼國姓爺、按するに芝彪は成功の叔父なり、この書混淆して誤れり、歲三十七、又森官ともいふ、泉州福州漳州の往來は、皆森官か印證にて自由なりと云ふ、林塘筆記○按するに、この書以下この時の事にあつからす、かつ異說なれとも、參考にそんす、

後水尾の帝の寛永と改元ありし年、肥前の國平戸といふ所にて生れ出、後に唐土へ渡り、國姓爺といひしものゝ父は、唐土の鄭芝龍、字は飛黄、幼名は一官といひし人なり、明の世の末、熹宗といへる帝の世を治め給ひし頃、南安縣に住しか、家貧しく身落ふれて、世を過すたづきもなかりしかは、商船に乘て我國に來り、平戸の郷に止り、かすかなる栖を求めて、明し暮すうちに、さるへきすくせやありけん、里人の女を妻あはせたりしかは、程なく一人の男子をまうけゝる、里人の情によりて朝夕の煙りもたえず、兎角するうちに舊里に殘し置し弟をも戀しく、又はその由緣

の者の有様を見んとて、幼なき子を具して、遙なる船路を凌き彼地に渡りしに、世は早亂れて、海に近き國々には盜とも多くはびこりける、芝龍歸へき家居もなく、元よりしたゝかなるものなれは、顏思齋といふ者の徒黨の中に加り、弟の鄭芝虎、芝豹、鴻逵なとに尋逢ひて伴ひ、南海の中なる臺灣といふ、大なる島に立こもりしか、思齋程なく死けれは、附從たる軍兵とも、芝龍か膽ふとくて猛く勇めるを見て、皆これに從ひ靡き、其つかさとぞなしける、其弟いつれも劣らぬつはものにて、海邊の地を切取、寶を掠なんどせしかとも、世の騷きにまきれて、制する人もなかりけり、その子やう〳〵ひとゝなるまゝに、かゝる惡業の中に育なから、その心さまも貌も父より遙にすぐれ、孝のこゝろ深かりけるか、母の日本に殘りたる事をふかくなげき、朝夕東に向ひて伏拜みつゝ、一たび迎へ奉らんとそ誓ひける、十五歲になり、名は森、字大官と呼つゝ、彼國の大學寮に行、物學ひせしに、一を聞て十を知るの才ありて、博く古今の書籍に眼をさらし、兵法の書にも心を留めて勵みける、その時呉の國の金陵といふ所に、一人の相人あり、彼鄭森を見て大きに驚き、此人骨相常にあらす、後にはかならず世に武名をかゞやかすへし、文道を專とすへき生れつきにあらすとそ申ける、程なく李自成といふ賊起りて、北京の都を攻落し、帝を弑しける、雲南の司呉三桂といふもの、韃靼の夷をかたらひ、李自成を亡し主の讎を報ひける、されとも韃靼の軍勢おびたゞ敷競ひ來て、呉三桂も是に恐れて、いひかひなく夷に降り、明の親王たちもちり〳〵に成行し中に、唐王といふ人ありて、江南に落くたりつゝ、やう〳〵に旗をあけて夷を討んとするに、その勢よわくていかんともしかたけれは、彼鄭芝龍兄弟をかたらひて、福州といふ所にいまし、やかて年號改元して隆武とそいひける、芝龍はもと强盜の張本なれとも、これより前に明朝へ招降されて、遊撃將軍の官を給り、南海の口に城を築き、この時に至りて兄弟みな諸侯の位に登されける、芝龍幼より海路の案內をよく知りたる上、あまたの軍勢を從へ居たりけれは、南海に出入する商人、船の割符を出して其稅を取ける、年ことに千萬兩を得て、其富ること肩を比ふるものなし、鄭森もすでに帷幕に於て、隆武の帝の御前へ召出されしか、帝御覽して、あはれよき男かな、我もしむすめもちたらは、汝に妻あはすへきものをとて深くめて給ひつゝ、帝の婿に准へて、儀同駙馬の爵に叙せられ、御營中軍都督といふ官にすゝみ、御劔を賜ひ、姓を朱、名は成功とそ改させ給ひける、彼國の習ひにて、天子の御姓を賜はる官人をは、總て國姓爺と呼なり、これより前國姓爺は日本の母を迎んと、度々父に乞けれとも、軍に事多くて、いたつらに打過けるか、國姓爺今そ時を得て、大將の職に登りけれは、やかて人をして母を迎へとり、思ひのまゝに孝養をつくしける、父の芝龍元より盜賊の本性なれは、帝の爲に力を盡して戰ふ事をもせす、己か身の安堵をのみ思ひて、いたつらに月日を送りけれは、國姓爺これを歎き、さま〳〵にいさむれとも聞入れす、兎角する中に韃靼の貝勒王大軍にておしよせけれは、鄭芝龍か軍大に敗北して、隆武の帝もうたれ給ひ、母ものきおくれて敵の道にとらはれ、王老虎といふものこれに戯んとせしに、元より操はげしき女なれは、かたくいなみけるほとに、老虎大きに憤り、終にこれを斬殺しける、國姓爺は父に從ひ安平といふ所に有けるか、かくと聞て大きに歎かなしみつゝ、韃靼の夷こそ君の仇母の仇なれは、しはらくも共に天を戴じとそ誓ひける、父芝龍は諫を用ひす、あまつさへ韃靼の招きによつて降參せんと計りける、されともその子忠義の心深く、又弟の中に鄭鴻逵其外一族にも鄭彩、芝聯なとゝいふ者の降參すましきを知りて、貝勒王へ内通しけるは、我たとひ招きに隨ひて降るとも、子とも弟ともその外のもの中々隨ましきなれは、我身ひとり恥を受、あまつさへ彼者共か事によりて、遂には誅せられん事疑ひなし、兎に角仰に隨ひかたきといひけれは、夷の軍將貝勒王矢を折てかたく誓をたて、たとひ殘れるものともいかなる兵亂に及ふとも、此度降參せし人々は、いさゝかも罪すましとそいひ送りける、芝龍大きに悦ひ、同意のものを引具して、夷の陣にそ入ける、されとも諸共に物語して、國姓爺は年少しといへともしたたかなる者なれは、後には大なる韃靼の憂をなさんとそ歎きける、かくて國姓爺父か逃さりし事を聞て深く恥思ひけれとも、惡く計ひなは父の命を失れん事のかなしさに、しはらくは忠義の心をたえ引籠りて有しかと、やう〳〵彼誓ひを委しく聞出して、さては心安しとて、やかてそのほとりなる孔子の廟中へ入て禮拜し、我不幸にして父に捨られぬれとも、一天の君に頼まれまいらせ、國の敵、母の仇たる北の夷を討亡さんとす、父の方に向ひて弓引も恐れありといへとも、忠孝の二つなから全しかたき事をいかにせむ、今よりは文教をも廢し、武事を專とし侍れは、今まて着せし儒者の冠服をかへし奉るとて、これをやき棄ける、この時年は二十三とそ聞えし、かくて馳かへりつゝ、同志のもの九十餘人を催し、二つの船に取乘南方に赴き、廻文を馳て軍兵をまねき、所々にて合戰度々ありて、同安といふ所に陣を取て居たりしに、隆武討れ給ひて後、又明の親王永明といふ人、肇慶といふ處にて卽位し給ひ、永暦元年改元あり、勅使を下し成功を延平公に封じ給ふ、それより數十度の戰に手柄をあらはし、軍勢多く付添ひ、南方の國七十二ヶ所を攻取、その居所の名を思明州と改め、勢ひ甚盛んなり、永暦かさねて使を遣し、國姓爺を延平郡王の爵に進め、附從ふ大將甘煇、萬禮、黃廷、郝文興、王秀山、張煌言なんといへるものとも、みな一人當千の勇者なれは、夫々に官を賜り、延平王も此人股肱の臣とそ頼ける、永慶の十一年、按するに、崇禎七年のあやまりなり、韃靼の主の已に國號を淸と改め、年號を順治と改元せしより、十四年丁酉の秋按するに、我明暦三年に當れり、七月、延平王大に兵を起して北に向ひ、韃靼を攻んとす、その時の着到五十萬にそ餘りける、卽師を出すの表を書て、永暦帝にさゝけんとするに、敵の爲に道をさへきられ、使を通はすへきやうなけれは、北に向ひて禮拜し、表文をやきて頓て南京さして押寄ける、先手の兵は身に鐵にて作れる鎧に、豹の紋を畫きたるを着、顏には恐しき面を被り、斬馬刀といふ長き刀を持て、敵の馬の足を切らせける、これを鐵人と言て、夷とも大きに恐れあへり、諸軍船に取乘りて所々の軍に討勝、南京の城を攻圍、石火矢を放ち、隍を埋み、つゐに城の曲輪を打破る、韃靼の勢二の丸に取籠、こゝをせんどゝ防きけれは、さうなくも落す、されとも延平王の勢ひ南方に震ひて、韃靼より置し守の城とも多くはこれに隨ひ付ける、甘煇は老功の大將なれは、國姓爺を諫ていひけるは、今韃靼方の城々多く降參すといへとも、殘りて味方の害となる城とも猶多し、今大きなる勝を得たれは、一まつ引退き、近國の城共を盡く打落し、南京を裸城にして、爪鎭の城に味方の兵を多く籠置き、南北の道をさし塞き、韃靼の救ひの勢をおさへすんは、思はさる外に利を失ふ事出來りなんといひけれとも、延平王は國の仇母の仇を報ふ心の切なるまゝ、一筋に北に向ふて攻取んとせしゆゑ、この諫を用ひさりしこそ殘念なれ、かくて韃靼の加勢後より襲ひ來りて、城の兵内より打て出けれは、前後に敵を受て敗北し、味方多く討れける、延平王は、思明州に歸りて、討取れし忠臣の爲に廟を築てこれを祭る、中にも甘煇を第一とす、其時にこそ吾もしはやく甘煇か諫に随はゝ、かくの如くならしと歎きけるとかや、韃靼の夷大軍を催し押續きて思明州を攻けるに、延平王ことゝもせす悉打やふる、是より後大に恐れて、延平王父子の代には攻寄る事なかりける、その後に阿蘭陀の出城をかまへて立こもりたる臺灣といふ所を攻落して引籠りける、この地は廣き事二千里に餘りて、北は福州に對し、南は小琉球に近く、五穀豐饒なり、南海の中にありて、めぐりは岩石聳へて船を寄る事なりかたし、只一すちの船路有て往來すへし、その要害の堅固なる事天下に並なし、その始は父芝龍か栖ける所なれは、延平王もこゝをは根本の地と定め、承天府と名付、また東都ともいふ、その母日本の人にて、我身已に其國に生れたれはとて、深くこれを慕ひ、年の始には家ことに松竹を立、注連繩を引て、此國の風儀を學ひける、明のとし延平王三十九にて傷寒といふ病を受て空敷なりぬ、此人の生れ付尺高く淸らかにして、ちからあくまてつよきか、才智のすくれたる事も亦雙ふものなし、天性物に動せす、或城を攻るに、敵の打礫雨の如くに來て目の前に落れ共すこしも退す、進む時は士卒に先立て下知をなし、引時はいつも後陣をおさへて味方を守りける程に、多くの兵とも皆恐れ敬ひけるとなり、諸家随筆載落栗物語〇按するに、冗長に似たれとも、成功か全傳をみるへきため、姑く全文を収む、

寛文三癸卯年、成功の子鄭經長崎奉行に書を來して、この事采用書に年代を記さゝれとも、鄭開の來簡に、去年成功死去とあり、成功の死せしは康熙元年にして、我寛文二年なれは、今推考して、今年の事と定む、さきに預け置し貿易銀を請取、亡國中興の資とせん事を願ふ、時に一族鄭開よりもまた書を贈りて訴ふる旨あり、これ叔姪不和なるによりてなり、奉行より返簡等の事いま詳ならす、のち延寶三乙卯年、かの銀を返し賜はるにより、同五丁巳年、拜謝として奉行以下に書儀を贈れり、

寛文三年

長岐王殿下書　嗣封世子制鄭經稽顙拜恭候

台禧　　副啓一通

啓、比慕高徽、思相結納、緣隔部洲、通問不數、然萬里馳神、常懷耿耿、恭惟長岐王殿下才擅擎天、勳高沐日、已名外國、而達中土矣、間者逆宗鄭泰獍獍、匪徒蒙我先大師平國公按するに、平國公は平鹵侯なるへし、辨前に出す、提拔恩養、重加委任、迄我先王、寵以戶官軍興糧儲、一聽出入、帑藏啓閉、悉授管鑰、至各港諸洋、

貿遷資本、倶委營國、以裕國計、此殿下二三執事所能通曉其始末也、詎意鷹不化眼、雛思啄群、欲擅鑄山之權私圖耦國之釁、前乘我先王賓天、密構叛將黃昭謀逆、我遣李熊持書相通、陰行弑君之計、現有遺書可據、近又勾虜作逆、賣國求榮、經密訪情眞、不得已聲正其罪、以戒叛逆、茲鄭泰已懼罪自縊、其弟鄭開亦率衆叛去、削髮歸虜矣、緣稽査數籍、先王歷年、所發與鄭泰到貴君貿易之船、銀貨尙多寄積、茲特遣協理刑官蔡政敬致魚凾、、統冀炤察、取交原銀、運回以資恢勦逆虜之資、異日國朝中興、獲奏微績、皆殿下之賜也、臨風馳注、毋任翹企、不宣、

名　具　正　幅

七月十一日仲

錦舎鄭經より長崎の奉行へ贈る書簡のやわらげ、日ころ高き風儀を慕ひて交りを結はん事を思へとも、國を隔て島を隔て音問もまれなり、然れとも心は萬里に通ひ、常に想像るの心やます、謹てをもんみれは、長崎王才すくれ德たかくして、その名外國へ聞え、明朝へもかくれなし、このころ我同姓の內鄭泰といへる曲ものあり、この者は元來我祖父大師平國公按するに、鄭芝龍は平鹵侯なれは、誤寫なるへし、とりたてのものにて、恩を加へ官職もあたへ役人とす、我父先王いよ〳〵懇をくはへ、軍中の入用金銀兵粮幷諸色の出入をうちまかせ、鑰を渡し置き、そのうへ國々

の湊へ遣す商賣船の事まて支配せしめ、國家のたすけにいたす、その事をは長崎の輩もくはしく聞及ふへし、彼もの不慮に惡心をたくみ、鷹の目の及はさるところにては、雛とものたかいにくひあふことく、をのれか權柄をほしひまゝにし、國をうはふの志あり、我父先王の世を棄るをよき折節と思ひ、謀叛人の大將黄昭といふものゝもとへ、李熊といふものを使者にて書狀をとりかはし、君を弑すの計をたくむ、その書狀あらはれて證據分明なり、そのうへ韃靼へ回忠をいたし、榮華を求んとす、その事露顯分明なるにより、同姓のよしみありといへとも、やむことを得すしてその罪を正し戒め置くのところに、鄭泰罪の逃れかたき事を恐れて、自首くゝりて死す、その弟鄭開といふもの、をのれか手勢をひきいて謀叛し、髮をそりて韃靼へ歸伏す、これによりて鄭泰かあとを沒收し、年々の帳面を穿鑿すれは、我先王の代に鄭泰に申つけ、數年日本へ遣す商賣船の殘銀長崎に預け置く事多し、これによりて今蔡政と中官人を使者とし書簡相添、請取に遣す處なり、願くは奉行所にてこの趣を聞屆られ、本銀を返し給はらは、韃靼と合戰の用意の助けとすへし、重ねて明朝を中興して、基本意をとけは、長崎奉行の惠みなりと存すへし、これによりて風にまかせて使者を馳せ、その元の返事を仰き望むものなり、不宣、

七月十一日

日國長崎鎭二位王爺書　侍弟鄭鳴駿頓首拜

台禧恭候　副啓壹通

啓太子太保戶部尙書同安伯鄭、致書于日國長崎鎭王藩下、先宮傅兄與貴國通好、往來已歷多年、深荷貴國信義昭著法度畫一、雖海天寥濶、未甞不兩心相孚也、緣年來㴱國紛擾、凡所發到貿易貲本、每歲約量帶回、其餘盡貯頓貴國、俱伏貴通事、代爲收藏、因去年先藩弟捐館、逆姪錦年少愚騃、日爲奸究、簸弄離間至親、涎先兄微貲、覬圖呑噬、於六月初八日、請先兄入鷺門、計事設局、覊留勒索重賂、先兄不勝憤恨而死、凡所有重貲、槩被掠出、仍跟尋歷年㴱、任事之人、如家表洪未舍與黃興老陳震老等、盡爲覊禁、僕幸在浯島、得免於難、乃率所部舟師、附屬淸朝、會師致討、茲聞逆錦將未舍等家眷兒留爲質、特遣蔡政監押前來、仍舊任事張元同爲作祟、巧辭奸計、希圖混取先兄及弟寄帳、不思先兄蒙難、亘古大變、遐邇痛心、耳目昭彰、貴國法紀嚴明、如前年紅夷刼掠陳軫船貨、尙荷追究、矧明白寄頓、肯容奸賊混取、未舍等、皆肺腑至親被迫而來、出於無奈非其本心言不可、龔二娘林賢顏若楊晃張榜等來、在未變之先、二娘忠厚古意、凡事悉聽主裁、欲令暫留貴國祈兪允、加意炤管、先寄銀兩及今年林賢顏若等所賣銀、仍舊安頓、俟來年事局平定、當委的人前來文領、如此則貴國信義、始終無二、永佩大德、寧有涯哉、臨潁曷仭瞻溯、

名具正幅

左玉

鄭開より長崎の奉行へ遣す書簡のやはらげ

某か兄鄭泰、長崎へ好を通し、往來年歴たり、ふかく日本の仕置あきらかなるを承り及ひ、はる〳〵海を隔つといへとも、兩國のまことかはらす、然れとも年比國に兵亂うちつゝきて、其たすけのため商賣船を遣、餘り候金銀をは長崎の通事にあつけ置、然る處に去年森官死去に付、その子錦舍年わかく愚痴にて、いたつら者ともに諸事を裁判させ、したしき中をわすれ、我兄の少したくわへたる財物を奪んとたくみ、六月八日相談の事ありとて、我兄を鷺門といふ處へまねきよせ、ゆゑなくとらへいましめ置、財物をはたか、わか兄いきどふり恨て自害す、家財悉く掠とられ候、その上に年々商賣船の事をせんさくし、船頭洪未舍黃興老陳震老等をとらへいましむ、某は幸に浯島といふ處にありて難をまぬかれて、自分の船幷人數召つれ清國へ歸服し、その軍勢をかたらひ錦舍を討んとはかる、此ころ承及候へは、錦舍洪未舍黃興老か人質を取て、此兩人の船頭に蔡政といふものをさしそへ、長崎へ遣し、我兄のあつけ置銀を奪とらんとす、兄か召使候張元と申もの、錦舍にへつらひ樣々の僞を申、右の銀をとらんとはかるよしなり、我兄の不慮の難に逢ことは、古今まれなることなりと、遠近ともに憐みいたみ候ひし、日本の政道たゝしく明なるによつて、先年按するに、寛文元年、柔佛出の臺灣船を蘭人刧掠せしをいふ、をらんた人唐の商人陳軫か船を掠め候時も、明白にせんさくありて取かへし、陳軫にあたへらる、況やこの度のあつけ銀はたしかなる事なり、洪未舍等は我家の取立の久しきものなり、錦舍にせめられて心にをもはさることを申候とも許容せらるへからす、龔二娘林賢顏若楊晃張榜なと申船頭は、亂より以前に長崎へ出船するものなり、龔二娘は律義なるものゆゑ、萬事商賣の事をまかせ候、願はくは長崎にしはらく留をかれたまはり、前かたよりあつけ置ところの銀幷に今度林賢顏若等か賣船の銀、前々のことくあつけをきたく候、來年事しつまり候て、たしかなるものをわたし改めうけ取へく候、右の通りに許容せられは、いよ〳〵日本の信義前後かわさる事を感し、なかく恩德限りなくをほひなることをわするまじ、是によりて書簡をつかはすものなり、

延寶五年七月六番思明州船頭龔二娘幷黃熊官申口一錦舍事、父國姓森官より只今に至り大淸を敵にうけ、大明に之忠勤終に怠事無御座候により、數年以來別て吳三桂に致合心、世を大明に翻し可申とて、肝膽をくたき申候ゆゑ、この頃は福建之內にて五府、又廣東之內にて二府手につけ、漸勢を振申候所に、天運未叶不申候歟、右

肝膽　きもったま

七府ともに去年十二月の頃より所々の變亂により、七府ともに致變失候、此變失之最初之根元は、錦舎と福州之靖南王不和に罷成、福州は眞中にて、上は浙江之大清勢、下は錦舎勢に被取狭、可安堵様無之により、靖南王又大清に再ひ翻り申候、錦舎と不和の子細も、福建の內汀州府邵武府此二府、靖南王方より劉氏の大將を守護に召置申候處に、此大將大清に背き、則右之二府を以錦舎手に屬し申候得者、錦舎より左武衞之官裴氏之大將を右之劉氏に相添、就中堅固に相守罷在候、依夫靖南王存申候は、福建八府之內を五府まて錦舎に屬し、軍威彌つよく罷成候得者、福建の分間もなく錦舎所領に罷成にて可有之候、縱此方よりの守護の大將變亂を起し、錦舎に屬し申候とも、錦舎も故なく領承仕筈にて無之にと、ふかく遺恨をふくみ、無據重て大清に罷成、則大清方之總大將康親王と申候を、大清の帝康熙王より福州に並ひて省浙江まて指下し召置申候を、靖南王その期になり、右康親王を福州へ迎入て、其身彌大清方に翻り申候、左候てより錦舎へ屬し申候、汀州府邵武府の劉氏の大將へ、靖南王方に罷在候諸將の內に、前々より右劉氏之者にちなみふかき者共に御座候て、謀をめぐらし候て申含候は、錦舎より被召置候其方相守護の裴氏の者不慮に錦舎に背き、此方へ屬し可申よし讒言仕、又裴氏之者へ變亂可仕由申之段僞り申含候により、裴氏之者存申候は、總ては劉氏之者の元よりの故城にて有之に付、軍權もつよく候得者、如何樣我等を可害事可有之と疑を起し、言葉の試をも仕候所に、劉氏之者元より無野心事に候得者、達て申つけを仕候程、彌裴氏方より疑をなし申により、裴氏之者錦舍方へ引取申候とて出城仕候を、劉氏より色々相とゝめ見申候得共、とゝめ申程害心有之と心得、汀州を立のき申候に付、劉氏之者無是非あとより附き慕ひ、是も立のき申候て、劉氏之者は自然又錦舍へ讒言の事も可有之と存、廣東之潮州府に罷在候錦舍之軍大將劉伯爺と申ものへ賴參り申候得者、此劉伯爺も疑ひをおこし、受け入不申候得者、劉氏之大將是非に不及、妻子不殘刺し殺し、その身も自害仕申候、この儀錦舍へ相聞、さては裴氏之者疑ふかきゆゑ、大切なる忠臣を殺し候と深く愁嘆仕候て、裴氏之者を不忠獻地之咎に相極め、當三月に裴氏之者之頭をうち、少しく欝憤を晴し申候、右汀州邵武之二府變失之根元により、漳州泉州幷に廣東之内惠州潮州變亂も右之基にて御座候、殊に正月九日に、錦舍領地興化府に於て、福州勢と錦舍勢一戰之節も、兵卒共令變亂、錦舍方勝利も無之、城主之趙伯と申大將討死仕候、其節福州勢も三萬餘、又錦舍勢も三萬餘にて御座候、同勢にて勝負を決し候はゝ、錦舍方無難勝利を可得之處に、右之通り兵卒之變亂にて敗北仕候、その後二月七日八日兩日に、泉州府幷ひに漳州府も致變亂、大淸方に罷成申候、泉州之城主は林中衝と申候て、錦舍大切に存候大將にて御座候所に、無面目存、即時出家に罷成居申候を、錦舎も惜み申候て、只今は錦舎元に罷在候、漳州之儀者、則錦舎自身罷在候へ共、變亂之儀存寄も無之候得者、無是非漳州之城を立のき、只今厦門に引取罷在候、只今漳州之城に候則康親王、ならびに靖南王も同陣に罷在候、これは廣東表を攻め申ために、福州と廣東之間漳州に罷在事に御座候、此間又太子會と申候て、大明之末世崇禎帝之第三之王子のよし申立、諸方より義兵を揚け、其勢一萬餘も可有御座候、內三千餘存寄も無之不慮に泉州之城へ攻め入り、大清方を朝之間に追拂申候を、大清方より能見申候得者、漸數千人有之候に付、同日之晝程に、大清方大勢にて追拂申候得者、一人も不殘皆々逃け散り申候、大清方は朝之內に存寄も無之に付、少々雜兵被討申候もの御座候、太子會之者は一人も死失御座なく候、右之通義兵なとゝ申候て、山中海邊に徒黨を結ひ、或は數千人或は萬人に及、大清方を亂奪仕候事多く御座候、今度錦舎前後敗北之儀も、尤右に申上候通り、手前より之變亂に御座候得とも、畢竟は又兵粮にさし詰りての事にて御座候、總て錦舎儀別て仁德慈愛ともに深き大將にて、民百姓をそこなひ申候事會て不仕本意に御座候、兼て申候も、民百姓無之候ては、縱城郭を持構申候ても無益事に候、兵卒は少々難養候とも、民百姓においてすこしも痛め申候事、大事を存立候根元を失ひ候とて、只人民を愛し候を本と仕候、民百姓に理不盡の課役にても懸け候はゝ、兵卒養ひ候事も成事に候へとも、會て左様の事を不仕大將にて御座候、依夫兵卒共へのふれながしにも、何法へも參度者之分は、勝手次第に仕候やうにと再三申觸候より、兵粮繼きなきものともは、不殘諸方へ打散り申候、併その兵卒ともゝ、大清方にも歸府仕り不申、諸方之山々谷々にしのひ居、錦舍兵粮有餘之時節を相待罷在候志にて御座候、扨泉州之城には、大清方より提督之官段氏之者を召置申候、只今はまた泉州も漳州も錦舍へ志有之者共、大清方之諸將之內より錦舍へ內通いたし、大清方之兵卒も多く無之候間、是非又勢を被向候へ、我々迎可申と右兩所より申來候へとも、錦舍存被申候にも、縱只今兩城共に手に附候ても、大分に兵卒共安置無之ては城も守りかたく候、兵すくなく候て、重ねての恥をかき候はんより、先厦門にて軍威を養ひ、時節を待可然と申事に御座候、殊に吳三桂上方に於て諸省を討取堅固に有之上者、明朝に可翻事も容易事に候、上之方は吳三桂次第に打寄り申候へは、下之方は無甲斐なからもそれがし令出張罷居候、福州之儀は我等と吳三桂之間に被挾有之事に候間、何時も此方兵粮次第に掌に入候事に候とて、泉州漳州之兩所へ入城之事、合點仕不申罷在候、とにかく兵粮乏く御座候て、是を專一に存事に御座候、

一漳州之城に守護仕罷在候大清方之康親王、靖南王に被致評議、先輕く以使者被申

越候は、年々その元も此元も軍戰やみ間も無之、士卒ならびに人民ともなやみのみに罷成、所詮無益事に候條、錦舍名代を被出、髮を剃らせ、清朝へ歸附においては、則漳州泉州之二府を可宛行、錦舍儀者大明之世を深く被慕事に候間、縱髮を剃り不被申とても不苦候、心儘に安樂被致候へかしとて、大淸方之翰林之官李光第と申候泉州人、和融之使者越可申之由、私共出船之刻申參候、此儀はとても同心有之間敷と諸人申事に御座候、大淸方より錦舍を殊の外むつかしく存躰に御座候、第一士卒之軍死人民之課役、皆以變亂之基にて御座候、其上兵粮續き不申候により、和睦に仕度本意不淺よし申候、

一廣東之平南王も、最初には變亂之心も無之、折節兼て吳三桂より廣東之相守護に馬雄と申候名大將を、吳三桂より召置、堅固に御座候處に、吳三桂於湖廣に、聟一人一軍之爲大將、湖廣之內攻させ申候へは、聟之一陣敗北仕候て、大淸方に氣を取られ申候により、右廣東之城に召置申候馬雄を湖廣へよひとり申候て、右聟失陣之處は又また取かへし申候、吳三桂も廣東之儀別儀有之間敷と存、馬雄を呼取申候へは、錦舍軍機を失ひ候段、平南王承り申、殊に馬雄居不申事に候ゆゑ、重て大淸に歸參仕候、依夫廣東根城之勢つよく罷成候へは、錦舍手之劉伯爺と申大將、惠州幷潮州之爲守護罷在候得とも、大淸方に可勝やう無之と存、先髮を剃、是も大淸に翻

り申候、
一私とも出船仕申候節、呉三桂より錦舎へ、當六月中旬頃に飛札被指越、勝利之吉左右を申來候、何國を如何やうに取申との事は存不申候、先は吉報申來候と承申候、
一龔二娘幷に黃熊官二人之儀、前廉鄭祚爺銀御當地へ預け召置申候を、鄭祚爺孫奎舍幷に鄭開爺子按舍書簡を指あけ、右預け銀請取申度よし申上候處に被爲聞召分、去々年卯年に預け銀皆々御渡し被爲下候、依夫去年も早々爲御禮今度乘渡り申候船を仕出し、私とも二人之者乘り合、去年七月十八日に思明州を出船仕候處に、八月朔日に洋中にて惡風に逢、同三日に梶柄日本迄折り申候ゆゑ、船之儀乘り戾り相渡申事罷成不申候て無是非存申候、依夫今度則去年之船に私共二人、奎舍按舍より申付、御兩奉行所樣へ御書簡幷に纔之御進物さし上申ために越申候、次に末次平藏、高木作右衞門又者町年寄四人、また唐通事までに禮物遣し申候、唐通事へも書簡一通越申候、右預け銀永々御當地へ預け置、無相違御請取らせ被爲下候御禮之ため計に御座候、
右之通、龔二娘、黃熊官二人申上候に付、書付指上申候、以上、
巳七月十二日
唐通事　彭城　二左衞門
同　林　道榮

同　穎川　藤左衛門　　同　　東海　德左衛門
同　林　　甚吉　　　同　　西村　七兵衛
同　陽　三郎右衛門　同　　彭城　久兵衛

以上、華夷變態〇按するに、龔二娘等の口書は、下條延寶二年の次に出すへけれとも、鄭經父祖の業を繼きし事より、預銀御返しの事等に及へるをもて、便覽のためこゝに附す、

通航一覽　巻之二百十三　終

通航一覽　卷之二百十四

唐國福建省臺灣府部十

○鄭氏援兵願等附風說

延寶二甲寅年六月三日、長崎奉行牛込忠左衞門より、鄭經等の事によて、來船唐商の風說書を以て、江戸に注進あり、同六日林春常に讀しめ、老中列座にてこれを聽く、のちまたしばく〱風說書を奉る、鄭經延寶七年北京勢と和睦あり、其子克塽のとき、天和三年終に淸に降る、かの康熙二十二年の事なり、

延寶二甲寅年六月

縱長崎福州船風說書一通、吳三桂錦舍檄書二通、同和解二通、以上五通、牛込忠左衞門方より次飛脚にて昨日被差越候、御覽にて御寫置、本書明後六日に御城へ御持參可有之候、以上、

六月四日　　　　　　　久世大和守按するに、久世大和守は老中廣之なり、

弘　文　院

福州出し船之唐人共申口

一雲南貴州南省の守護平西王、名は吳三桂と申候、幷廣東の守護平南王、福建の守

護靖南王、何れも明朝の恩臣にて御座候處に、大清の代に成、運にしたかひ、皆々親王に罷成、高位に登り居申候得共、何れも重代明朝の恩臣にて御座候得は、欝憤終にはれ不申罷在候、殊に平西王儀は明朝失國の節、崇禎帝の第三の王子三歳に成申候をかくし置、介抱奉成召置候、然處に去々年大清康熙王より、右三王ともに預りの軍兵の權を削申さんとて、皆々北京へ手勢はかりにて可參候由勅命有之、其上六ヶ月の間所々の士卒に兵粮も宛不行、政道彌不道に罷成候に付、これを時節と存定め、平西王より廣東福建の兩王へ、義兵を企申密通いたし置き、平西王は去々年十一月に入京に事寄せ、雲南を罷立四川まて參り、四川にて百六十萬程の人數にて義兵を起し、四川の守護張部院を害し候得は、四川は無難降參仕候、それより又雲南へ引取、清朝の諸官共を降參いたさせ、或は害し、事靜て後、右介抱仕置候王子を當正月朔日寅の刻において即位なし申、年號をも周啓元年に相改、則檄書を福州の靖南王幷諸方の諸官其外東寧錦舍へも遣し、海陸より清朝を討伐仕筈に相定り、平西王は當正月中旬に湖東へ發向仕、湖廣十五府之內九府打取申候、平西王幷おいを陝西へ遣しせめさせ申候處に、陝西も半分程は降參仕候由承候、廣西は女王にて有之候處に、是も同意仕候、廣東の守護平南王は同意仕候得共、手勢多無之故、卒爾に義兵は起し不申、先靖南王幷錦舍方へも加勢をこひ罷在候、是もたかひに合心の儀に御座候得は、追付義兵を起し可申候、靖南王は當三月十五日に福州において義兵を起し、同十七日に國中に制札を立、靖南王其外附隨ふ諸官共に不及申に、萬民までも髮をたて、まんきんをかふらせ、衣服も明朝の制法に改申候、萬民亂奪の事も無御座、安堵いたし罷在候、只泉州一府の儀は、王提督と申者守護にて罷在候處に、最初は敵對の心有之、泉州不殘亂奪仕候得共、又心を翻し、靖南王へ降參仕候、其後靖南王四月初より人數二十四萬程を段々に南京へ指向申候、又錦舍儀は元より此節を相待罷在候得は大に悦、則人數十萬程、船大小九百艘餘、是も段々に南京へ發向仕候、但福州に在之候兵船の分、皆々靖南王より錦舍へ遣し申候由受候、錦舍は六月初に東寧を出、靖南王と南京にて勢を合せ申筈に御座候、廣東の平南王も、右之通合心の上は、是以別儀無之南京へ押よせ可申と萬民申事に御座候、其外一同のもの共、其數難知御座候、今度の樣子にては、南京浙江さへ打取申候はゝ、其外の國々は容易大明に成可申と諸人申事に御座候云々、

延寶二年寅五月

唐通事　彭城　仁左衞門　　同　　柳屋　次左衞門

同　陽　總右衞門　　同　　林　道榮

同　東海　德左衞門　　同　　林　甚吉

同　穎川　藤右衛門　　　同　　西村　七兵衛

同　下田　彌三右衛門

右延寶二年甲寅二月三日長崎より江戸へ注進之

欽明招討大將軍總統使世子罪臣鄭㮶文、中國之視夷狄、猶峩冠之視賤履、故資冠於履、則莫不忿淪夏於夷、則孰不感媿、凡在血氣之倫、寧無羞惡之心、但運數使然、莫可奈何、是以犬豕餘孽、輙干閏位、遂使我明三百年之天下、一旦胥淪爲夷狄、豈盡無忠義之士哉、洪惟二祖列宗、豐功偉業、澤潤民生、踐土食毛、世承君德、卽有亡國之禍、非有失道之主、而煤山龍馭、死守社稷、尤忠臣義士、所推心而感泣者也、狡虜徒以詐力奪我天下、竊據之後、爲虐益深、烝婬之醜、上及骨肉、殺戮之慘、下逮狗彘、官方貪婪、役賦繁重、歷觀胡元之政、未有敗壞如今日之甚者、我先王忘家爲國、抗夷於方張之際、固嘗敗之於海澄、敗之於護國、敗之於鎭江、敗之於思明、所至殲其名酋、擒其渠帥者、不可勝計、卽予嗣位之初、亦嘗敗之於烏沙、斬其僞侯馬德光、續以糧運不繼、因退屯東寧、生聚敎誨者一十餘年、庶幾勾踐之圖、無墮先王之志、今者虜亂日甚、行事乖方、積惡已稔、天奪其魄、以致吳王倡義於滇南、耿王反正于閩中、平南定南各懷望、秦蜀楚越莫不騷動、人望恢復之心、家思執箠之逐、正符廿八之謠、適應大虎之讖、此政夷虜數窮之會龔行天誅之日也、予組練百萬、樓船數千、積穀如山、不可紀極、征帆北指、則燕齊可搗、遼海可跨、旋麾南向、則吳越可掇、閩粵可聯、陸戰而兕虎辟易、水攻而蚊龍震驚、所願與同志之士、敦念故主之恩、上雪國家之仇、下救民生之禍、建桓文之偉業、垂靑史之芳名、凡諸文武官吏、不論滿漢、有能以城邑兵馬反正歸附者、各炤原職、加陞委用、其有前係舊將中道離去者、悉赦不究、一體收錄、方今以國事爲重、不必以小嫌介意、聞有奇才異能者、可赴軍前投牒、量才擢叙、大師所過、秋毫無犯、非得罪社稷及抗我戎行者、一無所問、嘉與士民同建匡復之勛、永快昇平之樂、刊布直省、咸使知聞、故檄、

永曆貳拾捌年肆月初一日

東寧鄭錦舍諸方へ廻し候檄書の和解

欽命招討大將軍總統使世子の罪臣鄭氏傍注、錦舍、致檄文候、中國より夷狄をみる事、猶貴き冠のいやしきくつをみるかことし、故に冠として履に隨事を誰かいきとほらさるものはなし、中國として夷狄にしつみ候事を誰か不媿、血氣有之輩、何そ無羞惡の心歟、但運數の令然所いかんともする事なし、是以犬豕の餘種專位をけがし、終に我明朝三百年の天下、卽時に夷狄にしつむ事、何そ盡く無忠義の士哉、ひろくおもんみるに、一皇祖幷歷代の祖宗、功業大にして澤生民に及す、土を踐肉を食程の者、世々君の德をうけしなり、尤亡國のわさわひ雖在之、更に無道の主君に

はあらす候、然るに煤山御幸の儀、死に被及候まて社稷を守り給し事、忠義の臣士胸を推し催感涙者也、韃靼がたばかりを以我か天下を奪ひ、位を盗みて後、暴虐彌深く、婬亂の恥は上及眷屬、殺戮のかなしみは下畜類にまていたる、諸官貪を専にし、役儀繁くす、つら〳〵胡元の政をかんかへみるに、無道なるもの只今のことく甚はなし、我先王國のために家を忘れ、夷狄の出張をふせくに、先於海澄傍注、所之名、彼をやふり、於護國も彼をやふり、於鎮江も彼をやふり、於思明も彼をやふり、到處において名將を討、其賊首をとらへ候事不可勝計、予か嗣位の初にも、又彼を於烏沙やふり、彼か僞將の馬徳光を傍注、韃靼之將、打候得共、其節兵粮不續候に付、東寧へ令退去、兵粮人數を集て鍛錬を専とする事一十年にして、勾踐の謀事をこひねかひ、先王の志をむなしくせす、すへからく韃靼の亂政日々に甚たしく候、法道を背き惡事既に積り、天道にも其魄を奪はるゝにより、呉王傍注、呉三桂か事、滇南にて義兵を催し、耿王傍注、靖南王事、閩中にて正きに反る、平南王も定南王も各其望をふくむによつて、秦蜀楚越大きに騒動して、人々心に中興を望み、家々に鞭を取ておわんとをもほさる者はなし、誠に二十八狄と云傍注、到底還胡廿八狄と、前廉より申傳し也、傳て謠歌にかなひ、大虎といふ傍注、大虎出山方睡覺も、前廉より申傳也、ことわさに應す、誠に韃靼の運數つき、天誅を受るの時節也、

勾踐　越の国王

閩　現在の福建省

予百萬の兵卒を鍛錬し、數千艘の兵船をこしらへ、積置兵粮等限りなき事山のことし、兵船北におもむく時は、燕齊をもうちつぶすへく、遼海をも容易可越、旗を南に向けは、吳越をもひろひとり、閩粤も隨へし、陸の戰は虎兕も逃去り、海上の攻には蛟龍も可驚候、願くは同志の士有て、あつく故主の恩をおもひ、上は國家の寃をはらし、下は生民のわさわひをすくひ、桓文の洪業をかまへ、其名をかうはしく靑史に垂るへし、凡文武の官吏、滿州中國の者に構なく、正朝に反り、城郭兵馬等をもつて歸附するものは、各其元の官職次第に令加增可召使候、縱前廉の舊將中頃より退去る者たりといふ共、一同に前非をゆるし可召抱候、此節は國家の儀可爲肝要に付、些少の儀はかわらす候間、若奇才異能のもの有之は、軍前へ參し返狀をも可差上候、其才智をはかつて可宛行也、大軍の赴く所毛頭も於其所にをかす事有間敷候、罪を社稷に得る事なく、次には我軍兵の行先をさまたけるものは、一つとして不及咎候、能々士民と同く興復の功をなし、永く太平のたのしみを可悅、是を板行して直省に傍注、南京北京を南直北直といふ、省とは十三省の事也、告るの間、あまねくこれを爲令聞知也、檄告如此、

永曆二十八年四月朔日

此檄文の和解本文と考ふれは少々相違有之、按するに、この間吳三桂の檄文幷

燕齊　国名
閩粤　福建省と廣東省
虎兕　虎と野牛
蛟龍　鱗のある龍
社稷　朝廷

その和解等を載せたれども、この條にあつからさるをもつて刪去す、下同し、

改定鄭檄和解按するに、これ林道春の和解なるへし、

帝王の命を受玉はり、國々の兵を招き、韃靼征討の大將軍總司、一國に封らるゝ王の家督、罪ある臣鄭氏の某檄文右は錦舍か官職なり、錦舍か祖父も父も一國の王たり、其總領家督の世子と中候、斯のことき の身たりといへ共、年久しく敵を亡すこと能はさるに依て、罪ある臣下と自稱せり、鄭は錦舍か氏也、出軍の前板に書付、諸國へ觸るゝ文を檄と云也、

中國とゑびす國とは冠と履との如し、しかるを冠を以て履とするときは、これを見るものいからすといふことなし、中國のゑひすに奪るゝは、誰か恥敷思はさらんや、凡人と生るゝもの、何そ是を恥にくまさらんや、しかれとも是も運命によることなれは、いかんともすへきことなし、しかる故に古より犬猪のことくなるゑひす、中國の帝の位を竊むことこれなきにあらす、近頃我大明國三百年の天下、韃靼のゑひすに奪る、この時何そ忠義を盡さんと欲する士なからんや、謹てをもんみれは、大明の元祖より代々の帝王功業ゆたかに大にして、恩澤萬民にをよひて、世々君の徳恵を受ること久し、思はさるに國亡ふの災あれとも、君の道を亡ふ故にはあらす、崇禎の天子煤山といふ所にて崩御の時、いさきよく自害ましまして、先祖をはつか

しめす、是忠臣義士帝の心をおしはかり、感涙を流す所以なり、韃靼のゑびす共偽を以て大明の天下を奪ひとりて、悪虐婬亂甚たしくして、親き親類の分ちもなく、人を殺すこと限なくして、犬猪までにおよふ、其上官人共貪りみたりて、諸役を下々にあつる事しけくおもし、昔の元の世の政も、今の韃靼のしわさのやふなるからく苦しきことはあらす、某か亡父森官か國のために志を盡し、其家門をかへりみす、彼ゑびすの勢盛なる時にあたりて義兵を起し、海澄護國鎮江思明の處々にて合戰し、其大將をあまた打殺せり、某か父のあとを繼し後も、ゑびすを烏沙といふ所にて打破、彼大將馬德光を打とる、しかれ共兵粮つゝかさるによつて、軍を東寧に退く、猶再興の用意をなすも十年餘也、古の越王勾踐かことく謀をめくらし、亡父の志をとけんことをねかふ、この頃にいたつて韃靼の政いよ〱みたれて、積悪既にきわまつて、天よりゑびすの魂を奪へる時至たるに依て、呉三桂は義兵を鎮南といふ處に起し、耿王は閩中という處にて、大明を正しきにかへさんと欲す、其外平南定南の守護も、各同意の思ひあり、秦蜀楚越の國々騒き動ひて、人々皆大明の中興をのそみ、家々ゑびすを打拂はんと思ふ、此前方より、廿八年をへて大明再興すへし、山より虎出てねむりさむへく、と云へるわらべうたあり、是年我祖父の唐王をもりたてしより廿八年にあたり、としも虎にあたれは、是誠にゑびす運きわまつて、天罸にあたるへき時いたれり、某か軍兵百萬、兵船數千艘、兵粮山のことくつみて用意せり、兵船を北にいたせは、燕の國齊の國うちしたかゆへし、遼水の海轍越へし、旗を取て南に向はゝ、呉越の兩國も閩奥の兩國も手につくへし、夫より陸路にのほりて戰はゝ、虎もおちをそるへし、又水邊に敵を責めは、龍もおとろくへし、願はくは我と志を同せん士は、故主の恩をおもひ、先帝のあたをすゝき、萬民の災をすくひて、古の齊桓晉文のゐびすを拂ふ功業をたて、名を後世の書籍に殘さんことを欲すへし、凡文官武官の輩の內、其領する處の城郭兵馬を以て御方に參るものあらは、官職を進むへし、又大明代々の官人の內、近年韃靼に從ふものも、早く降參せは、其罪を赦すへし、大明中興事とけんことを重しとする故に、少々の疑しきあるをは心にはさむへからす、若又才能の人にすくれたるもの我軍中へ參らは、その相應に抽んて用へし、我軍の過る處の國々處々、卯の毛計も民のわつらひをなすへからす、凡ゐびす共に從つて先帝をおかし、又は大明のいくさにてきたひするものゝ外は、其咎を尋ね問に及へからす、此度諸士諸民と共に志を同して大明を再興し、太平の樂しみを致さは、何の喜ひか是にしかん、此趣を南京北京および諸國諸郡に觸れてきゝしらせんかために、檄文作ること斯の如し、

永曆二十八年四月初一日永曆は錦舍か祖父一官か、大明の帝の一族唐王をもりた

てて卽位せしむるの年號なり、ことしより二十八年以前なるへし、正保四年に當る、右長崎より來る、
右延寶二年六月六日、吳三桂鄭錦舍檄幷和解、及福州商船風說、於殿中春常讀之、雅樂頭美濃守大和守但馬守播磨守列座聽之、按する、五大老酒井雅樂頭忠淸、老中美濃守正則、久世大和守廣之、土屋但馬守數直、阿部播磨守正能等なり、
延寶三乙卯年正月八日、宗對馬守より申上る朝鮮傳說之內、
一吳三桂錦舍謀を以、韃の大勢燒打仕候、其手立は韃勢常に勢を向候處、陣小屋を數箇所かけさせ、兵粮米其外食物等取散し置、小屋々々に見せ勢を置、韃勢を待掛候の處、按にたかわす韃勢小屋場に責掛り候、元來謀に候得は、吳三桂勢暫戰申體にて破軍仕、其所を退候、然處に北京勢小屋掛に打入、食物等有之候を幸に存、火所に火をたき、食事の拵可仕といたし候處に、火所の下其近所に塩硝を込置候故、一度にくすりに火移り、其所に打出、韃人不殘大勢燒死仕候よし、箇樣の手立にて、北京の兵打捕候儀數度御座候由沙汰仕候事、
同年九月
覺
一吳三桂事、唐過半切捕之、只今南京を最中に攻申候、然處に吳三桂病氣にて相果

たるよしに御座候、尤吳三桂死後とても、朱太子の臣下數多有之候間、戰の儀は以前の通に可有御座候、幷南京を急に切捕候儀は罷成間敷候、增て北京の儀は、韃勢入込居候故、俄に勝負有之間敷候、雖然吳三桂方朱太子を位に卽け、道を守申事候間、後に北京討負可申哉と申候、

一高砂國姓爺子錦舍と申者、吳三桂方に一身いたし大勢を催し、南京勢を討捕申候、其手立の儀は、錦舍數百艘の船を造、過半は船底に入木をいたし、南京口へ乘參、軍勢不殘陸へ上り戰候て、わさと致破軍、乘參候船半分に錦舍勢不殘乘候て漕出し候處、南京勢手立の儀は不存、乘捨置候船に大勢とり乘、錦舍方を打捕可申と洋中へ漕出し候故、錦舍より水練を入れて、彼入木をうちはなし候故、南京勢乘候船不殘水船に罷成候、其時錦舍方より船を押寄、南京勢一人もあまさす討捕、無比類手柄仕候由、朝鮮國沙汰に御座候、此外先日申上候通に相替儀無御座候、以上、

九月十一日

右十月廿六日宗對馬守より來る、

同年十一月

朝鮮國にて風說の覺書

一先日申上候通、錦舍働强、殊小筒の鐵砲多所持仕候故、錦舍は日本の御好みも候

間、若武具なとも被差渡候哉、又は日本勢の後詰も候哉と、朝鮮傳に日本の御様子承度躰に御座候由申候事、
一錦舍今度の働强御座候故、吳三桂錦舍へ爲申聞候者、今度の戰彌得勝利候はゝ、朝鮮國支配可爲仕と申候由、朝鮮國に傳承、錦舍儀は鄭氏に候由、朝鮮六姓の內に候由緒も有之間、若右の說實正にても可有之哉と氣遣申候、殊五六百年以前釋氏道說と申者御座候處、此者末世の儀書置申候書に、五百年程の後、鄭氏の者朝鮮をも支配仕事可有之由御座候、箇樣の儀にても候はんかと下々彌氣遣候由申候事、
右之通、朝鮮國へ差置候家來方より申越候、下々の風說に御座候條、不實共多可有御座候得共、沙汰之通、各樣まて書付差上候、以上、
十一月八日　　宗　對馬守
延寶七己未年七月、十番廣東船之唐人共申口、
一東寧錦舍事、彌其身は思明州に罷在、漳州之內海澄縣は兼て取申候儘にて有之候、殊之外兵粮乏く御座候て、士卒大分に令散失候由に御座候、依夫民家の有德の者共へ兵粮の助けと號し、大分課役を被申付候由と御座候に付、萬民及困窮申候由承申候、福州の儀は、大淸方より康親王と申候王家守護と成、于今罷在、國中無事に御座候、先年康親王前に守護と罷成居申候靖南王儀は、康熙帝より勅命にて、只今漳

州の城主に罷成居被申、漳州も靜謐に御座候、
一廣東の仕出し船、私共に五艘にて、內二艘は思明州錦舍方の船にて、廣東へ遣し仕出させ申候、思明州に荷物無御座候故にて御座候、五艘外に咬𠺕吧より一艘、當五月に廣東へ參、客を乘せ申、御當地へ罷渡る筈に御座候、何も段々入津仕可申候、廣東も例年に違ひ、荷物も乏く御座候により、私船も去年の荷物高には過半少く積渡り申候、跡船の儀は、何も私船の荷物高は御座有間敷候、
右之通、唐人共申候に付、書付指上申候、

未七月三日

唐通事共

十一番思明州船之唐人共申口

一錦舍事于今思明州に罷在候、漳州の內海澄縣預り居申候城主は劉提督と申者、則海澄縣を攻取申候にて御座候、對錦舍へ殊之外忠功有之者にて御座候、然處に錦舍へ去年迄は大分の兵卒にて御座候處に、兵粮存儘に無御座候に付、軍士も大分に減し申候、福州漳州泉州此所々の大清方も、兵粮乏く御座候により、相互ににらみ合居申候、此分にては勝劣の事も無之に付、海澄縣の城主劉提督錦舍へ諫を仕候には、大船十艘小船百艘人數一萬餘被下候得かし、福州の海邊へ致發向、時の宜に隨ひ福州も攻見申度存候、若攻申首尾無之候はゝ、責て兵粮の求をも仕度存候と及評議候

處に、錦舎も同意に被存由に御座候、依夫海澄縣をも援勦之官葵氏、右武衞之官林氏、此兩人に海澄縣を預け、則劉提督大將にて、福州へ參箚の由承申候、

一錦舎嫡子欽舎と按するに、克壓なり、申候、當年十七歳に罷成、東寧に居被申候を、錦舎より當四月廿七日に、欽舎を王位に備へ、諸官之儀式を調、則東寧を預け置被申候、是にて諸士も少々勢ひ能御座候、此外別に相替儀無御座候、

右之通、唐人共申候に付、書付指上申候、以上、

未七月四日　　　　　　　　　唐通事共

十六番思明州船之唐人共申口

一思明州錦舎事、其身于今思明州に罷在候、此頃は別て兵粮乏く御座候て、上下共に難儀仕罷在候により、海澄縣の城主劉國賢と申候者錦舎へ申候は、只今の躰にては軍兵を集め可申樣も無之候間、某に大船十艘小船百艘御渡し被下候得かし、左候は則某大將を承、福州へ參見申度候、時の樣子により福州を少々攻見可申候、其首尾不罷成候は、海邊において少々兵粮をも取集可申由申候により、錦舎も此意に同し、尤の由にて、福州發向相定り申候所に、折能北京康熙帝より福州康親王迄勅使下し被申、其勅使則康熙帝の近習の官蘇氏の者にて御座候、其越此方大淸方思明州錦舎と毎度及戰亂に、限り無之事に候條、互の戰を相やめ、錦舎へは海邊の分其身

任に致させ、向後和睦可然候、錦舎方の者此方領地へ往來仕候者、此方のごとく剃髪可燃候、又往來不仕思明州に罷在候者の分は、長髪にても其構ひ無之由勅命有之候て、則右之蘇氏之者と、幷に康親王の手下之官一人、思明州爲案內、兩使當十五日に思明州へ被致着地、右之趣錦舎へ被申入候所に、錦舎幷諸官共に此儀幸と存、和睦の評議致決定、爲其領承と錦舎手前より賓客司の官傅氏の者を勅使に差添、福州康親王方に遣し申筈に御座候、其上にて福州の副主部院の官蘇氏の大官、重て思明州へ下り、彌右和睦の首尾相究、北京康熙帝へ返奏仕筈に御座候、今度の評議相違は御座有間敷候、依夫思明州の人民も、天の助け哉と上下悦申事に御座候、

一廣東平南王儀、呉三桂孫幷に聟廣西に罷在候に付、北京康熙帝より勅命有之、廣西を被攻候様にとの事に付、則平南王と廣西迄被致出陣候處に、其節は三桂孫も先其身所領の雲南へ引取申候得は、廣西は大方又大清方に罷成申候、就夫平南王と廣西別條有之間敷と被存候て、大軍を廣東堺迄引取被申候處に、此頃又々三桂孫幷聟軍勢を卒し攻出申候て、廣西の本城又引取申候由承申候、

右之通、唐人共申候に付、書付指上申候、以上、

未七月廿七日　　　　唐通事共

天和元年辛酉年五月、一番東寧船之唐人共申口

一私共廣東之地に罷在候內、東寧よりの小船爲商賣、三月五日に渡船仕、其者共申候は、東寧錦舍儀、兼て病氣に御座候處に、正月廿六日に死去被致候、年四十歲にて御座候、只今迄の總領欽舍と按するに、華夷通商考には秦舍とあり、誤りなり、申候、十三歲にて御座候、欽舍儀は脇腹に女子生產候を、其母卽時密に町屋李氏の者の子を取かへ、當分總領に相立召置候を、錦舍母は不及申に、執權幷諸官其委細を存罷在に付、錦舍正月廿六日に死去被致候に、同廿八日に密に欽舍を害し、次男秦舍實子にて御座候により、錦舍跡式を知せ、東寧の國主に仕、執權は提督之官劉氏、侍衞之官馮氏兩人之守護にて、東寧無別條靜謐に御座候由、

右之通、唐人共申候に付、書付指上申候、以上、

酉五月廿二日　　　　　　　　　　唐通事共

同年六月、六番七番東寧船之唐人共申口

一東寧錦舍事、一番東寧船に申上候通、正月廿六日に於東寧病死被仕候、嫡子欽舍と申候は脇腹にて御座候段、錦舍存生の內は、皆々申觸し候得共、其實は脇腹に生產の節は女子にて有之に付、其母以謀略、俄に町屋に生產の男子有之を取替養育仕候に付、錦舍存生迄は、嫡子分に成罷在候、然共錦舍母幷諸官共に、右の樣子存罷在候に付、錦舍病死の後密に令害、次男秦舍と申歲十三歲に罷成候を國主に立、則

錦舎指次の弟聰舎と申候叔父後見に罷成、執權には提督之官劉氏、侍衛之官馮氏此兩人、政道軍務を取行ひ、東寧守護仕、只今靜謐に御座候、軍兵も二萬餘有之候、乍去元錦舎手の軍兵大清方へ降參仕候者とも、只今又東寧へ間もなく歸參仕候者とも多く御座候、人數も次第に重り申候、殊秦舎儀若年に御座候得共、別て器量能御座候由にて、東寧の貴賤悦申事に御座候、

酉六月廿五日

唐通事共

天和三癸亥年八月、二十一番東寧船之唐人共申口

一東寧と大清方今後の戰の樣子、先船共段々入津仕可申上候、其通に相替儀は無御座候、併內々雙方和睦の評定に付、互に使者の往來度々の儀に御座候、當朔日に大清方より使官の船三艘東寧へ參申候、其趣は彌秦舎を初め人民に至まて髮を剃り、秦舎も大清の地內へ越被申候樣にと、申來由に御座候、然るに秦舎幷衞護の諸官の評議は、とかく於及窮戰は、人民の害に可罷成候、一國の人民の救に可成事は、先時に隨ひ髮を剃り和順致し可然候、尤大清の內地へ入候事は成間敷候、此段さへ大清より許容致し候はゝ、髮を剃り候事は苦かるましき儀に究り可申樣に御座候、未合點仕不申候者は總大將劉國賢、侍衞の官馮氏此兩人にて御座候、其趣は東寧の來歷鄭芝龍より以來、四代明朝忠義の外臣にて有之候處に、今度に至り髮を剃り申事

不及是非儀に候間、とかく互に生死の一戰に相究可燃と申候得共、最早秦舍其外人民迄も和順を勝手に存し申上は、此評定に究可申候、然共右劉國賢馮氏兩人は、當分其評議に無構、軍兵を調錬致し、海邊船寄せの分には高堤をつき、一戰の覺悟は油斷無御座候、大方は東寧より囸の通、縱秦舍內地へは入不申候共、髮を剃り和順被致候はゝ、其望可相違樣子に罷成申候、依夫互に人質なとをも取かわし申筈の評議も御座候、東寧よりは執權に總制の官陳氏の弟參將之官陳夢偉と申者一人、劉國賢弟に工部之官劉國昌と申者一人、侍衞馮氏の弟に戶部之官馮錫翰と申者一人、此三人を人質にビヤウへ遣し、大淸水軍の大將施琅に對面致し候て後、陸軍の大將姚啓勝只今漳州の厦門に罷在候、右三人の人質參筈に御座候、啓勝幷施琅方よりは、是も慥成人質を東寧へ越申筈に御座候、此人質には誰參り申候との儀未知れ不申候、右之通互に人質を取かわし、其上にて東寧望のことく、縱秦舍內地へは入不申候共、髮を剃り和順致との秦聞狀啓勝施粮方より北京へ達し申筈に御座候、若北京康熙帝より秦舍內地に入、朝參之儀も有之候はゝ、和順ゆるし申間敷由勅命下るにおいては、生死之一戰其時を期し罷在候、乍去大形は秦舍髮を剃申計にても、和順罷成可申と諸人申事に御座候、
右之通、唐人共申候に付、書付指上申候、以上、

亥七月廿六日　　　　　　　　　　唐通事共

同年八月、二十五番東寧船之唐人共申口

一東寧之様子、大形は段々御當地へ入津仕申候先船申候通に、指て相違の儀も無御座候、去閏五月十六日の一戰、同廿二日の再戰之後、總大將劉國賢東寧へ退陣仕申候てより以來、終に合戰の儀も無御座候、其段は東寧方大淸へ和順の沙汰に候、先互に相支罷在迄に御座候、東寧よりは爲人質何れも秦舍近習之官共三人敵陣へ差越申候、ビヤウへ先に人質船を寄せ、福州水軍の大將施琅へ致對面候て後、漳州へ罷渡り、陸軍之大將姚啓勝へ委細之儀共申入筈に御座候、東寧よりの望には、最早累年互に致敵戰申候得共、天運大淸に歸し申上は、强て敵戰に及不申候間、卽髮を剃貴方へ和順可仕候、左候はは東寧を可被充行、此上は一統可爲御本意との事に御座候、尤東寧の望は右之通に御座候得共、大淸には其儀合點參申間敷と諸人取沙汰仕候、とかくは髮を剃り秦舍諸官共、大淸內地へ入不申候はゝ、同心有之間敷様に存申候、幷髮を剃申分は不苦儀に御座候得共、秦舍內地へ入申候ては、最早生捕同前に罷成、行末難保儀に御座候風聞にて御座候、何れの道にも人質共姚啓勝方へ令抑留候て後、北京康熙帝へ奏聞可有之候、其上にて北京よりの勅命次第に罷成可申候、秦舍覺悟の儀も、髮を剃り內地へ入可申哉と相知不申候、又は內地へ入申沙汰に及申候はゝ、行末を考、秦舍同心不仕、幸手下の武將禮武之官楊止と申者、東埔寨に罷在候、此者の樣子は定て先船にも可申上候、此者東埔寨へ在陣仕罷在候て、東埔寨へ志し、東寧を立退可申儀も可有之候、總て此頃に罷成、東寧も上下萬民共に氣も臆し、勢も失ひ申候、兵船等も大小百艘には過不申候、軍士も數船の着到にて御座候得は、大敵を受け可勝事にて無御座候、依夫人民の心も致散亂、只髮を剃申覺悟のみの樣子に相見申候、

右之通、唐人共申候に付、書付指上申候、以上、

亥八月十一日　　唐通事共

貞享元甲子年七月、一番廣南船之唐人共申口

一東寧の樣子は、去年ビヤウにて大淸方と一戰の後、終に合戰も無御座候、東寧方大淸へ降參被仕候、其段は則東寧より船二艘廣南へ差越被申候、此船に使官三人乘り參申候、諸方へ差越遣し申候、東寧方の船共を福州へ呼取申、朱印を持參申候、則御當地より去年方々へ參候東寧船共も、皆々呼取申筈に御座候、則廣南出し跡船に、右之使官乘り參候筈に御座候、此使官廣南へ着候て樣子承申候處、東寧秦舍も大淸へ敵對の勢も無御座候に付、時節を考、降參の評議相濟、則去年八月三日、ビヤウへ在陣仕罷在候大淸方の大將、提督之官施琅と申を東寧へ招入、降參樣子申含、

秦舎は不及申、諸官共不殘大清の風俗に髮を剃、則施琅道引にて、十月廿日秦舎諸官を致引卒、東寧を出船仕福州へ參候、其後秦舎も北京へ被登、被及朝參候處、別て首尾能、則順昌王と申王號を給候、又東寧總大將劉國賢と申者、此者も十三省總兵之官位を授り、殊外の高官にて御座候、扨又東寧住民の儀も髮を剃、福州へ參度者は參申候、東寧住宅の者は、勝手次第に仕置、毛頭も萬民之害無御座候、安堵仕罷在候、鎭守之官は大清より備置申候、ビヤウ之儀も、右之通に御座候由、右使官具に物語にて御座候、

右之通、唐人共申候に付、書付指上申候、以上、

子七月十七日　　　唐通事共

貞享四丁卯年、八十六番福州船之唐人共申口

一船頭呉乞娘儀、厦門之者にて御座候、東寧秦舎北京へ朝覲之後、秦舎手之供奉之官乞娘主人にて御座候に、近年終に見廻不申候により、去年は北京へ主人見廻として罷上り申候、秦舎安堵之樣子とくと見屆申候、兼て存申候よりは康熙帝之御哀憐つよく、御扶持重く被下、北京住居にて御座候、つきつきの者共迄安堵仕罷在候、王號をも御授け之筈には御座候得共、近年外姓之臣に王號を被下候事、呉三桂平南王靖南王此三人にて御座候處に、三人共に叛逆之臣故、此後は外姓の臣に王號御制

禁被成候、親王計王號御座候、依夫秦舍へも王號は不被下、公之位を御授け、漢軍公と申候、秦舍東寧にての侍大將侍衞之官馮氏、是も北京に罷在候、是には伯之位を被下、漢軍伯と申候、秦舍手の海手の總大將劉國賢と申人は、北京天津衞の總兵伯之位を被下候、天下之總兵官之長にて御座候、箇樣の段々にて、秦舍元よりの朝敵にては御座候得共、何之氣遣も無之安堵仕被罷居候、
右之通、唐人共申候に付、書付指上申候、以上、
卯六月三日　　　　　　唐通事共以上、華夷變態、
森官有子曰錦舍、自注、名經、俗呼曰錦舍、不失其有、與賊屢戰矣、吳三桂事、寥乎不聞三十年、想夫旣死矣、延寶甲寅之夏、長崎司吳三桂鄭錦舍檄文、是福州商船傳寫而載來也、三桂檄謂、起義兵於雲南、奉崇禎太子、旣至陝西、傳檄於天下、其文詳悉、鄭檄亦同其趣、由是初知三桂猶存、以待時運之至也、若事遂功成、則雖夏靡之擧不爲過乎、縱事不成、亦翟義之髣髴乎、推算其齡、則可超古稀、此人長生、天其於朱氏祐之乎、爾來商船至長崎、傳說錦舍事多多、三桂事偶聞之、粗而不精、乃知錦舍所在者、去長崎不甚遠、故商賈亦有所聞見、鵞峯文集載吳鄭論、
鄭經位を嗣て後、先に韃靼へ降參したる一族共も皆殺れぬと聞えしかは、鄭經大きに歎き、其契約の違へるを深く憤り、國の仇祖父母の仇を報んとて、軍旅の役と民

を撫安んし、士卒を憐み、所の名を改めて東寧とそいひける、かくて十三年を經て父祖の弔ひ合戰せんとて軍兵を押す、先に韃靼へ降りし吳三桂も、雲南貴州の地に據りて旗を擧、諸共に軍を北に進めけれは、向ふ所切靡け、福州、泉州、漳州、湖州なんといふ所より始て、一萬里餘り地を攻、故威名父に劣らさりけれとも、思はさるに病に深く犯され、是非なく引退きぬ、世を繼事十九年にして、臺灣において死せる、鄭經子克塽といへるを世繼としたれとも、これは實の種にあらす、李氏兄鄭經か妾に通して生る子なりけれは、一族共これを殺し、十五歳なりける鄭克塽といへるをもり立んとす、韃靼より此由を聞、急に大軍を催し攻來りける程に、大將已に世を去たれは、力なく皆々降參しける、清の康煕二十二年なり、此年迄猶明朝の年號を用ひて永曆三十七年と稱しぬ、國姓爺始て起りしより、其年迄父子孫合せて三代三十八年也、韃靼の帝も鄭氏の忠義を憐み、昔の田横か故事に準て、延平五父子を舊鄕に歸し葬り、鄭克塽をは北京に迎へて漢軍公にそ封しける、これ我朝靈元院の御宇、天和三年の事なりとそ、諸家隨筆載落栗物語、

通航一覽　巻之二百十四　終

通航一覧　巻之二百十五

唐國福建省臺灣府部十一

○漂着

寛文元辛丑年九月、日本渡來の臺灣船洋中にて蘭人本船に押かゝり、水主等數人を蘭船に移せしか、逆風に遭ひ、その船薩摩國甑島に郎ち郡名にして、全島一郡なり、漂着す、よて長崎港に送り糺問ありて、蘭人不義に決し、罰銀を出さしめ、漂民に賜はりて歸唐せしめらる、證は、阿蘭陀國之部御咎の條にあり、

寛文十一辛亥年二月九日、臺灣船五島の內荒川に漂着す、よて番船附置、三月二日長崎港に送り、警固の士ならびに漂民より各證書を出す、此事異船漂着毎にありし事なるへけれとも、今纔に見る所のみをあく、

寛文十一辛亥年三月二日、漂着之唐船送來候警固之者上候手形、

覺

一東寧出船一艘二月九日に、五島之內荒川と申所ニ參り、碇をおろし申候に付、我等警固被申付候、船中にて唐人方より何にてももらひ不申候、一紙半錢之物にても買取不申候、又我等方より唐人飯米水薪鹽之外、一紙半錢之物も賣不申候、若相違

之儀於有之は、我等儀は不及申、宿森永長左衛門共に如何樣之曲事にも可被仰付候、爲後日如此御座候、以上、

寛文十一年亥三月二日　　五島淡路守內警固　奈留利右衛門印判

宿町之町　森永長左衛門印

進上　御奉行所樣

同年同月七日、漂着之船頭　請人唐人より書上、

請狀事

一三番東寧船頭曾安官船中都合八十一人乘せ候て、戌十月十五日に東寧を出し、同年十二月十七日に普陀山に着津仕、當二月二日普陀山を出船仕候處、同月七日に東南之大風に逢、帆柱をおられ、同九日五島之內荒川と申處にかゝり申候、則五島より番船御附被成候、三月二日に長崎へ入津仕候、就夫御不審に被思召上、御穿鑿被成候事御尤に奉存候、於此船御法度之伴天運入滿同宿之儀は不及申、切支丹宗門之者、一人も乘せ來不申候、其上南蠻人之荷物何にても少も積來不申候、幷日本人一人も乘せ來不申候、附りばはんなと致たる者にても無御座候、若何にても御法度相背候船と、後日に申上者御座候はゝ、我等請人曲事に可被仰付候、右之通我等堅存候故、請人に罷立申候、爲其一筆如件、

寛文十一年亥三月七日　　船頭　　　　　　　　　曾安宜判
請人濱之町　　　　江七官印

進上　御奉行様西鎮要覽、

延寶九乙酉年五月、さきに長崎港より歸帆せし臺灣船、風波の難に遭ひ、肥後國天草卽ち郡名なり、に漂着して、其始末を書出す、例のことく長崎に送りしなるへし、
元祿元戊辰年八月二日、薩摩國よりさきに漂着せし淡水の臺灣の小地名なり、者二人、長崎に送り來る、幾程もなく死す、寛保三癸亥年九月八日、當五月薩摩國寶島にて河邊郡に屬す、破船せし臺灣人を薩摩より送り來る、
延寶九乙酉年五月、一番東寧船頭陳檀官申口之和解
東寧船頭檀陳官、去年十月廿八日に長崎湊を出船仕候處に、度々西北之風に逢、其節天草江致漂着、長崎江乘戻り、十二月廿日之朝出船仕候處、廿七日に福州之東湧と申所之外之島江參居申候、同廿九日に碇たまり不申、風波甚く御座候而、東寧江着船罷成不申、浪に引れ、十二月二日に廣東之內大禺山と申所江致漂着、同六日に十字門と申所江船をなをし申候、元船唐人百十人乘り組候內、廣東江上り福建江歸鄉仕候者十人、東寧よりの小船に便乞、東寧江歸帆仕候者合三十三人、當春新規に雇乘せ申候こくしや七人小者四人、合七十八人にて御座候、私船之儀、於廣東あら

物糸物調、四月十九日に東寧江帰帆之覺悟仕、東寧にて砂糖皮之類之貨物を積、長崎江渡海之筈にて御座候處に、存寄も無之、東寧前之ビヤウと申島下にて、廿四日之夜同廿五日六日大北風にて御座候に付、無是非南江乗さがり申候、左候て廿七日之朝、南風に罷成申候により、船を乗のほせ申候、午之刻時分に又大東風に逢申、梶柄を折申候得は、東寧江着船罷成不申、南風之浪つよく御座候に付、東寧之上鶴籠と申所之近く迄乗り申候處、五月四日に西南之風俄にはけしく御座候而、其節碇を入かゝり可申様も無之、是非に及不申、又長崎江乗り參申覺悟に御座候得は、十三日之晩、薩摩之地にて空曇り霧かけ申候により、十五日に天草江乗り入申候、去年之東寧船合六艘にて御座候、内三艘令着津、曾清官と申者船幷乗添官と申者之船幷私船共に、皆風波に致飄泊候、二艘之船は于今便り無御座候、何國江參申候も知れ不申候、私船一艘計風に逢申たるにても無御座候、船中に積申所之貨物は、大方東寧にて入用之物にて御座候、糸物之類すくなく御座候、私船之儀、去年より東寧江帰帆仕不申、面々父母妻子共門に立候而相待申候所、不慮に毎度風波之不順に逢申候得は、無是非先々迄及漂泊申候、誠に不仕合之儀に御座候得は、別に他意有之事にて無御座候、殊に私船之儀は、錦舍仕出し之船にて御座候段は、所々之船共存罷在候、未歸鄉も仕不申、錦舍江の返答も無之事、此咎甚く御座候に、何とて公命に背き妻子を捨、海上險難をうけ、命を波濤にかけ申事、本意にて可有御座候哉、錦舎仕出し之船にて御座候得は、元より惡事非法仕儀無御座候段、諸國之船共皆存罷在儀に御座候、近日に入津之船も多可有御座候間、若私共態海上に致漂流、御法を背き公儀をかすめ候か、或は島々に人を上け申候か、幷邪宗之者及邪宗之貨物等を積申候と申者御座候は、如何樣共王上より、如御法可被行罪科に候、一船之者違背之儀御座有間敷候、爲其口書指上け申候、

延寶九年五月日　　一番東寧船頭　　陳檀官判

財副　　莊臨官判

右者、唐人共書上申候口書之通、指上申候、以上、

酉五月廿二日　　唐通事共

右二通按するに、二通の內一通は漂民口書の本文なるへし、今所見なし、酉六月十一日、於殿中板倉內膳正相渡候、華夷變態、

元祿元戊辰年八月二日、薩摩より異形之者二人送來、諸通詞幷唐人に御見せ被成候得は、詞通し不申候、唐人之內臺灣出生之者申候は、臺灣地續廿日路程末之海邊淡水と申所に、箇樣成者漁獵仕居申候、慥に此所之者にて可有御座よし申上候、揚屋に被召候所、二人共致病死候、長崎志、

寛保三癸亥年九月八日、薩摩より唐人四人送來、船主蘇維、當五月臺灣より厦門に渡海せし所、薩摩領大島の内寶島にて破船の由送來、長崎志、長崎紀事、

通航一覽　卷之二百十五　終

通航一覧　巻之二百十六

唐國福建省漳州府部十二

按するに、この府、清一統志によるに、東西二百七十里、本邦の里法にして四十五里なり、南北二百九十里に距る、同四十八里十二丁なり、東は泉州府に接し、西は汀州府に連り、南は大海にして、北は泉州府の安溪縣を界とす、京師を去る事七千五百二十五里、同千二百九十里なり、漢には、會稽南海二郡とし、三國の時呉に屬し、建安郡とす、晉に晉安義安の二郡とす、梁に龍溪縣を置、南安郡に屬し、隋に建安郡に屬し、唐には泉州に屬し、垂拱二年始て漳州を置、天寶元年漳浦郡と改む、乾元元年また漳州といひて、江南道に屬す、五代の初閩に屬し、後南唐に屬し、改て南州といふ、宋に漳州に復して福建路に屬す、元に漳州路となし、福建道宣慰司に屬す、明の初、改て漳州府とし、福建布政使司に屬し、清朝にいたりて、猶福建省治たりとす、華夷通商考に、本邦より海上六百三十里にて本邦里法なり、暖地なり、人物風俗南京より賤しく、言語も異なるよし、たゝ土地豊饒にして、居民耕織を勤るにより、衣食に迫らす、また海船を恆產とし、天竺諸國渡海して貿易す、よて長崎に來る天竺等の商船も、船主水主皆漳州府の人なり、產物は新古書畫砂糖漬

蜜漬乾漬甘蔗龍眼肉茘枝平筋天竺絲魚膠等なりと見えたり、

○入津通商

慶長十八癸丑年六月五日、肥前國長崎より漳州船入津の注進あり、後藤庄三郎言上す、この時、暹羅諳厄利亞等の船も渡來せり、各國入津の條併せ見るへし、元和元乙卯年閏六月三日、かの地の商船紀伊浦に着岸す、國主淺野但馬守長晟より言上せしに、其地において商賣をゆるさる、

慶長十八癸丑年六月五日、從長崎長谷川左兵衞、漳州船六艘着岸之由申之云々、從長崎飛脚到來、唐船數艘來之由、後藤少三郎申之云々、

元和元乙卯年閏六月三日、漳州船寄來紀伊國浦、淺野但馬守遣人見之處、載來砂糖、可被下檢使歟之由以後藤少三郎言上之處、恣可致商賣之由被仰出云云、以上、駿府記、

延享四丁卯年七月廿日、館内の者に意趣ありて、數人徒黨せるによて牢舍せしめらる、

延享四丁卯年七月廿日、卯八番潘元觀船丸荷役之節、按するに、唐船入津の時、丸荷役精荷役等の改あり、丸荷役に最初の改なり、船中之漳州人十九人、館内之者に仇を報せんと、新地南水門より唐人屋鋪大門前迄駈來りしを、兩組役人を被差出、

悉く打伏せ搦捕、入牢被仰付之、長崎紀事、

○僧渡來住職

寛永五戊辰年、僧覺海渡來す、了然、覺意の兩僧從ひ來る、覺海等漳州の人といへる證は見えされとも、彼船主等これを住持とせん事を願ふによれは、同州の人たるへし、漳州府の船主等、南京寺の例に准し、覺海を住持とし、一寺開創の事を願ふ、御免ありて分紫山福濟寺を開創し、これを漳州寺と唱ふ、每船持渡る神佛の像、邪正を檢察すへき旨命せらる、

寛永五戊辰年、覺海來朝、分紫山福濟寺自注、無本寺漳州、建立、同十四丑年寂、在住十箇年、長崎覺書、

唐僧開場　　禪宗臨濟派

分紫山福濟寺　　寛永五年建

境内三千十坪　　岩原鄕之内

一當寺開創の事、寛永五年唐僧覺海當表に渡來なり、其頃漳州方の船主共相議し、唐船入津の最初に、天主敎を尊信せさるや否の言を緊しく穿鑿を遂け、且海上往來平安の祈願、又は先亡菩提供養の爲、其頃薩州に居住せし唐人陳冲一、同子藤左衞門を按するに、藤左衞門は寛永十七年通事仰付らる、檀越の頭取にて、右の覺海を

住持として、禪院を創建成したる旨、去る元和六年、南京方興福寺建始有し例に準し、御奉行所に相願ふのところ、免許ありて、分紫山福濟寺を開創し、諸船主共布施寄進縁銀及ひ香花料に進呈し、佛殿幷に船神媽祖堂を造立し、毎船持渡るところの佛神の像を殘らず寺內に持ち來らしめ、住持覺海を始め、寺中に役僧を立置、委細可遂吟味旨、第一肝要の寺役に被仰付之、市中にて漳州寺と稱す、

一同年唐僧了然覺意兩人、覺海に隨侍して渡海せし處、覺海退去以後、覺意監寺たる事十三年、

一毎年三月廿二日、船神天后の祭祀なる故、唐三ヶ寺輪番に三月七月九月二十三日毎に、在津の唐人共、出館して參詣拜禮する事を免さる、長崎志、

承應三甲午年、僧喝禪渡來崇福寺に住す、後黃檗山の法林院を開基し、後また伏見の禪福寺に移り住す、明曆元乙未年七月九日、慈岳木庵に隨ひ渡來し、寬文十二年壬子年、福濟寺の住職となる、軸賢、東瀾、西意等も渡來して永住せり、

承應三甲午年渡來喝禪漳州之人、天和三亥年迄三十年住す、按するに、此書渡來の年代を記さゝれは、今住職の年より推て補ふ、黃檗山に在、長崎覺書、

法林院は自注、うら門の道の左慈福院のかみに有、○按するに、萬福寺の塔頭なり、木庵和尚の法子唐僧喝禪和尚是を開基ありて、久しく安居し給ひ、近年伏見のみす

に藥師の靈地あり、禪福寺と號す、錫をこれに移して住し給ふ、黃檗開山國師傳、明曆元乙未年七月九日、慈岳木庵和尙に隨從し來朝、萬治三年和尙之件僧に而上京し、寬文三年福濟寺へ歸り、蘊謙に按するに、蘊謙は慶安二年來期、福濟寺第二世なり、隨侍し、同十二年入院、在住十八年、元祿二年寂、漳州之人、

寬文元辛丑年、軸賢來朝、按するに、この僧はしめ次の東瀾西意とも、漳州府の人と定め難けれとも、漳州寺居住せしをもて、姑らくこゝに收む、同八年寂す、

寬文十三年癸丑年、慈岳弟子東瀾來朝、元祿二己巳年入院、按するに、福濟寺に入院なり、同七甲戌年迄在位六年、其後靈鷲庵に隱居、

寬文十三年、東瀾と共に西意來朝、延寶三乙卯年寂、以上、長崎覺書、

〇漂着

延享二乙丑年閏十二月十五日、同三丙寅年五月十一日兩度に、薩摩國より領內漂着の漳州人を送り來る、寶曆七丁丑年六月、漳州府の空船肥前國五島に漂着せしか、命によて同八月燒捨たり、寬政元己酉年三月廿七日、去冬大隅國屋久島に馭謨郡にして、一郡全島なり、漂着せし漳州府の漂民送り來る、歸帆の唐船に乘組せ、歸唐仰付られ、船主には粮米を賜はる、

延享二乙丑年閏十二月十五日、薩摩より漂流の唐人十一人送來、但此本船漳州府龍

溪縣より山東に赴し處、十二月大風に逢破船、其節船頭黃裕告を始十五人は端船に乘り、何所ともなく漂出たり、此唐人共十四人水筒の中に入、數日海中に漂し中、三人は凍死し、殘十一人薩摩領加世田村の內宇島に流着しを助け送來、
同三丙寅年正月十一日、去冬破船龍溪縣船唐人の內、十五人端船にて數十日漂ひ出、薩摩領七島の內平島に流着しを助け送來、長崎志、
寶曆七丁丑年六月、五島領に唐造空船一艘漂着、但長さ九尋三尺程橫一丈一尺程、船傍に漳州府漳浦縣杜尋灣商船戶林秀艇字壹百伍拾玖號之文字彫付有之由、當御役所江御屆有之に付、江戶言上有之處、同八月御下知有之、右之空船幷船具共に、五島に而燒捨可有之旨被仰付之、長崎紀事、
寬政元己酉年三月廿七日、薩摩より漂流唐人廿七人送來る、此本船福建省漳州府龍溪縣船主陳發成船にて、去年夏天津太沽湊へ赴き棗買調へ、同十月十一日彼地出帆致す處、同廿五日山東沖にて逆風強く、廿七日の夜に至り、西北の風烈敷、檣を折り楫を取られ、同十一月十九日、船底損し水込入故、本船は乘捨、無是非橋船に乘移り、風に任せ漂ひ居たりしに、同廿一日大隅國屋久島の內尾野間村と云所へ漂着、同廿三日同國安房村へ連越され、此所に逗留致し、正月日本船二艘にて乘出し、同十六日薩摩國山川湊へ着船、二月十五日山川より出船、今日當湊へ送屆らる、依之

翌廿八日館内へ被入置申、一番同三番船出帆之節、便乞歸唐被仰付、尚又船中粮米として、米二十五俵被下之、長崎志續編、

同同省汀州府部

按するに、この府、清一統志に、東西三百里本邦の里法にして、五十里なり、南北三百八十里に距る、同六十六里四町なり、東は延平府、西は江西の贛州府に界ふ、南は廣東の湖州府、北は江西の建昌府に接す、京師まて五千二百二十六里ありとて、同八百七十五里なり、漢には會稽郡、後漢には會稽南郡都府の地、三國の時は漳州府と同しく建安郡たり、晉には晉安郡新羅縣の地とし、宋已後又晉安郡の地とし、隋に復建安郡の地とす、唐の開元二十四年、始て山洞を開きて汀州を置、天寶元年臨汀郡と改む、乾元元年復汀州とし、江南道に屬し、五代には王閩に屬し、尋て南唐に屬す、宋に福建路に屬し、元に汀州路として、福建道宣慰司に屬し、明に汀州府と改、福建布政使司に屬す、清に至り猶福建省治たり、風俗頗る上京に類し、質直にして義氣あり、愿慤にして勤勞す、島居の者は魚鹽に利を得、山居の者は耕織の勞をなすと見ゆ、華夷通商考に、此地より近年船來る事稀なり、産物は蠟降眞香其外あれとも、皆南京福州等の船より持渡ると記す、

○儒醫渡來獻上幷臨時信牌願

享保六辛丑年七月、汀州府の醫朱來章渡來し、通事の宅に寄宿す、望の者は療養を請へき旨市中に觸らる、其後歸唐の年月詳ならす、同十乙巳年二月五日、儒士朱佩章、醫朱來章同子章同雙玉周致來孫輔齋等渡來し、朱章は書籍を獻す、是等召により渡來せしなるへし、後佩章は騎射連渡の御請して信牌を願ふ、同十月西國筋諸家の醫師、望の者は長崎奉行に達し、かの醫に觸られ、同十一丙午年正月、官醫今大路道三、栗本瑞見仰を奉はりて、采用の書、瑞見命を蒙りし事見えされとも、道三と共に命せられしなるへし、子章に書を贈りて療養數件を訊問す、

通航一覽　卷之二百十六　終

通航一覧　巻之二百十七

唐國福建省福寧府秦嶼港部十三

按するに、清一統志に、この府福建省治にして、東西三百六十里、南北二百七十里、東は海濱、西は德州府の古田縣に接す、南方も海にして、北は浙江省の溫州府に界ふ、禹貢揚州の城なり、周には七閩の地、秦に閩中郡の地とし、漢に會稽郡の縣とす、晉に晉安郡に屬し、宋これに因しか、後閩の縣地とす、唐に福州に屬し、後改て長溪縣とし、五代にいたり宋これに因る、元に福寧州とし、福州路に屬し、明の洪武二年、州を廢して縣とす、成化九年にいたり、また州に復し、清の雍正十二年、福寧府と改め福建省に屬す、嵊嶼港は、この府の福鼎縣の東南海の中にある小島なれとも、戍防の要地たるかゆゑにより、篔簹巡司を置とあり、

○漂流

寶暦元辛未年十二月廿六日、この年三月、福寧府の所屬たりし嵊嶼港に漂到せし、陸奥國盛岡城主南部大膳大夫某の領分、釜石浦のもの即ち盛岡郡に屬す、六人、浙江省寧波府の商船に乗組せ、かの咨文を添て送り來りしか、海上風順あしく、是月三日、肥後國天草に即ち郡名なり、漂着ありしを、此所より長崎に挽送る、長崎奉

篔簹　地名
巡司　見回りをする役人

行所において是を糺問し、御下知ありて、彼此處置ありし事次巻にあり、寶暦元辛未年十二月廿日、十一番寧波出し鄭青雲船より、奥州南部の者六人送來、此者共去午十一月十七日、十六端帆船八人乗組、江戸に赴し處、同廿六日逆風に吹放され、當二月末迄大洋に漂ひ、三月四日福建省の內嵊嶼港といふ所に流寄る、即刻役人來り船中相改、晝夜番人を付置、四月四日其所より厦門に送られ、於官所吟味有之、町外の寺內に在留致させ、米薪菜銭等を給り、懇に介抱あり、內一人病死す、六月朔日此所より寧波に送られ、同十日着船す、猶又於官所吟味有之處、今年乾隆帝巡幸あり、浙江に駐駕の砌にて、浙閩の總督杭州府に到て、日本人漂着の事を、直に奏聞有之由、數日の後帝歸駕の上、右漂流のものとも本國に可送遣旨、勅許ありし由、五爪龍の銀牌一枚つゝ七人のものに下し賜る、仍て寧波府鄞縣の信公興といふ商人に被申付、船頭鄭青雲、財副林榮山、外に童天榮、黃福この二人は日本に渡海馴れたるものにて、少々日本詞を覺たるよしにて、通辨介抱の爲さし添、十一月六日寧波より出船、十二月三日天草に漂着す、その所にて一人病死す、同廿日當湊に着船せり、右の厦門海防廳許氏より咨文一通、幷寧波府鄞縣黃氏より咨文一通差送り、漂流人とも無滯送り屆け、返書請取可來、則帝都に可奏聞のよし申來る、委細江府へ言上有之處、御下知有て、厦門寧波兩所の官府に返書可被相渡の旨、菅沼氏より按するに、菅沼下野守なり、回咨二通、兩所に被相渡、且又荷主信公興に米七十俵、鄭青雲に三十俵、童天榮に二十俵、黃福に三十俵被相與、本船申三月七日出船す、同四月十四日南部大膳大夫方より、使者美濃部作左衞門上下十六人、當表へ被差越、右六人の者請取連歸之、長崎志、
寶暦元年十二月廿三日、未十一番船客唐人童天榮、黃福兩人、御役所へ被召出、日本人又五郎、伊七郎一座にて、唐國滯留之間始末之趣、於御用場山崎仁左衞門、松本彌右衞門、按するに、山崎仁左衞門、松本彌右衞門は、長崎奉行の家來なるへし、御立合にて、御尋之次第承之、致通辨候覺書、
一日本人奧州南部盛岡郡釜石浦之者又五郎、伊七郎、利兵衞、利右衞門、長助、傳六、文治、五兵衞、この八人のもの、當未三月六日、ほけんと申所へ流着、その時小船一艘はせ付船を改め、米穀等を少くあたへ、早速逃歸申候由、又五郎、伊七郎申し候、
右流着仕候所は、福建省の內福鼎縣之溱嵊嶼溱と申溱口にて候、小船と申候は嵊嶼溱之役船にて、海賊等を致吟味廻り候船にて御座候、是を哨船と申候、逃候にては無之、福鼎縣へ漂流のやうす屆に參候由御座候、
一同日早速役人と相見え候唐人參、六人上陸爲致、役所のやうなる所へ落着、四人

の唐人附添申候、又五郎、伊七郎船守のため、日本船に残居申候、
右六人落着候所は、福鼎縣の館驛にて御座候、此所へ居申候役名を千總と申候、且は番人且は諸用事相辨候ため、晝夜附添罷在候、
一六人のもの役所に被召出、振廻御座候、主君と申人より御盃を被下候、
右役所と申は、福寧府の知府の役所にて御座候、主君と申候は、福寧府之知府にて御座候、常々私ともことき唐人は、知縣の盃を戴候事さへ難成候、増て知府よりの盃を請候事、得かたき事に候、振廻ば十二椀菜の卓子を出し、饗應御座候、
一其後相殘居候又五郎、伊七郎を被呼候節は、酒饅頭はかりを振舞候、
右兩人のもの船守致し居候得は、六人のものより下輩のものと相心得、右の饗應とは違ひ申候よし、
一又五郎、伊七郎船中より陸地を見渡候に、馬上の人或は輿に乘候て、旗を持鑼を鳴し通り申され候を見申候、
此儀、日本人嵊嶼湊に漂流の譯、福寧府の知府より福建省の總督へ訴有之候上、福建省の總督より參將副將と申武官吟味に被差越候、輿に乘り候は福建省の知府なり、馬上は參將副將なり、鑼を鳴し候は、參將副將の參着に付祝し申儀に候、
一四月四日、厦門へ被差送候節、四十人の官人と相見え、船二艘に乘、日本人乘候

船、湊を出離候まて見屆引取候、日本人乘候船付警固と相見え、唐人三人附添申候、
尤夜は泊り晝計り船出申候、
日本人乘候船は官船にて、附添候三人は千總にて御座候、見送りに參られ候官人は、參將副將にて御座候、日本人乘捨候船は厦門へ被引廻候故、厦門の提督より海防廳へ被申渡、賣拂申候、
一四月廿三日、厦門に着仕候處、荷物等は藏に入置申され候、又五郎、伊七郎兩人上陸仕、卽日役所へ被呼詮議御座候、門に儀門と申額御座候、それを入候得は敷石御座候、弓鐵炮首械等を飾り有之候、最初役人と相見え候唐人被出候て、一通り詮議有之、その後又主君と申て御出、御吟味なされ候、
右役所と申は、厦門の湊海防廳官所にて御座候、この官所は、專ら軍民盜賊等之吟味方にて御座候、姓は許氏なり、荷物入候藏は官庫と申候て、官所の藏なり、儀門と申候は所々の官府に有之、門の上に此文字の額有之候、官府出入の節計ひらき、平日は兩方の小門より致出入候、敷石有之候所は公事訴訟の決斷所なり、最初の役人は海防廳之差官にて御座候、主君と申候は海防廳の許氏にて御座候、
一居所は町はづれの寺に居申候、和尚の名はヘイシヨンと申候、召仕六人御座候、佛壇には釋迦のやうなる石佛致安置有之候、

この寺の名は報國寺と申候、石佛は釋迦にて御座候、但石佛に箔を置申候、尤厦門にては館驛これなく、此寺に官府往來の節被立寄候所に御座候、これに依て右日本人この所に差置れ、ヘイションと申は和尚の名にて無之、和尚といふ文字、漳州言葉にてヘイションと申候、此滞留中、又々六人の千總附、諸用相辨候、尤海防廳より、毎日一人前米一升、野菜料とて十錢つゝ相渡され候、

一五月五日、和尚被召連船軍を致見物候、

此軍と申候は龍舟にて御座候、船の形は龍頭龍尾の拵、一艘に二十人つゝ乗組て、金襴を着し、あるひは具足を着し、五色のはたを立、都合船五十艘競渡と申候て、長崎に有之はいろんせり候事を競渡と申候、按するに、承應の頃、長崎にて唐人船乗とて、端船數艘を出し、競渡を成せり、其後市中之者見習ひ、年々バイロン船と唱へ、小船多數進めて、先後遲速を競ひて、船乘の式をなすよし、長崎志に見えたり、バイロンは競渡の唐音なり、見物船より生きあひるをとらへ、頭を二寸程裁割、海中に放之候、割目に汐水入、苦痛難堪、行事矢のことく、これを我先にとあらそひ取候を勝と定申候、尤その所の鄉風にて、この事不致候へは、瘟疫の病時行申候と申傳候故、古來より仕來申候、

一同日には家々の門に菖蒲、艾草を赤紙につゝみ打付有之候、又は軒にはさみ候所

も有之、餅を笹の葉につゝみ候を、主君より被下候、
右餅は粽子と申候、又角黍とも申候、
一利兵衞鼓脹の症相煩候に付、醫師相見え藥を用候、五月十三日病死の節、外に四人の役人被出、死骸を相改申され候、葬の儀は手前にて取置度よし願候處、許容被致候ゆゑ、日本錢三貫文差出、和尚を頼葬具等買調へ、唐人の墓所多所に葬申候、その後寺へ歸り候て菓子を相備祭申候、その時鼠衣を着候出家六人被參、木魚太鼓鑼を打供養被致候、尤布施の心にて、日本錢五百文遣申候、
四人の役人は內使と申役にて、死骸相改候ものなり、鼠衣を着候出家は、別寺の出家なり、
一閏正月、自注、但唐國は當年閏五月、和尚召連られ一町程行候所、廣野有之、合戰の稽古と相見え、三千人程寄合組をわけ、喇叭を吹、鑼太鼓をならし、外に一人石を高く疊上候所に登り、采をふり候所、左右に掛引有之候、五十人つゝを一組といたし、旗を持候もの六十人有之、左の手に笠を持、右の手には劍を持候、その時笠計相見え、人形相見え申さす候、その脇に木綿の幕を張廻し候て、三面に口をあけ、其內に主君と見え候人御座なされ候、弓を持候もの計具足を着し、その外は具足着し不申候、馬に乘候ものとては無之候、歸りには騎馬にてみな〳〵歸り候を致

見物候、
廣野は合戰の稽古場にて、此名を教場と申候、石にて高くたゝみあけたる所は鼓亭と申候、毎月三六九の日にて、九度の稽古日有之候、厦門の提督組下のもの三千六百餘人御座候、たとへは三日は馬戰、六日は步戰、九日は弓戰とつけ候て、致稽古候、日本人見物に參候日は、步戰の稽古日にて御座候、鼓亭のうへに喇叭を吹、太鼓鑼を打候ものを、吹鼓手と申候、最初三度喇叭を吹、三度太鼓を打候得は、陣を布申候、左に持候笠と申候は、藤にてあみ候請笠にて、此名を藤牌と申候、右藤牌を持候もの三千人、一同に三人充肩に上り候ゆゑ、笠計のやうにて、人の形見え申さす候、これは梅花陣と申候、幕を張廻し候所は提督の淺敷にて御座候、その石を帷帳と申候、弓を持候ものゝ着候は着込にて御座候、鐵を內にはり、外に木綿を以ておほひ拵たる具足にて、是を暗甲と申候、尤明甲を着候ものと、暗甲を着候ものとは、次第有之儀に御座候、旗を持候者名を教師と申候、鑼三度打候得は、みな〳〵退散いたし申候、右稽古仕廻には、各騎馬にて歸申候、
一厦門の湊にては、日本渡海の商船のごとき大船千艘餘往來不絕、陸上には船を造候所も有之候、此所商船出入多く、砂糖、多葉粉、米等を積載候て、江南省の內太倉州へ綿と致交易候、諸國の商人出入多く、賣買賑しく候、如斯場所を太馬頭

と申候、
一厦門の入口に石をたゝみ揚、切口にて三尺程に築あげいたし候所有之候、是は石火矢臺にて御座候、此石を砲架と申候、
一厦門にて二月に稲を植付、五月苅、又五月に植付、八月に苅、一ヶ年に兩度つゝ収納有之候、
福建寧波ともに兩度の収納有之候、江南の地には一度の耕作有之候へ共、二月に麥と種子とを取候ゆゑ、同様の事にて、二度に相當り候こゝろなり、
一六月朔日、厦門より出船いたし寧波へ被送候、その節日本渡海のやうなる大船に乘申候、警固の役人と相見え、船中三人付添申され候、
右大船は、厦門より砂糖を積のせ、南京へ參候商船にて御座候、船頭は邱氏のものにて、七人のものはこの船に便を乞、寧波の鄞縣へ被相渡候、付添のものは厦門提督の使者にて、咨を持送屆候ものなり、厦門より寧波迄の道法、凡六十更程有之候、但更と申候は、唐國の六十里を申候、日本の里數にては六里なり、六十里の時は、日本の道法にて三百六十町程の積に候、
一六月十日、寧波の湊着船仕候處、即日役人被出、日本人相收罷歸り申候、
右の役人と申は、寧波府鎭海縣の差官にて御座候、翌日鄞縣の知縣より荷主信公

興へ、日本人請取のやう被申渡、十三日日本人を上陸致させ候節、附添の官人知縣方へ屆に參候、七人のものは船主邱氏同道にて、信公興宅へ上り申候、然る處寧波の地、近年日本へ仕立候商船無之候付、日本言葉存知候もの無之、幸ひ黄福儀、日本言葉少々通申候、此もの兼て信公興と心易いたし候ものゆゑ、通辯相賴申候、黄福儀は巳十三番船より御當地へ罷渡り、其以前丑五番船よりも罷渡り候て、一ヶ年餘も日本に在留仕候ものにて御座候、童天榮儀は荷主信公興より被申付、逗留中諸事介抱いたしくれ候ものにて、日本言葉も少々通し申候、此もの以前三番船より罷渡申候、

一六月十四日、役所へ罷出候節、黄福召連罷出候、役所のやうすは、廈門の役所に大かた同樣に有之候、

右役所と申候は、參將之役所にて御座候、

一卽日又々寺へ落着申候、蓮華の上に釋迦のやうなる木像御座候、此寺に和尚一人召仕一人居申候、

此所桃花渡と申入にて御座候、其寺は關帝の廟にて御座候、釋迦三尊菩薩等の木像安置有之候、廟主は普陀山の和尚にて、一ヶ月一兩度も見舞に罷越、法事を被致候、尤普陀山の支配にて、弟子を差置申候、

一荷主信公興宅は、右の關帝廟より二三町計へたたり申候、毎日三四十人の出入たえす、殊の外賑敷有之候、身上よろしき人と相見え申候、手附のもの內外五六十人のくらし致申候ものにて御座候、その後荷主方へ振廻に被呼、卓子等出申候へとも、ぶたは無之、豆腐はたべ申候、
信公興方のふるまひの節、黃福相伴致し、十二椀菜にてぶたは出し不申候、いりこ鮑めんす鷄あひる菓子蜜漬等出し申候、ぶた類出し不申候、つけは黃福日本馴たるものにて、日本人はぶたは用ひ不申候よし聞及ひ候付、出不申候、十二椀菜の卓子には、豆腐は用ひ不申儀に御座候、これは鷄卵を以豆腐のことく仕立候料理にて御座候、然るを豆腐とたべ覺推量致し候、
一出船前、又々信公興宅へ振廻に參申候、
其節卓子三脚にて、鄭青雲、財副林榮山、童天榮、黃福、日本人の致相伴候、信公興より餞別の振舞にて御座候、
一銀牌は寧波にて頂戴仕候、此牌を首にかけ候節は大切にいたし、貴き人に逢候ても、拜禮なと不致やうに、黃福被申候、
乾隆帝杭州へ御幸の節、福建の總督自身杭州へ參られ、日本の難船のわけ被致奏聞候、其の後帝王北京へ歸朝のうへ、銀牌七枚總督へ被渡、それより知府に渡さ

れ、知府より知縣に渡され、知縣より荷主信公與へ被相渡、それより七人のものとも頂戴いたし候、此銀牌に五爪の龍紋有之候、龍牌と申候、御面に皇賞と申文字有之候、この龍牌本船より相渡候節、龍王のおそれ有之、洋中數度風波つよく、一船のもの心遣ひ仕候、且又皇帝南巡の節、七十以上のものに被給申候銀牌は、五爪の龍紋は無之、養老と申文字計り有之候、
一荷主の隣に宮のやうなる所有之候、種々の供物をそなへ、鑼太鼓等を打芝居有之候、黄福召連致見物候處、少も合點不參候、一兩度も參候得とも、見物人都て銘々計見笑申候ゆゑ、恥かしく存、後には參不申候、
右宮と申は、媽祖宮にて御座候、此所にて日々願成就のため、藝者を雇ひおとり致興行候、
一寧波廈門の湊口に、船改いたし候番所のやうなる所有之候、往來の人數幷船切手等相改申候體にて、その所に白旗立有之候、
右番所は、營訊と申候、往來の人を改候番所にて、白旗のうへに緝盜安民と申文字有之候、
一七月七夕には、何事も見及ひ不申候、
七月七夕を牛郎織女會と申候、朋友なと相招、詩酒を樂み申候、又穿針乞巧と申

て、月下に於て針に糸を貫巧を乞候、巧は聰明の意思なり、
一七月盆のやうす、寺の法事施餓鬼有之、關帝の廟には何事も無之候、町の門前に燈籠を明し、線香を地に建有之候を見申候、
盆の儀、民間は何事も無之、墓所へ箔紙を燒祭申候、これを祭掃と申候、人家の門前に燈籠を明し候事は、七月晦日地藏菩薩祭禮にて候に付、門前に燈籠をかけならへ、地に線香をたて、致◎下文缺
一九月九日には、何事も見及不申候、
此日を重陽の節と申て、茱萸の酒を呑候て、高きに登ると申故事有之候、
一田の肥に、牛骨を燒灰にいたし候、その外の肥に大小便大切に致、賣買を見申候、牛骨の灰田地に入候得は、能肥申儀御座候、其湖廣の地にて、大豆の油を取申候粕を肥に用ひ申候、これを豆餅と申候、大便は野菜にかけ、小便は葱と蒜にかけ申候、大便は賣買には不致候、種子油一碗を大便一荷に換申候、大便の問屋有之候、是を糞頭と申候、此所へ請込申候、これは南京寧波浙江等の地方に計有之候、
一唐枡口四寸五歩、高さ三寸五歩有之を見申候、
此外唐米掛目一斤四十目入申候、則一升なり、寧波の地當年飢饉にて、一升代錢二十四文に賣申候、平日は一升九文十文程いたし候、當年三月より九月迄旱魃い

たし候ゆゑ、高直になり申候、七八月頃、寧波府の提督、褻衣跣足にて雨乞に罷出候、その跡に寺々の和尚とも、鐵鉢に水を盛、柳枝をもつて途中にふり歩行候、則龍王廟に位牌を建、雨を祈申候、位牌の文字五湖四海行雨龍王の位と書付有之候、尤位牌は格式黑地に致し、文字は白文字にいたす、但黑は水に屬し、白は金に屬し、金性水性の意を用ひ申候、

一乞食は多く居申候、男女とも見およひ申候、
當年飢年ゆゑ、猶さら多く有之、

一救ひ米と相見え、大船四艘に米を積來候、
當年飢年の儀、總督より奏聞被致候處、湖廣より二十萬石積廻し、寧波臺州溫州杭州等の地へ給申され候、

一南京の主君と申候て、寧波へ罷越、その節七人のものとも見分申候、荷主の手代申付、銘々名を逸々赤紙に書付手に持せ、その前にならへ置候、主君は馬に乘、又は跡より馬に乘候もの弓を持、先には旗を持候ものも有之候、鐵砲を持候も有之、朱塗の輿に白鬚の人乘居申され候、その節石火矢打申候、
主君とは杭州の撫院、寧波府荒年のやうすを巡見のため被罷越候、桃花渡より被致上陸、その節寧波の提督迎ひ被出、撫院は馬上にて候、跡より馬上に弓を持候

ものは、參將副將の武官なり、はたを持候ものは撫院の行列なり、旗に四爪の龍紋有之候、鐵砲を打候ものは提督の下官にて、撫院着岸の祝儀に放申候、輿に乘候白鬚の人は、寧波の提督なり、
一寧波の入口に船橋有之候を見申候、
寧波の城外に陵橋門と申有之候、口鐵板を以てつゝみたる門なり、此門を出候へは船橋有之候、是を江橋と申、大橋二十艘を置、上に板を横たへ、鐵のくさりを以つなきたる橋也、此所水流急なるゆゑ、橋柱建申さす、右の船橋を以て往來候、尤汐の滿干によりて高下いたし候、むかしは一人一銅つゝにて舟渡有之候、中古より船橋をかけ往來いたし候、
一寧波の湊に鹽竈有之候を見申候、
鹽燒候所を鹽塲と申候、鹽商賣一ヶ年に何千貫目と申事に御座候、鹽は江南へ遣し申候、鹽一斤に付二銅つゝ致し、下直の時は百斤に付百八十銅程もいたし候、浙江に鹽驛道と申役所有之、その所の支配にて、鹽塲には下官を遣し置、拔賣いたし候儀を禁制仕候、鹽の賦稅を取差上候、鹽驛道の官は、參將程のものにて御座候、鹽燒は農人にて、鹽汲は女にて御座候、此所計にて、餘國は男はかりにて拵申候、

一寧波の町内西の方にたかき塔有之候、黄福同道にて見物に參り、その塔に登り見申候、
此塔その名を天峯塔と申候、內は木を以て組立、外は石にてこしらへ、手入候細工にて御座候、七層の塔なり、その高さ四十餘丈、經り十間餘、下は丸く上は八角に有之、但一層毎に四面に門有之、內には釋迦羅漢等の像安置有之、それより一町程通候て、天峯寺と申寺有之候、此寺の支配にて御座候、此塔の上に登り候節は、下よりくるくる廻り登り申事に御座候、明朝の時分より建立致し、其土地風水惡敷所に建之、風調雨順五穀豐登の意を用ひ候儀に御座候、
一九月廿七日、荷主より乘船いたし候やう申わたされ候處、廿八日七人のものとも船にのり、翌日荷物積込申候、
當日、日本人乘船の時分晚景に及ひ候故、荷物は翌日積申候、
一十一月七日、寧波出口デカイ關と申所より、三日路程通候て、人家凡六七百軒も有之候、この所にて役人罷出、人別相改被申候、
デカイ關は、寧波の津口鎭海關なり、則營訊にて御座候、役人と申は參將の官罷出、人名年數等逸逸相改、帳面に記し申候、
一洋中にて幽に雲のやうなる物を見出し候節、帆柱上に登り、檣に山と申事を見出

候者へ、銀三十匁とらせ候、船神の前にして、鶏ぶたをころし備申候、
右山を見出し候ものへ、銀三十目を褒美に遣し候、これを花江と申候、先第一に
目當に見候もの、女島鶏島にて御座候、
一天草の地に着候節、順風にて候處、餘り風つよく、甲崎見かけ俄に逆風に相成、
帆手をつなき申候腕木を吹はなし、唐人一人卽時にうたれ、目口より血を吐死申候、
則陳佐官と申候水手にて、天草の地に葬申候、

通航一覽　卷之二百十七　終

唐國福建省福寧府嵊嶼港部十四

○漂流

寶暦元辛未年十二月二十日、寧波府の商船護送せし陸奥國漂民の事、長崎奉行菅沼下野守公裁を經て、明年二月下野守より廻咨をあたへ、船主等に俵米を賜ふ、後漂民は本所に歸さる、

寶暦元辛未年十二月廿八日、長崎御役所において、唐國福建省に漂着の六人のものとも口書、

南部大膳大夫領分

禪宗、盛岡郡白濱村船頭　又五郎五十六歳

同、同水主　伊七郎二十五歳

同、同同　五兵衞三十七歳

同、釜石浦楫取　利右衞門四十二歳

同、水主　長助四十六歳

浄土宗、大畑村　文助二十七歳

寳暦元年五月十三日福建にて死、利兵衛五十餘歳

寳暦元年十二月七日夜天草にて死、傳六

一私共儀、去年寛延三庚午年十一月、國元より出船仕難風に逢、唐國福建省へ漂流仕候處、當寳暦元年未十一番船より被差送、十二月廿七日御當津へ着船仕候、按するに、廿七日長崎着とせしは誤りなり、翌廿八日御役所へ被召出、踏畫被仰付、漂流次第一通り御吟味の上、揚り屋へ被遣、猶又段々御吟味の節、委細申上候趣左之通に御座候、

一私共儀、在所白濱村久保屋善之丞船神力丸十三端帆、乗組八人、積物は鹽引鮭串貝鹽鰹節等積込、江戸表へ爲商賣、午の十一月十七日の朝出船、順風にて、同二十五日、仙臺沖まて走出候處、翌廿六日曉頃より、ならい風強く吹出し、沖之方へ吹離され申候、風次第に強く相成、船危ゆゑ、翌日帆柱を伐り、折々霰ふりかけ、風彌募り掛け波高く、船の上を越申候ゆゑ、垢水をくみ、樣々相働申候へとも、兎角難凌候に付、俵物千計追々投荷仕候、かやうに御座候事、晝夜十八夜の間、風すこしも弱不申候、何國ともなく吹流され申候、少風止候節、船中不殘髪を拂ひ、脇指一腰鏡四面鋏一挺、その外にも身に付候物少つゝ海中へ投入、何卒助命仕候て、何方にても日本の地へ流より候やう、潮垢離を取立願仕候、日數晝夜手ひとく相働、

其上食事等十分に給不申候ゆゑ、皆々つかれ果、殊更山も見えざる大灘の事に候へは、致方も無之、風次第に流れ次第に仕罷在候、しかれとも萬一の事を存、大抵申酉の方と心得晝針を考、桁を抜柱を伐り押立、十六反の帆を半分に致し、風に任せて指置申候、皆々楫兩度まて損し候に付、修覆仕、漸々とこたへ申候、粮米は遙に給切候ゆゑ、鰹節串貝等を削り候て食事仕居申候、水は元より無之候へは、餘り堪兼候、度には潮水を給申候、その間雨降候節は、着物を解放し、天水を受絞り取申候て、咽を濕し申候、如此艱難仕候事、當二月迄凡百日餘りにて御座候、

一三月四日の朝、遙に舟様なるものを見かけ候に付、是を志し近付候て、手を上け招き候へとも、初の程は近付不申候、ひたすら相招候へは、件の船より小舟を卸し、不見馴形人四人乘來候に付、私共も殊に驚き申候、私共の形、數日疲れ候上に御座候へは、人間の樣子にて無之程に相成候ゆゑ、彼もの共驚き候體にて近付不申候、詞を申掛候へは、一圓通事不仕候に付、椀を出し水を呑候形、箸を持飯を給候仕形、飢餲に及ひ候體をいたし見せ候處、相心得候や、皆々合點本舟へ乘歸り申候、米五六升袋に入、甕と小桶に水を入、重ねて持來り相與へ候て、湊の方へ指し、彼方には米も水も澤山有之間、急き乘入候やうに、と申す趣に相見え候眞似を致し教へ候て、其舟は直に罷歸り申候、右の小舟に魚網有之候ゆゑ獵船と存し申候へとも、日

本の獵船と違ひ、長崎渡海の商船のごとき大船にて、人數も大勢乘居申候、扨石の米早速飯に焚、皆々餓を助り、彼もの共の教候地方志し、樣々いたし候て流れ寄申候、その地方何と申處に候や、家數二百計も有之、湊口へ晝時過流れ着、磯際の淺みに碇を入申候て、船中片付候處、役人と相見え候もの五六人、私とも舟へ乘り、船中相改候に付、船切手取出し見せ申候、その役人罷歸り候後、番船三艘相繫り、此方の舟へも唐人兩人番に付乘居申候、初の程は唐國とも存し不申、後追々合點仕候、尤詞は一向に通し不申候へとも、唐人ともフケンと申候　自注、福建の事、ゆゑ、夫を此所の名と存し居申候、

一翌五日唐人參り、陸へ上り候やうに手を引立候に付、不殘上陸仕候、直に役所の樣なる所へ被呼出、重き役人の體に相見候もの罷出、何事に候や吟味の樣子にて、錢二貫四百文米二袋薪相添、唐人足にて本船へ積せ申候、その節一所に私とも罷歸り居申候、

一同九日又役人參り、船中の荷物相改、唐人人足にて俵物不殘小船六艘に積、此所より二十町、役所のやうなる所の藏に入申候、この節伊七郎右の藏へ召連、藏入の樣子見屆させられ申候、その後右荷物の內鹽鰹、鹽引に皆々腐れ、中々用立體無之候に付、唐人方にて指心得賣拂候て、其後度々書付致し、又五郎、伊七郎に見せ申

候、委細の譯は存不申候故、何事も唐人次第に相成、一向に打任差置申候、その後代錢は相渡し不申候、寧波の信公興の中ものへ、役所より相渡り、唐國出帆の砌、右之錢請取申候、一同十六日、私とも八人不殘陸へ上候樣被申付候へとも、船も有之候事ゆゑ、船頭又五郎、炊文助兩人は違て相願候て、舟に殘り罷在候外、六人のものは上陸仕候、町はつれの明き家の、瓦ふきにて疊は無之、石を敷きならへたる家に入置、手道具類は不殘持上申候、一枚敷程の床有之上に筵を敷、皆々この上に罷在候、番人晝夜四人附添、調物等の用達し致呉れ、尤朝夕は私とも手煮に致し、大根豆腐なと、貰候錢にて調給申候、夫より十日計も過候て、又五郎、文助ともに上陸仕、一所に罷在候、此方明船の儀は、唐人番を付、初の所に繫き置申候、この所に四月四日迄逗留仕候、

一三月廿九日より殘り俵物、幷手道具類は唐船へ船積仕、四月四日八人不殘唐の船へ乘り申候、警固の役人唐人附添、外に重き役人と見候船二艘付、フケンの港出船仕候、此所離れて、役人船二艘は島陰まで送り、その所に船繫りいたし、見送り居候樣子にて御座候、私とも船は帆を引、南方へと走り申候、但この舟は商船より小く、造り樣は同前に御座候、晝の內計乘候て、夜走は不仕候所にて、一兩日日和待仕候、人家有之湊も有之、又人家のなき所へも相繫り申候、但し私共乘候所日本船

は、船道具炊道具膳碇ともにそのまゝにて、右居申候フケン湊に指置申候、跡にて賣拂候よし、代銀の書付を見せ、銀はシンホ乘船の砌、荷主方より相渡申候、一四月廿三日、エモンと申所へ着岸仕候、右居り申候フケンより此所まて、里數何程と申儀相知不申候、この所は長崎よりも餘程廣き様に相見え、山附の湊にて唐船何十艘と申程夥敷有之、毎日入船出船とも無絶間、殊の外繁昌なる所にて、陸には舟を造る場所も有之候、家居その外は、萬端フケンの様子にて相違無之候、卽日又五郎、伊七郎兩人に、警固の役人附添上陸仕候、役所之様なる所へ參り申候、この所はフケンよりは大きく、大門に儀門と申額有之、常は鎖し、脇に日本の門の如く潛り有之候口より出入仕候、門より內は皆鋪石にて、白洲のやうなる所に、首械鐐なるとのやうなものゝ數々有之、鐵炮なとも相見え申候、最初餘り重き人とは見え不申候役人罷出、何様吟味の様成事申候て、その後大勢の役人又々罷出、事相濟候上、私とも本船へ被指歸申候、同廿五日荷揚致し、私とも不殘上陸仕候、町はづれの所に坂一つ越候て、寺に落着申候、出家一人召仕六人有之候、尤出家は此方黃檗僧に違無之候、住持の名をはヘイションと承申候、召仕は常の唐人にて御座候、石像に箔を置候釋迦様なる佛、蓮華座の香燭等備へ有之候、逗留中之者住持の教候に隨ひ、毎日線香を立禮拜致し申候、朝夕の物迄手煎にいたし、魚物菜類計給申候、此類は日本の如く、荷ひ候て賣歩行申候ゆゑ、居なから調申候、此所にては、私とも一人前に菜代一日に十錢充の積り、米給切候度々、不殘役所より相渡申候、尤フケンにての通り、始終所之役人、晝夜六人充番に附添、内一人は夫々用事を辨し呉申候、

一乘組八人の内、國元大坂屋利右衛門と申者の荷宰領に參り候利兵衛と申もの、年頃五十餘に相成候者、五月三日より腹の脹り候病氣煩申候、又五郎附添の役人へ申達、療治の儀を相願候處、その夜醫師兩人見舞候て、脉を見罷歸り申候、その跡より藥一貼もたせ遣し、用試み申候、此醫師は上手にて候や、藥呑候ても快氣有之間敷旨を申候に付、達て相歎候へ共、合點不致、その後は決て藥を呉不申候、依之食事を給兼、腹の脹彌增、同十三日の早朝に病死仕候、此段附添の番人へ相屆候處、役所へ申上候や、役人四人參死骸を改め、取置の儀あの方より可被申付樣子に相見え候に付、又五郎願候て、宰領の儀候へは、此方にて取置申度段、書付又は仕形にいたし候、番四人の役人推量なから呑込候樣子にて、尤の樣にも聞屆候趣にて罷歸申候、夫より私共皆々打寄り、卽座に仕廻し、又五郎所持の灘替せの日本錢三貫文指出し、住持を相賴み、棺一つ、備物等入用の品相調、唐人を雇ひ、寺より餘程へたゝり候て墓所多有之候所に、埋葬仕候、その節住持に付添罷越候へとも、埋葬の

時分經を不讀、何事も致不申候、寺へ歸り候て、佛前へ香燭菓子等備へ、外より同様なる鼠衣の出家三人參り、木魚太鼓鉦をならし誦經致し申候、依之住持へ布施として、日本錢五百文差遣し申候、

一、閏五月廿五日、附添候役人、私共を明日船に乘せ、ミンポへ遣し候段書付候て申渡候、翌廿六日商船に私とも不殘乘船仕、荷物等まて積乘せ、當所の役人三人附添、郎日船は出し不申、湊內に繫り居申候、六月朔日此所出船致し、南風にて走り出候、此節は見送りの船とも無之、地方も不見遠沖を乘、ミンポへ着船迄は、吹詰の順風にて、晝夜ことに走り申候、此間の里數如何程と申儀、是また存し不申候、乘組の內水主傳六と申もの、六月三日此船中より痢病煩付申候、然とも船中は左迄にも無之、藥も相用不申罷在候、

一同十日晝時、ミンポ湊へ着仕候、この所はヱモンよりすこし劣り候所にて、大方長崎程に相見え申候併賑やかなる所にて御座候、唐船數多無之、出船入船ともに大方二百程つゝ有之、山も多く相見え、船入候、餘程大なる川下にて御座候、着之節は役人本船へ參り、私ともを呼出し相改候て罷歸り申候、其日又五郎、伊七郎兩人上陸いたし、附添の役人の內兩人案內にて、町並の內門構大きなる家に同道致し、何樣申付て指歸申候、同十三日七人一同上陸仕、直に寺へ落着、私とも二階へ住居

致し候、住持は出家一人、飯焚の唐人一人、この外に何にも無之候、二階に日本の通りの釋迦の木像中位の像一體、香爐佛具等、その外名も不存木佛數多有之候、此所にて十一番船荷主の支配にて、トンスイと申唐人一人始終附添、長崎迄此もの世話に相成候、此外に役所より番人三四人つゝ代り合、逗留中晝夜附添申候、米薪錢等の儀、ヱモンにての通り、役所より相渡候、勿論手煎に致し候野菜類は振賣を調申候、

一同十四日ミンポ役所へ被呼出吟味の樣子、その外役所の體、門の額飾り道具等迄、ヱモンの通りに御座候、此節トンスイ同道にて罷越申候、この所はフケン、ヱモンなとゝは違ひ、十に三つは日本の詞を聞覺え候者も有之、所々通し申候、トンスイも十に三つ程つゝは、通し相分り申候、

一傳六儀、上陸の後病氣段々相重り候に付、トンスイ荷主方へ申達、醫師を掛療治仕候へとも、快く無御座候、四度迄醫師を替へ申候、總體藥はあの方より差越候處、一貼の嵩日本藥七八貼程有之、水加減は大方日本の程にて、藥は甚濃く煎申候、

一九月廿七日、荷主の方へ被呼、明日乘船可致の旨、役所より被仰付候のよし申渡、フケンにて船幷荷俵物賣拂候代物のよし、銀子錢等相渡、且又私とも衣服破れ損候ゆゑ、そのまゝにて日本歸國仕、御奉行所へ出候にも餘り見苦候間、此品着し候樣

にと、日本仕立に仕候木綿着物一つヽ、七人の者へ銘銘役所より被下候、餘り無冥
加事存候ゆゑ、御當津迄は袖を通し不申候、外に木綿布團三つ、是亦一所に被下候、
翌廿八日七人一同に、當十一番船へ致乘船、その後追々荷物船積仕候て、十一月六
日迄は風順あしく、其所へ繋り居申候、
一十一月六日、ミンポの湊出船致し、三日計走り、デカイ關と申て家數五百計も有
之湊へ、碇を入申候、此所の番所より役人大勢罷出、唐人幷私とも迄改、人別姓名
年月等一々帳面に書留、船中總體相改申候、番所の體はヱモン、ミンポ等の船番所
の通り相見え申候、但この所にて商賣致し候船無之、改を請候船計相繫り候樣子に
御座候、此邊は都而鹽場にて、鹽竈相並、數の何程有之候哉夥敷事に御座候、鹽拵
樣は、日本の仕形とは少違ひ候樣子に被存候、先小屋を掛け置、乾きたる砂を盛り、
其上より潮を汲掛け申候、小屋の內には竈有之候哉、夫迄は得と相見え不申候、
一翌日デカイ關出船致し候處、風惡敷長走相成不申候や、人家無之島へ三四ヶ所も
相繫がり申候、扨地方乘離てよりは、一向に繫り場無之、晝夜ともに走り、西風戌
亥風、通帆ひらき帆にて乘申候、
一十二月三日順風にて、天草の內甲島と申所を見掛乘入候節、急に向風強く吹出、
崎之津方へ吹付られ候節、大帆の扣へ綱ゆるめ候事間に合かね、風強く候て、相綱

結ひ付置候船端の腕木九尺計り吹折りて、廻り候時、脇に罷在候唐人の胸板へ打付、その儘血を吐打臥申候、船主以の外驚き、取寄寐所へ引入候へとも、無程相果申候、
一其夜の風益々強、崎々津々入口へ吹はなたれ候、唐人とも碇を入候へとも、其所石地にて碇はき、不申候、その儘山の方へ被押付候、唐人共殊の外騒き立、彼是仕候內、天草より御役人衆大勢御出、小船數十艘集、浦內へ引込被申候へとも、風強中々被引立不申候に付、無是非元の所へ相繫り申候、併唐人船の木碇はき、不申候ゆゑ、私とも所持の鐵碇三房、天草より鐵碇二房、大綱共に持參爲致、此方不殘打込候て、船を繫き留申候、此所逗留中、番船五艘つ、被指出、晝夜守り有之候、尤水薪四五度も積せ被申候、
一、傳六病氣船中別て不相勝候に付、財副殊にトンスイ五官の兩人、自身藥を煎し、深切に介抱致し吳申候、然とも次第に相衰へ、當月七日夜半頃病死仕候、依之私共書付を以、天草御役人中へ此旨御屆申上候處、早速役人衆被參、死骸御改之上、桶に入小舟へ卸、始終番人附置被申候、
一當十九日夜九ツ時分、天草崎之津引出し、瀬戸內乘り離れ候より、帆引殊更の順風にて、翌廿日八ツ半時に御當津へ走り入申候、
一私共唐國在留中、邪宗門の勸めに逢候儀は勿論、怪敷佛像佛具等決て見當り不申

候、其外段々御尋被遊候儀とも、心附不申候ゆゑ、見聞不仕儀も多く御座候、彼是少しつゝ覺え罷在候事共、猶亦申上候、
一家居の事、町は碁盤割にて、皆々軒並に立込居申候、屋根は瓦ふきにて二階作り、板鋪は無之、皆々鋪石にて御座候、門之様子垣蔀等は、大方は日本に違ひ無之候、藏抔も同前に御座候、商人の家には、賣物の看板書付所々に相見申候、併三ヶ所ともに猥に外へ出し不申候ゆゑ、賣物の品なとは委しき儀は見不申候、寺かたの造りなとは、さして替り候様子にも無御座候、是また外出不仕候ゆゑ、大なる寺院一向見不申候、城の様なる所は、何方にも見當り不申候、役所は所々に有之候へとも、大方日本の御屋敷方の様に御座候、併日本と替候事は、三ヶ所ともに、往還の間は端々迄も石を敷詰、雨天にも道の惡敷事無之、沓にて往來仕候、
一土地の事、湊々は大方芝山の高山にて、木の茂り候は無之、岩の多き山は所々相見え申候、海は私とも國元のと違ひ、甚やすらかにて沖も淺く、碇綱八尋程下り申候、磯近くは水色替り、砂土なとをほたて候様にて、水底は泥深く、船繫り場所は皆遠淺にて御座候、唐內の海は何方も如斯御座候、川は大小ともに多く見不申候、ミンホの船入は、餘程の川下にて御座候、町內は船橋有之所を、船中より見申候、
一草木の事、何とも珍敷物は見不申候、名を不存木などもたまく〵は有之候へとも、

木の様子差て替り無之候、人家に有之鉢の物は、梅海棠計見申候、
一寒暑風雨の事、私とも在所よりは總體暖氣にて、暑氣甚強く御座候、雷は度々鳴り申候へ共、落候事は承り不申候、地震は終に無之、四五年に一度少少ゆり候事も有之由に御座候、在留中大風雨火事の事は、何方にても無之候、雪はミンポにて少々降申候、フケンに罷在候内は、度々雨降申候、ミンポ等にては、當春よりも旱致し、飢饉に及ふよし承及ひ申候、
一右三ヶ所ともに、湊口は船改の番所有之、白き印旗を立置、岸には小船數百艘繫き置申候、入船出船ともに番所の前へ差懸り、切手様なる物を出し、改を請申候、改役人大勢罷出、荷物なとへは鐵の荷指を指、改め見せ申候、尤此番所一ヶ所計には無之、口え數ヶ所に有之候、
一ヱモンの海邊に切石三四尺疊上り、向左右三面を石塀を造り、間三四尺つゝきれと有之所、國崩し抔とも可申大石火矢六つ、沖の方へ向並置申候、ヱモン出口の島に有之番所にて、改に逢候節見申候處、此所の脇にも、右の如き大筒轉し置有之候、
一ミンポ西の町外、寺にても無之平地に、甚だ高き塔有之候を見物仕候、塔の造りは丸く、高さは何丈有之候哉、唐船の帆柱を三繼計も致し候程に相見え申候、外には指て替候様子にも無之、内の體なとは委敷見え不申候、何の塔にて如何なる譯と

申儀も承り不申候、只珍敷ものと計存居申候、
一ミンポ逗留中、この所の國主にても候や、重き御方他所より御歸り被成候、私とも旅宿は、船付の揚り場にて候ゆえ、是より上陸有之候、その節荷主の手代、私共に罷出御目見致候様にと申聞、赤き紙に私とも名前を書付手に持せ、旅宿の前に並置申候、國主御上りの時分、石火矢と申候哉夥鳴放致候、御供の同勢二百人計行列、矢旗を先に立、馬上にて弓を持候もの十四五人相並ひ、長刀の様なる物幷鐵砲を持候もの多御座候、國主は朱塗網代の長柄の高き輿に乘、八人にてかつき申候、內の様子は得と相見不申候へ共、簾の間より見申候處、餘程老年にて、白き髭有之候人體に相見申候、その跡より下々の役人衆、駕籠も有之、馬上のも有之、みな〳〵御迎に出候様にて、跡より連り罷歸り申候、御立なと申知せ候哉、適々喇叭を吹申候、その外の儀は見聞不申候、
一當十一番船主信公興宅は、ミンポ町中にて、私とも旅宿の寺よりは二十町計隔之、門構にて大なる住居にて、二三十人の人出入す、身上宜敷相見申候、私とも振舞罷越候節、二階へ通し、銘々腰掛を出し、食事なと腰掛の儘にて給へ申候、夜中は燈籠に蠟そくを立申候、座敷の様々諸道具類都而潤澤なる様子に被存候、
一私とも國元出船の節、一切の武具類すこしも積乘せ不申候、但利兵衞、又五郎兩

人、脇差一腰つゝ所持仕候、この內利兵衛脇差は、漂海の節立願の爲海中へ打込申候、又五郎脇差は、始終手放不申候、此度指戻り申候、此外日本金銀持參不仕候ゆゑ、在留中當用の品は格別、利慾のため猥なる買物毛頭不仕候、持戻り候諸色、此度御改を請、隱もの一切不仕候、右之條、少も相違不申上候、以上、

寶曆元年辛未十二月廿八日　六人　名前

御　奉　行　所

通航一覽　卷之二百十八　終

通航一覧　巻之二百十九

唐國廣東省廣州府部十五

按するに、廣州府は東西四百二十里、本邦里法に約し七十里なり、下是に準ず、南北六百四十五里、東は惠州府、西は肇慶府に接し、南は香山縣、北は韶州府に界ふ、北京より八千百八十五里を隔つ、禹貢に揚州の地、春秋戰國等には百粤の地にして、五羊城と稱す、秦の始皇三十三年南海郡とし、漢に南越國といひ、後漢に交州と改め、三國の時呉に屬し、廣州とす、其後しば〳〵沿革ありて、唐にまた廣州と改む、五代には南海國都とし、宋また廣州といひ、元に廣州路と改め、明洪武のはしめ廣州府とし、清猶これに因ると、清一統志、中夏古今州郡圖譜に記す、此地本邦より西南に當り、凡海上八百七八十里をへたて、本邦里法なり、福建省の西海岸續の地にて、津港多く十二門と號し、十二所の湊ありて、日本開駕の湊なるよし、華夷通商考、四夷八蠻船行記、官中要錄等に見ゆ、かの城下は大河にて、幅廣き所は二十餘町もあり、明の時兵船數百艘繫き、大砲數挺を備へ、三四月の頃、東南の風汛に乘して倭寇來るの防禦をなす、清にいたりても猶嚴重なるよし、日本防考略、甲子夜話等にのす、また四夷八蠻船行記に、廣州府大河の入口に天河といふ島ありて、天河、采覽異言に、阿媽港、また亞媽港につくる、されとも康熙御撰輿圖にも、この邊海を天河海と記したれは、唐國にても、天河の文字を用ひし事知らる、南蠻人居住し、日本唐國等へ商船を出すよし記す、この地暖地にして、冬月も雪降事なく、四月より盛暑にて、夏至には日輪天頂にありて人影なく、人物甚賤しく、理に疎く、神子山伏等の類多きよし、産物は錦其外織物藥種類なりと、華夷通商考、官中要錄等に記す、但し、この府廣東省都會の地なれは、廣東府或は廣東とのみ記せしものあり、今概して此部に收む、

〇渡來御朱印幷給牌御用物持渡等

慶長十五庚戌年七月、廣州府の商民願によて、何れの浦にても商賣御免の御朱印を賜はる、享保二丁酉年二月、渡來の船額を增給ふによて、廣東の船主吳喜觀謝狀を呈す、同十乙巳年十月、積戻荷物冬にいたり、風不順あしきによて、再度の時迄預け置ん事を願ふ、此事御免ありしにや、今詳ならす、

慶長十五庚戌年七月、商士望御朱印、長谷川左兵衞自長崎後藤庄三迄按するに、後藤庄三郎なり、被申越、庄三被得上意、則被遣之、傳按するに、崇傳の略なり、書之、

廣東府之商船到着于日本、則雖何之國々島々浦々、任商主之心、可得市易買賣之利、

若姦謀之輩、枉覃不義者、隨商主訴、急可處斬罪、日本之諸人等宜承知敢勿違矣、

慶長十五庚戌孟秋日

御朱印　　　　　　　西　洋　唐　人

按するに、廣東の外海阿媽港の邊を西洋といふよし、六本長崎記に見ゆれは、廣東の者をも、此ころ西洋唐人ともいひしなるへし、

右之書、大高一重上包大鷹二ツに折包、又其上を杉原を以一重にも包之、御朱印被遣西洋唐人、長谷川左兵衞申請如斯書也、異國日記、

○漂流

元祿元戊辰年五月廿九日、入津の廣東船より、當三月日本人かの港に漂到せしよし言上せしか、同六月十五日薩摩國の者護送し來る、正德三癸亥年八月八日、陸奥國の漂民送り來り、寛政十戊午年十二月、また陸奥出羽兩國の漂民護送し來る、糺問ありて漂民は本所に歸し、船主等に俵米を賜はる、

元祿元戊辰年五月廿五日、廣東船の唐人申口、

一當三月廿一日、日本船一艘大形八九端帆程の船にて、日本人十人乘り、帆柱無之、船之艣過半波に被取及破損申候へ共、船底は別條無之樣子にて、廣東へ致漂着候、則廣東の戶部之官觀音保と申者、海手船手之官役にて御座候所に、卽刻日本船漂着

の段承付け、早速制札を所々へ立、遠見番船を出し相守り、誰人によらす日本船へ
寄せ申事堅く禁制被申付置候、尤難風に逢申候日本の船にて有之間、手指をも不仕
候様にと大切に被存、早々飯米食物の様子相尋被申候所に、飯米無之由に御座候故、
卽時飯米野菜肴あたへ被申候、私共も何とそ船へ申候て、委細を相尋、御當地にて
御注進可申上覺悟に御座候へとも、中々船寄せ申事罷成不申候へは、委細可承様無
御座候、乍去彼地にて取沙汰に承候は、難風に逢申候日本船漂着仕候と計承申候、
其外委細の儀は、右の通に御座候へは、可承様無御座候、然は廣東にて戸部之官評
議には、日本の儀、大清之地より商船大分往來仕候へは、別て大切に存之間、兎角
唐船にて送り遣し可申段、評議相究申候趣は傳承申候、何れの道にも、跡より送り
遣し申にて可有御座候、殊に跡船共追々入津仕申候は、委細之儀存申たる者も可有
御座と奉存候、
右之通、唐人共申候に付、書付差上申候、以上、
辰五月廿五日　　　　唐　通　事　共
同年六月十五日、廣東船之唐人共申口、
一私共船の儀は、今度於廣東に漂着之日本人十人、廣東官役より被申付、日本人送
り參申ために遣し被申候船にて御座候、船頭余通復儀は、去年四十五番船に客仕罷

渡申候、船は初て致渡海候、船頭儀當年は御當地へ罷渡覺悟に無御座候所に、右の日本人迯り越被申に付、御當地へ渡海仕候者をと被申、余通復則日本人請取、同船にて罷渡候、於廣東に唐人數は五十一人、外に日本人十人、都合六十一人乘組、當五月廿四日に類船も無御座、私共一艘計致出船渡海仕候、於洋中に相替儀無御座候、尤何船見かけ不申候、勿論日本の地何國へも船寄せ不申、無滯直に今日御當津へ入津仕候、廣東跡船の儀は、私共存申候分、今三艘御當地渡海の用意仕罷在候、追追來朝仕にて可有御座候、右日本人漂着の様子、別に書付挍するに、この書付所見なし、差上申候に付、委細は不申上候、

辰六月十五日　　　　唐通事共以上、華夷變態、

元祿元年六月十五日、廣東船より薩摩者十人乘參候旨趣は、同三日大風に逢、廣東湊に漂着仕候を、帝都へ達し、迯屆候由被遂御詮儀、薩摩へ被遣候、

但、此船出帆之節、粮米三十俵、雞家鴨豕其外野菜肴等被下之、長崎覺書、長崎志、

正德三癸巳年七月八日、廣東出の唐船より奥州の者五人迯來、

一此者共、奥州相馬船十三端帆八人乘組、去辰十一月三日銚子浦より出船し、難風に逢數十日漂流し、當正月十九日、廣東にて破船し、端船より揚る、其內二人彼地

にて死し、船中にて一人死し、相殘五人送來れり、右の內四人仙臺の者、一人相馬のもの、御吟味の上揚り屋に被差置、江府御窺の上、御下知有之、仙臺幷相馬より、使兩人宛當表に被差越、右之者共請取り本所に連歸、長崎志、

正德二年の冬、奥州荒濱相馬二邑の船頭八人船に乘り、米を積み江戸へ運はせけり、風に遭て中國南海の地へ吹放され、甚難儀に及へり、其處の者遠國の人なるを憐み、五寸程の木の牌を拵へ、人々の腰に付さす、其語曰、

番人因打破船不得回籍、伏乞列位大爺相公施舍米飯、以救殘生、公侯萬代、

此牌を帶て、轉回而廣東省の領內に至る、廣東よりは年々長崎へ賣買の便あるに依て、其船にて長崎へ歸る、其中に一人は唐にて死す、二人は船中にて死す、同三年七月に、五人の者大坂に着、奥州へ送り歸さるとなん、月堂見聞集、蓋□錄、落穗雜談一言集、

寛政十戌午年、四番程赤城、朱鑑池、八番沈敬膽、劉然乙、船より、陸奥出羽の者四人送來る、

一此者共、去る卯年九月、奥州土佐郡船九端帆德永丸直乘船頭儀、兵衞水主四人乘組、同十六日松前出船、十月朔日蝦夷シツコツと云所へ着、交易相濟、同廿六日夜同所出船致す處、同廿八日暮時より俄に戌亥の風吹出し、追々烈しくなり、何國と

もなく大灘へ吹流され、船危く成しかは、無是非捨荷致し相凌き、數月洋中に漂ふ内、水主巳之助病死いたし、其末廣東省の內隩州といふ所へ按するに、此地名、中夏古今州郡圖譜等に所見なけれは、小地名なるへし、漂着す、此所に巳三月迄、十五個月程滯留致し、同月廿一日船に乘、四月十一日廣東城下に着、此所にて又數月を越、十月二日に至て川船に乘、役人體之唐人六人附添出帆、十二月三日浙江省台浦に着、日本商王氏十二家兩荷主方へ引請、撫育を可加旨海防官より命せられ、空家を補理差置、日日食物等相與へ、則帝都へ奏聞を經、詔制の下るを待得て、當十一月十三日、日本渡海の船二艘に乘組、一同出帆、程赤城船は十二月九日長崎港入津、枕敬膽船は風順惡く、肥前國田の浦へ漂着、翌十日入津す、依之右漂民共、如例牢中に被差置處、翌未年九月、水手一人牢中にて變死致し、殘る三人同月十七日、佐竹右京大夫家臣中西多門、津輕越中守家臣佐藤運右衞門へ引渡之、被令歸國、尙又在唐兩荷主幷護送船主財副、介抱唐人共へは、先規之通現米被褒賜之、長崎志續編、

◯漂着

寛政八丙辰年六月八日、陸奥國大室濱沖に本吉郡に屬す、廣東省廣州府の漁船漂ひ來る、よて江府に言上す、のち長崎に護送あるへし、

寛政八丙辰年六月八日、奥州仙臺領本吉郡南方、十三濱の內大室濱の漁船六之助七八人乘にて、陸より百四五十里程引隔、日本船共不相見得船見當、六之助等近付船を寄候へは、陸へ手招助呉候樣に申候樣相見得候に付、磯邊へ爲引付候、于時辰六月八日、翌九日同所住居之醫師某、對漂着人問答、

問　國者何國、」答　大淸乾隆中國人、廣東省廣州府新寧縣、」問　何月何日出、」答　四月初一日出港、妣風來、」問　出港之時人數幾何、」無答、」問　天下今之代號者何、年號者何、」答　今本國王乾隆八十有餘、今退與嘉慶元年矣、」問　廣州拜何神、」答　玄仙老爺、天后聖母、水仙老爺、大淸乾隆中國人、廣州府新寧縣漁船、妣風流來矣、求到國王肯引回國、可悅家中父母妻子、

姓陳名世德　陳元成　林光德　陳讓光　林招聲　陳元合　以下同姓阿猪、阿娘、松、阿夏、阿意　姓朱　名高　林隆　合十有四人按するに、十四人の內一人名脫せり、

產物　魚、砂、米、烟草、

廣州新寧縣之漁人陳元成、陳世德、外は一文不通にて、不足記姓名は、都合十四人也、船は丈夫造り、米も積在之、當四月初出帆のよし、色々書候て爲見候處、讀候

樣子ゆゑ、生離別之情を記爲見候處、二人落涙いたし、筆を與へ候へは、十二三の童子のことく大惡筆にて、姓名歳地名計書、其上色々爲書可申と致候へは、弟學小字體未曉と漸書申候、人物は宜敷見申候、廣東省の由頭は聞候通り中髮を立、縊り候て長く下け申候、何れ珍敷事に御座候、

廣州府漁船と答る、　船長七丈餘、幅一丈八尺餘深九尺程、總人數十四人、◎船圖省略

右人體、髮はけし坊主の如く、正中に立て、根より三ツ組にし下へさけ、髮は先にて結、衣服皆木綿にて、地太く厚し、下に着袴は踏込のせまめの物なり、尤上着の上にもはき申候、人品大からにてのろく見得申候、寛政丙辰唐船漂着記、

寛政八年六月九日、松平陸奥守御用番御老中へ被相屆候書付之寫、

松平陸奥守領分奥州本吉郡南方十三濱の內大室濱六之助漁船、沖合にて過る七日、按するに、寛政丙辰唐船漂着記に、八日八ツ時漂着とあり、御屆面七日とせしは不審なり、異國船の類乘合の內、助吳候樣にとの趣に相見候間、船寄せ候へは、綱を打込候に付見屆申候處、異國船に相違無之、十四人乘にて、大室濱へ漂着之由、右濱より注進申聞、締りの人數等差遣、右十四人の者陸へ相揚、旅宿申付、締り爲仕置候、尤締りの者船中相改候處、兵具等の類は勿論無之、漁道具類計有之、外諸道

具迚も無御座候、右十四人の者の內にて書認差出候寫、船の横に文字彫附有之、右之者共人像書共、別紙三通之通、國元より爲差登申候、委細の儀追て爲申登次第、御屆可申上候へ共、先以別紙差添御屆申上候樣、陸奥守申付候、以上、

六月　　　　　　松平陸奥守內按するに、陸奥守家來の姓名を脫せり、

大淸乾隆中國廣東省廣州府新寧縣澳港漁船、妣風流來、此國不知上下、求到國王、肯引正得回國、可悅家中父母妻子、

廣港大州漁字府船十寧戶七縣陳號大受澳　合◎以上十九字横書ナレトモ、便宜上一行ニ直セリ、

右之通、船之横に彫附置申候文字に御座候、以上、按するに、船に彫附の文、廣州□寧縣大港漁漁船戶陳受合大字十七號と繰返し讀へき隱語にや、

六月九日

人像書

一丸顏にて色黑し、」一長さ五尺八寸程、」一丸目の樣にて、玉赤き樣に相見得申候　一鼻眉毛常之通、」一月代子供の樣、中かみ計相立、右髮の長さ二尺七八寸より三尺餘迄に相見得申候、但、右かみ三ツ組にくみさけ申候、中髮の差渡

三寸四五分より四寸程迄、」　一衣類は木綿はんてんにてぬひつめ、色は淺黄ち

くさ白茶等の様に相見得申候、ぞう股引の様成物着し候由、

右之通の由御座候、以上、

寛政八年辰六月九日藻鹽草、

通航一覧　巻之二百十九　終

通航一覧　巻之二百二十

唐國廣東省雷州府幷肇慶府部十六

按するに、清一統志に、この府東西百六十里、本邦の里法に約し、二十六里二十四町なり、下これに準す、南北二百九十里、東は高州府呉山縣、西は廉州府に界ひ、南は瓊州府、北は高州府石城縣に隣る、禹貢に揚州の南境、秦には象郡とし、漢に合浦郡を置、後漢晉宋是に因る、梁に合州とし、陳隋これにより、大業の初にいたる、州を廢して合浦郡とす、唐の武德四年南合州とし、貞觀元年、更て東合州と名く、同八年また改て雷州といひ、天寶元年海康郡とし、乾元元年また雷州に復し、五代には南漢に屬し、宋にいたり雷州海康郡といひ、元の至正十五年雷州路とし、明の洪武元年雷州府と改む、清猶これに因るとあり、本邦よりの海路、及ひ風俗産物季候等、大略廣州府に同し、但し春夏の間雷鳴甚多しと、華夷通商考に記す、また肇慶府は清一統志に、東西四百九十里、本邦里法に約し、八十一里二十四町なり、下これに倣ふ、南北八百九十里に距り、東は廣州府三水縣、西は江西省梧州府に界ひ、南は陽江縣の海岸、北は廣州府淸遠縣に隣る、北京を去る事七千四百二里、禹貢に揚州の南境、春秋より後漢にいたりて、沿革ありし事、廣州府と同し、三國には呉に屬し、交廣の二州とす、晉これにより、宋の永初二年南海郡とし、齊またこれに因る、梁の天監中高要郡とし、隋に郡を廢して端州を置、大業のはしめ、州を改てまた信安郡とし、唐の武德四年端州といひ、天寶元年また高要郡と改む、乾元元年端州に復し、五代には南漢といひ、宋にまた端州とし、のち肇慶府と改む、元に肇慶路とし、明の洪武にいたり肇慶府に復し、淸にいたり猶これに因る、其域廣しといへとも、土人惰弱にして耕作をなさすとあり、華夷通商考に、此府の端溪より出るところの硯石上品とす、其他の產物は廣州府に同し、且この地よりして本邦渡來の船なしと記せり、

○漂流

元祿四辛未年七月三日、高州府の商船入津し、去年十二月、薩摩國山川の者、雷州府に漂到せしにより、後船より護送あるへき旨を告たりしか、明年三月五日にいたり歸朝せり、よて漂民は本國に歸され、護送の船主には褒米を賜はる、同七甲午年七月九日、暹羅國仕出しの唐船より、廣慶府に漂到せし長門國のものを送り來る、糺問の上本國に歸さる、船主には例のことく、褒米を賜ひしなるへし、

暹羅國 シャム国

元祿四辛未年七月三日、高州船之唐人共申口、

一日本船一艘、日本人十二人乘り、去冬十二月中旬に、高州に致漂着候、按するに、

後の船頭申口によれは、高州府に漂着と記せしは誤なり、所において段々吟味有之候所に、言葉は通し不申、文字に書しらせ申候は、薩摩之國山川と申所之者にて有之段申に付、於役所少々日本口存申候唐人共、事之次第を尋申候へは、我々共儀、日本之上方ゟ罷上り、薩摩ゟ罷下り候とて、去冬十一月中旬に、天草之海上にて難風に逢、其節船をかけ留可申とて、船中に有之候碇之分不殘おろし申候へ共、大風故かけとめ得不申、碇悉くきれ申候へは、可仕樣無之、運にまかせ致漂流、此所へ着船仕候と申候、積申候荷物は、私共承申候分、相替り申候物も無御座、鐵のかま百二十程、たばこ三百斤程、茶三四百斤程積申候と之儀承申候、たばこ幷茶之儀は、彼地にて皆々致服用候との儀に御座候、其外には何色も無之、剩數日之間船中に飯米水薪も無之樣子にて、日本人殊之外草臥申候と傳承申候、尤同所は高州內之儀にて御座候得共、日本人漂着之所と、私共船罷在候所と、山川を隔遠所にて御座候に付、日本人を私共は見不申候、傳承申たる迄に御座候、然所に高州守護職より被加憐愍を、隨分扶持被仕、右之趣則北京之帝都へ被及傳達候所に、外國之船人漂着無據事に候間、可然便船候者、本國へ歸し申樣にと下知有之に付、則右申上候、跡より出船仕申游傳孚と申者船、幸御當地へ商賣に罷渡り申候により、游傳孚守護職へ申斷、少々彼地にて雜用旁游傳孚入目を承、其身船に日本人十二人共に乘渡り申筈

に御座候と申候、定而右之船数日之内には入津可仕申候間、其節委細相知可申候、
先右之段承申候通、申上儀に御座候、此外餘に可申上儀者無御座候、
右之通、唐人共申候に付、書付差上申候、以上、
七月三日
同國同省潮州府部
按するに、この府東西五百里、本邦里法に約し三十五里なり、下これに傚ふ、南北三百三十里に距る、東は福建省漳州府、西は惠州府、南は澄海縣の海岸、北は福建省汀州府等に界ふ、禹貢に揚州の地、漢には南海郡揭陽縣とし、後漢これに因り、三國には吳に屬し、晉改て海陽郡とす、のち義安郡と改む、宋齊これに因る、梁に東陽州といひ、また瀛州と改む、陳にいたり州を廢し、隋また郡を廢し循州に屬す、開皇十一年、分ちて潮州を置、大業のはしめ義安郡とし、唐の武德四年、潮州と改む、五代には南漢に屬し、宋に潮州潮陽郡とし、元に潮州路とし、明の洪武二年潮州府と改む、
○御咎筋
元文四己未年六月十八日、長崎在津の潮州人、館を騒擾せしにより、數人禁獄せしむ、

元文四己未年
一六月十八日酉刻、館内未六番襲恪中部屋に、潮州人大勢押寄、船釘尖り竹等にて
兵具のことく拵へ、甚及騒動、襲恪中方石礫熱湯等種々方術を以防之、騒亂之内工
社二人卽死し、十一人手疵を負、依之同廿日、襲恪中人數四十二人御役所に被召、
被遂御詮議、其夜右之人數興福寺に被差遣、同廿三日新地之內を圍ひ差置る、
一七月廿日、館內之潮州人共、新地に可押寄之風聞專有之に付、同廿八日暮方、不
意に唐人六十九人御役所に被召出處、御玄關前にて一同に聲を立、甚狼藉に及ふ故、
悉く搦捕、十八人櫻町獄屋に被差遣、二十五人は明き船に被遣、其餘二十六人は館
內に被差歸之、八月朔日、十八人出牢被仰付明き船に被遣之、長崎紀事、

○漂着幷漂流

元祿八乙亥年正月廿一日、薩摩國甑島にて卽郡名にして、上中下三島あり、破船せ
し、去歲歸帆の潮州船を長崎港に送り來る、船主等誓詞をもて其始末を言上す、
元祿八乙亥年正月廿一日、去戌年五十八番船潮州船頭呂宙官、幷に船中之者共謹而
申上候者、
王上專御國法を御大切に被思召、私共今度不慮に破船仕候事共、別而御不審に可被
思召と奉存候、態誓詞差上申候、此旨趣は、私共船秋船に被爲仰付、銀高に應し、

御割付を罷蒙り、諸事共に無滞相仕廻、其上荷物等も少々相調申候而、十月十四日においいて御港を致出帆、其節順風有之候に付、五島之外海迄乗參候處に、同十七日に不慮に甚敷大風に逢申、卽刻帆柱を吹折り、幷に梶迄も損し、旣に沉溺之危き儀に罷成候に付、早速船上廻りに有之候荷物悉く海に捨申候而、漸船も輕罷成、大難を遁れ申候、併右肝要之船道具帆柱梶無御座候故、無是非風にまかせ、薩摩之御領に漂流仕候處に、同廿日に又々大風に逢申、無仕合に而薩摩之外海甑島に乗りかけ致破船、船中之荷物共凡銀高に積り申候得者、五百貫目程に及申候を、卽時に海底に沈之、其上船中都合百五人乗組申候內、九人溺死仕候得者、此節之難儀言語にも難述儀共に御座候、然共幸其所之役人衆、幷に所之者も追々破船所に馳付、相殘り之者共相助け被申候故、露命無恙有之、大慶不過之と奉存候、勿論追付其所に構ひをいたし、私共を堅く警固被仕候、殊に水練之者共を被申付、海底に沈み居申候銅等を少々取上け給候に付、先滯留中彼是之雜用にも可罷成と奉存、彼地諸事相仕廻候而、十二月廿四日に、私共幷に取上け申候銅等、破船之船道具共一所に、日本船數艘に積乗せ被申、尤海上諸事念を入、昨日御當地に按するに、長崎なり、御送屆被成候故、則故鄕に罷歸申候同前に奉存御事に御座候、然者私共儀累年御貴國に爲商賣罷渡申候得者、御法令嚴密之段兼而奉存候に付、毛頭も違犯仕申儀に而無御座候、依之随分相守、非道之財物共無故貪申所意に而無御座候故、態と事寄せ、薩摩之領地に乗參致破船、夥敷難儀に逢申、少々利潤にて、大分之損失仕儀者、會而不仕證據にて御座候、唯不慮に風難に逢申破船仕、剩九人之露命を失ひ申、殊に其以後右之風難之苦みを請申候故、今一人彼地にて病死仕候得者、此苦難之次第何共難堪儀共に御座候、若私共儀少に而も不屈之心を挾み申候而、態と破船も仕候はゝ、天地神明之重罸之段は不及申上に、其上種々之冥罸を罷蒙り可申候、自然胡亂之儀共、脇より漏聞え申候はゝ、其節者如何樣之稠敷御罪科にも可被仰付候、左候得者今度取上け申候銅、幷に少殘り申候荷物共、薩摩より送參候を、御當地にて例之通稠敷一々御改被成候得者、微細に相知れ、御不審も御晴可被成儀に御座候而、私共前以申上候趣、毛頭無僞儀相知れ可申候、此上よりは王上之御仁德之御悲慈を罷蒙り、私共諸之苦難を御察、格外に御恩を御施候而、私共を則御國之民と被爲思召上、仕合にて生殘り申候九十五人之共者及困窮、空故鄉に罷歸り、父母妻子をも捨、流浪に及不申樣に被爲遊被下候はゝ、王上之御仁德之段、異國迄にも其ほまれ相聞え申候儀、不淺御事共に御座候、左候得者私共永々御厚恩を頂戴仕候而已に無御座、但故鄉に罷在候父母妻子眷屬迄も、別而難有可奉存候、爲其捧誓詞謹而申上候、以上、

元禄八年正月廿一日

船頭呂宙官　　　脇船頭鄧三官

財副會益官　　　舵工林連歌

副舵工黄鵬歌　　總官白福歌

右之通、船頭幷役者共差上申候書付、和解差上申候、以上、

唐　通　事　共華夷變態、

通航一覧　卷之二百二十　終

唐國廣東省瓊州府部十七

按するに、清一統志によるに、瓊州府は廣東省治にして、西南の外地なり、東西九百七十里、本邦の里法に約し、百十一里二十四町なり、下これに准す、南北九百九十五里に距る、禹貢に揚州の域、春秋戰國には揚越の地、秦に南越に屬し、漢元封元年珠崖儋耳の二郡を置、後漢、合浦郡に屬し、三國、吳に屬して、珠崖郡を置、隋これに因り、唐の貞觀五年分ちて瓊州を置、天寶五年瓊山郡と改む、乾元のはじめまた州に復し、明の洪武元年にいたり瓊州府とし、同二年降して州とし、三年また升せて府とす、清猶これに因る、この地霧露濕氣深く、毒草蟲蛇多く、且水災あり、其性弓矢を好み、婦女蠶桑の業をなさす、俗みな卉服、病者藥養せす、犬牛を烹て神を祀るとあり、華夷通商考に、本邦より海上九百里、本邦里法なり、ありて、湊を海南といひ、渡來の船多きよしをのす、其產物は沈香玳瑁波羅蜜欅枝花鳥木等なるよし、また官中要錄にも見えたり、

○漂流

寶永四丁亥年六月三日、廣東の商船より、去歲二月廿五日、瓊州府の海南に漂到せ

し、陸奥國の者を護送し來る、よて江府に言上し、漂民は本所に歸され、船主等には褒米を賜ふ、正德三癸巳年閏五月、また廣東船より、海南漂到の筑後國久留米の者を三潴郡に屬す、送り來る、こも又上裁ありて本所に歸さる、船主等には、例のことく賜米有しなるへし、

寶永四丁亥年六月三日、漂流人護送に付、江府言上書、

一四十七番廣東出唐船一艘、唐人數六十五人乗組、去三日令入津候間、遂吟味候處、右之唐船に日本人一人爲乗渡候に付、唐人召出、樣子相尋候處、例之商船に而別條も無之候、則唐人共申口之書付一通、今般令進達之候事、

一右之唐船爲乗渡候日本人早速召出、遂詮議候處、窪田長五郎御代官所奥州窪田村百姓權七と申者に而有之候、去る酉九月十五日、同國太田熊次郎領分柵倉之百姓船頭三之丞、同所水主直右衛門、同國松平陸奥守方領分仙臺領之水主久太郎、同喜助、善五郎と申者以上六人、十二端帆之明き船に乗組、仙臺領荒濱と申所に、江戸廻之御城米積可申與申合、窪田を致出船、同十八日荒濱江致着船、極月迄見合罷在候得共、積申御米無之に付、右六人共に、同四日明船に而、彼地致歸帆候處、翌日相馬之沖と申所にて遭難風、何國共なく被吹放、無是非帆柱等切捨、梶も流し候故、數日洋中に令漂流候、其內水主喜助、善五郎兩人者、於船中相果申候、漸去戌二月廿

五日、海南之濱邊ニ漂着仕候旨申候事、
一彼漂民共、右流寄候濱ニ揚り見申候處、人家も不相見、唐人一人參掛り、右之漂民共を見候而驚申體に相見候得共、言語一圓通し不申候故、手つかいなと仕、所之名を承候得者、海南と申儀者相聞候間、國之名と存候由、其節水を乞候體を致候得者、右唐人罷歸、唐人共二十人計參、水をも持來與之候、船頭三之丞者無程相果申候間、其所に葬置申候、右之唐人、召連可申體に手つかい致候間、三人之漂流人、陸之方ニ參候處に、家居有之候所ニ召連、漂民共ニ粥なと給させ、其所に八日程罷在、其以後又唐人共召連、四箇所ニ參致吟味候體に相見候得共、口通し不申候故不相知、同三月上旬、海南之官人城内と相見候所ニ召連參、二日留置、夫より同城下に六月頃迄罷在候得共、是又言語通し不申、七月朔日唐人二人相添、海南を罷立陸路を歩行にて參、同廿五日廣東之城下ニ致着、此所にても口通し不申、漸々廣東と申儀承候迄にて、外之儀者會て相知不申、右之城下に數日爲致滯留、同十一月、右之官人方より、三人之漂民共今度連渡候船頭吳嘉歡ニ相渡、吳嘉歡方ニ差置、食物等別而致馳走、鳥目少々帷子蒲團なと與之、致介抱置候處に、當四月直右衛門、久太郎致病死候付、吳嘉歡方より其所ニ片付申候、權七一人今度召連、日本ニ可致出帆由して、當五月十三日、唐人共一船に爲乘、致出船候由に御座候事、

一右漂民共脇差等致所持候哉と相尋候處、在所を罷出候節、六人共に無刀にて致出船候之由申候、勿論彼者共乗参候船之儀者、海南に捨置申候旨申候事、
一右漂流人爲乗來候船頭吳嘉歡幷財副召出、様子相尋候處、權七申口之通相違無御座、船頭吳嘉歡儀、毎度爲商賣日本江致渡海候者に付、右之船に爲乗送届候様にと、官人方より漂民相渡候由、吳嘉歡儀も幸に存、爲乗渡候旨申候、右漂流人共海南江漂着之譯、且又廣京江送越候子細者、官人方よりも不申聞候間不存候旨申候、則雙方申口之書付、幷漂流人共名歳之書付、此度令進達之候事、
一右權七、今度吳嘉歡送届候に付、請取之證文取之、歸唐仕度之旨、若歸帆之節申出候は丶、證文之儀者如跡々、通詞共連判にて爲相認、船頭江相渡候様に可申付と存候事、
一右日本人致漂着候海南幷廣東共に、邪宗門抔致徘徊地にて無之、其上於所々猥に唐人も出合不申候由に候得共、萬一異法をも承たる儀も無之哉と、權七儀致吟味、踏繪等も申付候處、別而相替儀無之相見候事、
一右權七疑敷儀無之、其上心ならす異國江致漂着候事に候得者、久々異國令逗留候者之儀に御座候故、早速町家に指置候儀も如何敷存候間、當分籠之揚り屋に先入置申候、御下知次第、奥州江相渡差遣可申候、其内飯米等入目之儀者、高木作右衞門

〻御預之御缺所銀之內を以相渡候樣に申付候事、
一右四十七番船、例之爲商賣罷渡候序に、日本人爲乘渡候段、外に疑敷儀も無御座候間、前々之通商賣可申付候事、
一十四年以前戌年、按するに、元祿七年肇慶府漂流人歸朝の刻をさす、廣東〻漂着之日本人、商船に爲乘渡候刻も、尤船頭賄入目にては無之候得共、前々より爲取來候付、得御下知、船頭〻米五十俵、拙者共心得を以爲取之申候、此度之漂民共三人にて候得共、去る年從九月異國罷在、食事衣類等與之、其上此度者送來候船頭、去十一月より三人共に請取、吳嘉歡自分に致扶持、衣類等與之致介抱置候趣に候得者、此度も八木三十俵歟、五十俵程爲取遣可然存候、御下知次第可申付候事、
一右權七廣東に罷在候內、吳嘉歡方より貰候唐着物唐袴唐錢少々致所持候、則取上置候、如跡々彼者本國〻差返候節も、相渡申間敷候事、
右之趣、御老中〻被申上、御下知之趣可被申越候、以上、

六月八日

駒木根肥後守判

佐久間安藝守判

永井讃岐守殿

別所播磨守殿

按するに、此頃長崎奉行四人ありて、永井、別所は在府なり、
追而申入之候、別紙に申進候權七儀、如跡々本國江差返候樣御下知相濟申候は丶、
奥州より請取之もの、無遲滯罷越候樣致度候、勿論此度之儀、御勘定奉行衆江御物
語可被成候、此許にては可相渡方無御座候、爲御心得權七致所持候御城米船印寫、
幷權七在所に有之候親類書付進之候、以上、
六月八日
駒木根　肥後守
佐久間　安藝守
永井　讃岐守　様
別所　播磨守　様
四十七番廣東船頭吳嘉歡船、漂流之日本人一人爲乘渡申候に付口書
私儀、去年御當地江罷渡申候五十一番廣東船頭吳嘉官と申者に而、只今は名を改吳
嘉歡と申候、然者今度私共船に、唐人數六十五人、外に漂流之日本人一人、都合六
十六人乘組候而、當五月十三日に廣東出帆仕、昨三日に入津仕候處に、早速御檢使
被差出、日本人御請取被遊候、依之私儀王上江被召出、日本人漂流之始末、一々御
嚴密に御尋被遊、奉答候趣は、私儀、去年御當地江罷渡商賣相遂、去九月廿九日に
御當地出帆仕、直に十月十五日に廣東城下江着船仕候、然處に廣東關部之官より、

同十一月七日に、私儀官所江呼寄せ被申候に付、罷出候得者、關部之官被申候は、何國之者共不知漂流人三人、廣東之内海南之官役より送來候、其方儀は方々商賣に致渡海者に而候間、何國之者共見知不申候哉と尋被申候に付、人物日本人に紛無之候故、日本人に而有之候由及返答候、然共互に言語通し不申候故、如何樣成儀に而、日本より漂流仕候共、會而存不申候、勿論官所よりも如何樣成儀に而、海南江漂流仕候と分明に不被申聞候、私儀、來年も日本江商賣に罷渡候哉と相尋被申候に付、荷物を仕込申候はヽ、來夏渡海可仕由申候得者、彼日本人三人共に、其方江可相渡候間、來夏日本江罷渡候はヽ、慥に送屆可申由に而、則其節より私方江被相渡、請取召置申候、然處に右三人之内二人は、腫氣相煩申候に付、其段官所江申屆候得者、醫師を被申付、色々保養仕候得共、當四月に至り、漸々氣力衰申候而、二人共に相果申候、其節病死之儀、官所江訴申候得者、官所より役人差出被申、死骸見屆、廣東城外北門と申所江葬申候而、墓を築石碑を立、日本人墓と彫付置申候、但私方江請取候以後者、私自分に賄申候、其上折々彼者不如意にも可有之と存、靑銅なと少々遣し、或臥具衣服等を與へ介抱仕候、私預り居申候內、家內之外他所江一圓出し不申候、子細は口不通之者に付、自然如何樣成儀も有之候而者、官所江之申分け無御座候故、随分念入申候、其段定而彼漂流人委細に演說可仕と奉存候、私儀御當

地江赴爲可申、荷物相調申候に付、右之官所江其旨申斷候得者、日本人爲乘送り候間、海上所々妨無之樣にとの儀に而、則關部之官より證文一通被相渡、日本江到着仕候は丶、慥に相渡可申由、急度被申渡、此度乘渡申候、第一天主教宗門之儀御穿鑿被爲遊、御尤に奉存候、總而廣東省之儀、佛法繁昌之地に而、寺宇僧房數箇所御座候、其上神廟も多く御座候、信仰の佛陀者釋迦彌陀觀音、神明は媽姐、關帝等にて御座候、會而邪宗門之者混亂不仕候、別而廣東總督之官より、邪宗門制禁之事共に御座候、私儀累年御貴國江罷渡、奉蒙御仁恩商賣仕來り候に付、責而箇樣之節、御貴國之漂民を救ひ、御恩奉報度奉存、此度私船に無恙召連罷渡候儀大悅仕候、右申上候處少も僞無御座候、依之謹而口書差上申候、

寶永中、常州平方の者七人舟に乘、米抔つみ海上へ出けるに、風に逢ひ南方へ十四日まて吹き行けるに、海南と言所へ吹き付らる、其外岸へ上らんとしけれとも、殺さんとしけるにより、右の海南へ上ると其儘、粥を振廻ける、飯も粥も日本の通り也、豚なとを食せしむ、飯過るとはだかに可成由を申す、扨ひたものかけ廻らせける、左樣に無けれは毒なりとて、斯なしける、家居ビイドロにて作りたる町二町もあり、日本江戸の本町抔の樣なる店下を二里計もあるく、男女身に皮を着ける、女は頭に笄を五程さし、男女髪をはやし長くして結けるに、右の者共にも髭をはやさ

せける、すまひを取りけるに、日本人强とてをそる、互に字通不申也、夫故うかうかして居る處に、六人は食事不合して死、一人權七とやらん云者生のこる、ひたもの奉行所なとへ呼詮議して、日本人なる事を知りて、長崎まて送り屆る也、それに六十人程付舶にのせ送る、初舟風に吹れけるに、食物は米ありけれはつゝく、水は天水なとため用ゆ、扨右の者江戸へ來り、評定場にて委く問へるに、右の者文字知らぬ者故に、切支丹の國へ至りても、疑なく國許へ歸さる、公儀よりの申付には、此者歸りても、故郷にて海南の事話す事なかれ、尤海舟にのせ申間敷也、大事に仕置可申との事也、それ故他人物語不仕、密々原田松定と云人に語りけるを聞也、右國中に家根あり、其下をゆく、食器瀬戸物を用ゆ、右のもの六人死、長持にいれ、日本人と書付して濱邊に置由申也、中村氏筆記抄○按するに、此書漂民の生國を誤り、且其記載疑ひなきにあらされとも、漂民の直話とあるをもて、姑く存す、

通航一覽　卷之二百二十一　終

通航一覧　巻之二百二十二

唐國廣東省惠州府部十八

按するに、清一統志に、この府東西六百九十三里、本邦里法に約し、百十五里十八町なり、下是に准す、南北六百七十里に距る、東は潮州府、西は廣州府に界ひ、南は海岸にして、江西府、贛州府に接す、禹貢には揚州、春秋戰國等には百越の地、秦に南海部とし、漢には南海郡博羅縣とす、梁に梁化郡と改め、隋にいたり郡を廢して循州府を置、大業の初、府を廢して龍州郡とす、唐武德五年また循州府を置、天寶元年また海豐郡とす、五代には南漢に屬し、禎州といひ、宋天禧四年改て惠州といふ、元至元十六年惠州路とし、明洪武元年惠州府と改む、清猶これによるとあり、華夷通商考、官中要錄等に、此土の風俗産物を載せたれとも、廣州府と同しけれは略す、

〇漂流

寶曆四甲戌年七月八月中、追々に廣東船入津し、去歲二月晦日、惠州府に漂流せし陸奥國相馬の者、宇多郡に屬す、各船に乘組歸朝す、其所置例のことし、文化十三丙子年閏八月、入港の唐船より、去歲十月また廣東省に漂到せし、松平島津少將齊

興の家臣ならひに領國のもの數人、護送し來る、よて尋問し、在唐中の始末を言上せしむ、後漂人歸國及ひ褒美等の事、また例のことくありしなるへし、
寶暦四甲戌年七月十八日十四番、八月五日十八番、同十三日二十番、三艘の唐船より、奥州相馬の者六人送來、
一此者共、去々申十月九日、十九端帆船々頭嘉兵衛等十三人乘組、下總國銚子米千六百俵積廻し、荷揚け相仕廻、同廿九日令出帆處、十一月三日岩城領沖にて、戌亥風烈しく大洋に漂ひ出、十二月廿七八日、小島所々見掛れとも人家無之、去酉正月中洋中に漂流し、二月十三日、家作少々有之山を見掛しゆゑ、陸地に上りし處、最初其地の者三四人有之、其後二三十人集れり、頭總髪にて、手の指五つ、足の指三つ、色黑く澄に鉈をさし、半弓又は手鑓等を持、狩人と見えたり、言語一向不通故、飢に及し間米を賣呉申候樣に、仕形を以て金子錢を見すれとも、望に無之樣子なり、彼者とも手を出し、船頭嘉兵衛か着物を引れ、米に可替遣樣子故、綿入一つ差遣す處、米五六升相渡せり、其内彼者とも大勢集り百人程に及しゆゑ、恐しく成り、急き船に取乘り、碇綱を切捨船を走出せり、夫より西の方に漂流し、同晦日山を見掛け船を寄し處、唐人來り上陸すへしと仕形を致し、兩人番所のやうなる所に連れ行、吟味の體に見ゆれとも、詞は不相知、其所にて粮米等被相與滯留す、但此所船繫不

宜とて、唐人とも挽船を以て、一里程西方の川湊に引入る、此所廣東惠州府六豐縣と云所のよし、右漂着せし處の事を尋問す、其所は臺灣の後に鶏脚番と云所にて、唐國よりは一向構ひ無之、平日山に出て獵を所業に致すものとものよし、若唐國のもの不意に鶏脚番の地に到る時は、再ひ生て歸る者無之由、老人とも語傳へ有之よし、同四月十一日東平と云所に船を乘行、其間に追々六人病死す、七月唐人方より案内船を出し、八月十三日廣東城下に着船す、十一月三日迄は本船に住居せし處、同四日唐船に令乘移らる、先達てより本船用達成かたきゆゑ、相頼み賣拂、代銀は唐人方に預置、同五月廿八日唐人方より以書付、誰誰は何某船に可乘旨、三艘一船に七人を乘せ、六月朔日、廣東より出船せし處船中にて一人病死、洋中にて風烈しく、三艘互に見隱し、七月十八日十四番船着津、二人連れ渡、八月五日十八番船着津、二人連渡、同十三日二十番船着津、二人連渡、都合六人相揃、當表に按するに、長崎なり、送屆來る、此者委細江府言上有之處、御下知有之、十四番唐桐文、十八番趙滄亭、二十番龔恪中、右三人の船主共に、各米五十俵宛、外に介抱の唐人兩人に二十俵宛被相與、三艘の船追々出帆す、同十二月廿八日、相馬彈正少弼方より、使者田中四郎左衞門上下十一人當表に被差越、右六人のものとも請取連歸之、長崎志、

文化十二乙亥年八月廿六日、島本按するに、島本は大島をさしていふなり、歸帆の節、廣東省惠州府漁浦へ漂流、同府より被護送、浙江省乍浦鎮へ到着、同浦滯留中、同十三丙子年、渡海の商船より鹿兒島親元へ差贈候、薩州藩士税所長左衞門文通、自注、本書唐紙卷紙、

通航一覽　卷之二百二十二　終

通航一覧　巻之二百二十三

唐國浙江省杭州府幷金華府、部十九

按するに、浙江省は分界の江水、會稽山の麓にいたり、屈曲倒流するをもて、浙江と名つくるよし、中夏古今州郡圖譜にのす、此省東西八百八十里、本邦里法に約し、百四十九里二十六町なり、下是に准す、南北千二百九十里ありて、東は寧波府の海岸、西は安徽の徽州府、南は福建着の建寧府、北は江蘇省の蘇州府に接す、杭州府は浙江省第一の府にして、東西百九十五里、南北七十三里に距り、東は赭山の海口、西は嚴州府、南は紹興府、北は湖州府等に接す、禹貢に揚州の域、春秋には越、戰國に楚に屬す、秦漢ともに會稽といふ、後漢に呉郡とし、隋に杭州と改め、唐是に因り、明に杭州府とすと、清一統志に記す、此地東南は屛障にして、山川包絡し、北は長江を帶て、西は西湖なり、川澤沃衍、海陸豐饒にして、唐土都會の地なり、よて繁盛樂土と號す、また風俗柔和にて文雅あり、珍異を好むをもて、商賣輻湊し、道路絃誦の聲絶ゆる事なしと、清一統志、萬國夢物語等に記す、本邦よりは海上三百五十里を隔つ、毎歳本邦渡來の船ありて、産物は葛布、金絲、布毛氈、燕脂、冬笋、其外陶器等なりと、官中要錄、華夷通商考に見えたり、金華府は、東西三百九十八里、南北二百四十里にして、東は紹興府、西は衢州府、南は處州府、北は嚴州府等に隣る、禹貢に杭州と同しく揚州の域たり、梁にいたり、はしめて金華といひ、陳に縉州、隋に婺州、宋には寶婺と改めしか、明に金華府と改むと、清一統志、中夏古今州郡圖譜にのす、この府海濱なきにより、渡來の船なく、商人のみ便船して來るよし、華夷通商考にみゆ、

○儒醫幷技藝之者渡來

寛永四丁卯年、金華府の醫陳明德渡來、長崎住居を願ふ、御免ありて、子孫猶醫業を務む、元祿十六癸未年八月四日、杭州府の醫陸文齊渡來、享保十二丁未年六月廿一日、騎射人陳采若、ならひに寧波府の沈大成、蘇州府の馬醫劉經光渡來す、沈大成、劉經光は、この府の人にはあらされとも、采若と共に渡來により、こゝに出す、これ享保十年、蘇州府の朱佩章渡來、射騎の者連渡るへき御請せしにより、信牌をたまひ、のちその信牌にて入津、跡船より渡來のよし言上すといへとも、渡來なきにより、一船の荷物積戻を命せられしにより、こたひ渡來せしなるへし、江蘇省蘇州府之部、醫渡來の條併せ見るへし、同年十二月九日、また杭州府の儒士沈燮庵渡來し、幾はくもなく歸唐す、沈燮庵は歸帆の期に、銀子ならひに信牌を給ふ、

寛永四丁卯年、浙江金華府人醫師陳明德渡來、長崎住居を願ひ、姓名を改て穎川

入徳と名付、醫業を勤む、今に至て子孫長崎町醫と成、長崎實錄大成、
元祿十六癸未年八月四日、浙江杭州府人醫師陸文齊渡來、同十一月廿四日歸唐、長崎實錄大成、
元祿十六年八月、渡海醫師浙江杭州府人陸文齊、大淸志略、
享保十二丁未年六月廿一日、二十番、二十一番船より、浙江杭州府人射騎陳采若、漸江寧波府人射騎沉大成、江南蘇州府人馬醫劉經光渡來、七月廿四日、從江府馬仕入之御用に付、富田又左衞門被差越、右射騎醫唐人、馬醫唐人共、馬傷村勘定屋敷に在留せしめ、御用爲通辯、唐通事差添置て、同十六辛亥年四月十二日歸唐、沈大成は、同年十月朔日歸唐、長崎實錄大成、長崎年表擧要、
享保十二年六月渡海射騎唐人、浙江杭州府人陳采若、同年同月渡海、同寧波府人沈大成、同年十二月、渡海儒士、浙江杭州府人沈燮庵、大淸志略、
享保十二年十二月九日、四十一番船より、浙江杭州府人沈燮庵渡來、同十六辛亥、御用相濟、銀五十枚幷信牌一枚被下、戌十六番船に便乞歸唐す、長崎年表擧要、

○僧渡來住職幷漂着

正保二乙酉年、杭州府の逸然渡來せしより、享保六辛丑年に至るまて、此府の僧侶渡來せる事、すへて六人なり、同二十乙卯年、鐵船招請の事によて、信牌を與へら

れしか、終に渡來なく、寛保二壬戌年、信牌を返納す、
　正保二乙酉年、浙江省杭州府仁和縣之僧逸然來朝、寛文戊申年七月十四日寂、在住十一年、按するに、萬治元年、長崎興福寺に住職せしなり、
承應二癸巳年六月、浙江省杭州府錢塘縣之僧澄一來朝、元祿四辛未年四月八日寂、在住三十二年、按するに、寛文七年同寺に住職せしなり、
延寶五丁巳年正月十三日、心越來朝、自注、澄一弟子、浙江之人、同八庚申年正月廿三日、上江府、
　同年同月、僧慧雲渡來、自注、浙江之人、曹洞宗、水戸在住、貞享三丙寅年五月七日、僧悦峯來朝、自注、五十番船より渡る、杭州府錢塘縣之人、元祿四辛未年より住院、以上、長崎覺書、
貞享三年、悦峯渡海、長崎興福寺第三代住持となり、寶永四丁亥年、黄檗山に登り、第八世繼席となる、長崎志、
正德元辛卯年五月、六番寧波船之唐人共申口
私共船之儀は、浙江之內寧波にて仕出し、唐人數四十一人、外に唐僧一人、都合四十二人乘組候て、當四月廿八日、商船三艘、私とも船ともに四艘、かの地出帆致し、當月三日に普陀山へ船を寄せ、同十一日普陀山出船仕、罷渡り申候、然は去る丁亥

年に、船頭程益凡儀御當地へ罷渡り、商賣相遂け歸唐之刻、御當地興福寺へ後住として、唐僧一人招來之儀、悅峯和尙より賴被申候に付、書簡を請取、則浙江省內杭州府錢塘縣慈雲寺柏亭和尙之弟子桂國と申僧を相渡置候處、則此度右之桂國御當地へ連渡候樣にと賴申候に付、私共船に乘せ召連申候、尤唐僧乘り渡候旨趣は、別紙に委細申上候、按するに、別紙今所見なし、この外別に可申上儀、少も無御座候、

右之通、唐人共申候に付、書付差上申候、以上、

卯五月十五日　　風説定役

唐通事目付

唐通事　共華夷變態、

享保六辛丑年七月、貳拾貳番寧波船之唐人共申口私共船之儀は、浙江之內寧波にて仕出し、唐人數五十人、外に御當地興福寺より招請之唐僧一人乘組候て、當月八日寧波出帆いたし渡海仕候處に、洋中相替儀無御座、日本之地何國へも船寄せ不申、直に今日入津仕候、右唐僧之儀は、五年以前、三十三番船より客に仕參り申候、鎖沛公と申もの、翌戌年御當地歸帆之節、興福寺より唐僧招請之書簡言傳り申候に付、彼地において程益凡と申ものと申合、浙江之內杭州府潮鳴寺に居り申候杲堂と申僧へ、兩人より興福寺招請之儀申談し、則右之書簡相達し候處に、杲堂招に應し、

當六月南京之內蘇州まで罷越候に付、程益凡鎖沛公、今度同船いたし罷渡り申候、
本船頭尹心宜儀は、去々年二十二番船より客に仕り參り申候、脇船頭沈撫篁事は、
初て罷渡り申候、乘り渡りの船は、三年以前之十一番船にて御座候、
右之通、唐人共申候に付、書付差上候、
丑七月十九日
風說定役
唐通事目付
唐通事崎港商說、
享保十三戊申年二月、船主尹心宜、杭州府福嚴寺明遇法弟鐵船和尙可渡來返翰持來れり、依之同年この方より再翰被相渡、その趣、去未六月、仲祺返翰持來れり、當申二月、鐵船返翰持來れり、その間數月後れし故、鐵船招請の事は、後年の沙汰に及ふへし、しかれとも仲祺事、七十餘歲のよし、右は變も可有之に付、不被捨置樣に可有心得旨被仰聞し、同二十乙卯年十一月、沈杏村、鐵船返翰のよし持來れり、仍て披見ありし處、此方より鐵船德義を慕ひ、聘請の禮儀丁寧なりしに、少も辭宜謙退の文言は無之、その身渡海に付ては、過分の雜費入用なるゆゑ、大港の信牌等餘計の利分を可被與となり、則江府言上有之處、人柄不相應の書面、信用し難しといへとも、返翰とあるゆゑ、信牌は相與ふへし、若鐵船にて無之僧渡り來る歟、假

令實の鐵船なりとも、有德學才無之僧徒渡り來るにおいては、卽刻追返し、信牌可被没收旨被仰渡、夫より八年を經て、寛保二年、鐵船事も相滯由にて、信牌返上せり、是また、年來唐人とも往返僞計にして、實義無之ゆゑ、遂に滅却せり、長崎志、

天明元辛丑年六月三日、杭州府の商船長崎港に漂着す、在留中及ひ歸帆の期にいたり、粮米を賜ひ、七月廿五日出帆す、

天明元辛丑年六月三日、浙江省杭州府船主高恆昌船一艘漂着す、但此本船關東海城縣之内牛莊江へ渡海商賣を遂け、於彼地大豆、繭、紬等を買載せ、當五月廿三日歸帆之處、洋中において風順惡しく、一月餘り漂ひ在之處、商船を見掛け、右船の乘り筋に隨ひ、日本の地とも不存、今日當湊へ按するに、長崎なり、入津致すのよし訴之、依之在留中、米、粮水、薪水、魚、野菜等を與へられ、猶又船中粮米として米二十俵を被給、七月廿五日歸帆す、長崎志續編、

通航一覽　卷之二百二十三　終

通航一覧　巻之二百二十四

唐国浙江省紹興府部二十

按するに、紹興府は東西三百二十里、南北二百九十里に距り、東は寧波府、西は杭州府、南は金華府に接す、禹貢此地において諸侯と會議す、よて會稽といふ、秦に會稽郡とし、東晉には會稽國とす、其後しは〳〵改革して、宋の紹興元年紹興府とす、元には紹興路と改め、明また府とし、清これに因る、風俗倹にして學を好み、高人文士此府より出るよし、地勢饒食にして、饑饉の患なく、絹布魚鹽の資あり、賈を待すして足るよし、清一統志に記す、

○儒渡来

正保二乙酉年、紹興府の儒朱舜水、唐國の擾亂を避けて、舟山より渡來し、轉して交趾に赴き、其後しはしは商船に乗組渡來せしかとも、人文學あるを知らず、萬治以前の渡來を記せしは、舜水文集附録のみにして、他書に記せさるは、かの儒士たるを知らさるによりてなるへし、また先哲叢談に、明暦元年渡來のことく記せしは、何の書によりたるにや、舜水文集に、このとし渡來の事見えされは、不審なり、萬治二己亥年、安東省庵立花左近將監鑑虎か臣、筑後柳川の住人なり、かれか儒學を

信し、歸唐をと、めしかは、終に歸化す、寛永十二年以降、唐人本邦に住する事嚴禁なれは、安東省庵舜水の鴻儒たるを、長崎奉行に執す、よて上裁ありて、かれ一人をゆるされしなるへし、寛文五乙巳年、水戸中納言殿聘請の事を言上ありしかは、御免ありて、同九月水府に赴き、天和二壬戌年四月十八日、かの地に死す、常陸國久慈郡瑞龍山の麓に埋葬し、中納言殿自ら碑文を誌し給ふ、是より先延寶六年、舜水孫毓仁渡來せしかとも、他邦に往こと能はされは、空しく歸唐す、

鴻儒　大学者

萬治二己亥年、浙江餘姚縣人儒士朱舜水、明末之亂を避て渡來、在留七年、按するに、長崎に在留をいふなり、寛文五乙巳年、水戸黄門公其德義を聞召し及せられ、公儀に聘請之事を御願あり、同年七月、舜水其門弟幷通譯高尾兵左衞門附添、江府に參上し、同九月水戸に到る、禮接尤鄭重にして、數年之間、經史を談論し、道義を講究せしめ、厚く其學才を尊信有之、天和二年四月、八十三歲にて卒す、長崎志、文恭先生諱之瑜、字魯璵、自注、魯作楚非也、印章訛刻楚璵、不復改刻、故人或稱楚璵〇按するに、訛て楚璵と刻するの說不審なれとも、姑く存す、姓朱氏、號舜水、明浙江餘姚人、其先封邾、春秋所謂邾子也、後改爲鄒、秦楚之際、去邑爲朱、舜水文集附錄には、此間凡九行の文あり、

朱舜水の云、本邦の中朝にまさる事三つ、其一つに百王一姓、二つに天下の田面こ

とく〳〵く公田なり、三に士世祿薄くして俸重し、中朝の田はみな私田にして、富民財を貧民に借す、時に其田をして質とす、貧民財を償ふにちからなき時、富民の爲に其田を占取せらる、士の俸中朝は薄して、士多くは貧しけれは、利を逐ふてその風鄙吝なりしと云しとぞ、また本邦諸侯の富貴、中朝には漢の時より已來、聞及はさる事と嘆せられしよし、續白石叢書、

水戸に來りし朱舜水の死し時、金三千兩有て、中納言殿に返し獻せられしなり、世に有しほと、毎年に費なく、家事を約にせしを、鄙吝は唐人の習なりといひしものもありき、朱氏は志有てかく有しとなり、いかにもして再ひ本國に歸りて、義兵をも擧ん時の料にかく有しとなり、哀れなる事なり、常に申されしは、本朝の如くにはあらす、唐山は黃金乏しけれは、我朝の黃金を以て彼國に用んには、百倍にもあたるへしと申されしとぞ、舜水の世に在し程は、淸朝に諸事缺る所なかりしかは、時ならぬと思ひゐられし成へし、白石紳書、

或議朱舜水以明人、崇禎帝殉國時、不死節而逃日本、然見此䟽則會不祿仕、何可及此哉、尤非如陳宜中之屬也、自注、崇禎帝殉國時、死節六十五人、此前七十六人、弘光去時、死節六十五人〇好靑館漫筆、

通航一覽　卷之二百二十四　終

通航一覽　卷之二百二十五

唐國浙江省補陀洛迦山幷舟山、部二十一

按するに、補陀洛迦山は、定海縣の東海中の孤島にして、小白華また普陀山、梅岑山ともいひ、梵名補陀洛迦といふ、往昔日本高麗等の航船こゝに由りて風信を候ひしよし、淸一統志に紀す、またこの地は仁明天皇承和の初、慧蕚といへる僧、橘太后の命を奉して、幣を齎し入唐、五臺山に登り、杭州の靈池寺にいたり、齋安國師に面し、橘后の旨を告、義空禪師を請して歸朝す、これ本邦禪法を唱ふるの權輿なり、また文德天皇齋衡のはしめ、慧蕚再ひ入唐して、五臺山にのほり、嶺頭にて觀音の聖像を得、唐の太中十二年、我天安二年なり、かの像を齎し歸朝せんと、寧波府の故昌縣より開駕せしに、船石上にと、まりて盪とも行す、舟子等載物の重きを察し、諸物を出しかの像を出すに及ひて、船をのつから浮出す、これこの島の通航風俗を候ふの地たれは、衆人に靈驗を示さんと、慧蕚こゝに盧を結ひて、かの像を奉待せしか、漸々に寶所となり、補陀洛迦山寺と號し、南海の禪刹名藍たり、是より通航の商船香火點禱して、海上の安全を願ひ、今にいたり唐山にて慧蕚を此地の開山始祖と尊稱するよし、本朝高僧傳にのす、華夷通商考に、萬治の頃、唐山にて本邦渡海を禁せしかは、密にこの島ならひに舟山より渡來せしよし見ゆ、舟山是また定海縣に在て、今は海山と唱ふるよし、清一統志にのす、

〇漂流

元祿六癸酉年四月三日入津の船主、ことし二月讃岐國の者補陀洛迦山に漂到せしよしつげ、同八月にいたり護送し來る、寛保の二壬戌年五月七日、乍浦出の船より、舟山漂到の薩摩國の者護送し來、寶暦四甲戌年正月十日、陸奥國の者送り来る、こも又舟山の內花山に漂到のよし、寧波府よりの咨文を携ふ、よて上裁を經て、長崎奉行より回咨を與ふ、安永二癸巳年八月、永良部島、琉球國屬島なり、在番の松平(島津)中將重豪か家臣、幷領國の水主等舟山の湊大漁廠に漂到す、よて商船より送り來る、褒米を賜ひ、漂流人本所に歸さるゝ事、皆 例のことし、

元祿六癸酉年四月三日

一日本船一艘、普陀山外の島馬跡山と申所にて致破船、日本人は無恙てんま船に乗り、陸へ上罷在候を、普陀山白華寺の僧徒衆、右馬跡山へ、當三月朔日に薪をきり申候とて渡船いたし、右日本人を見付申候得とも、曽て口通し不申候に付、僧徒何國の者と申儀難辨候內に、日本人種々手様仕候を、僧徒とも様子推量仕、不便を加へ少々食物與へ、同五日に日本人十四人船に乗せ、馬跡山出船致し、同七日普陀山

ニ着船仕、本寺へ右之段申、日本人相渡し置申候、其節幸ひ私とも船普陀山に罷在候に付、本寺より使僧にて、船中に日本口少にても通し申候もの有之候はゝ、出合申様にと申來候に付、船頭幷に程弘玉と申者、其外數人參見候得とも、日本人に其紛無御座候、右程弘玉口少通し申候に付、何國のものにて、如何の風難に逢ひ候哉と相尋申候へは、日本人申候には、船頭は谷本源左衞門と申者にて、鹽飽と申所のものにて候、人數十五人乘り、去年正月十一日鹽飽を出、五月十三日越後にて米を積、江戸へ乘り參り、米をおろし候て、十五人の內一人忠三郎と申もの、江戸へ殘し置き、殘り十四人乘組候て、同年十月廿八日に、江戸出船致し候所に、海上にて五日の間惡風に逢ひ、帆柱を捨致漂流、永々海上の難儀に逢ひ申候得とも、責て仕合能、當年二月廿八日に、右の馬跡山ニ漂着致し、元船は破船仕、てんま船に取乘申候て、陸ニ上罷在候得とも、十方に暮れ居申候內に、僧徒衆に逢ひ申候て被救、此所へ參申候と申候、就夫卽刻本寺より、寧波の縣官へ其屆有之候に付、縣官幷に在山の官役衆樣子承屆破申、種々諍論の上、とかく北京へ注進不仕候ては難成候旨に相究、右日本人口上の通書付、北京へ通達有之候、然る處に私とも船折能出船仕、御當地ニ按するに、長崎なり、下同し、罷渡申候間、私とも船に乘せ參度段、官役衆へ申斷候へとも、北京へ注進の上は、御下知不參候ては、何國へも難遣よしにて、今度は乗せ參不申候、何れの道にも、當秋船の時分にて無之候はすは、日本人歸國難成可有御座と奉存候、私とも承申候分は、凡右之通までに御座候、委細の樣子は、日本人歸參候節可申上と奉存候、

右之通、唐人共申候に付、書付差上申候、以上、

酉四月三日　　唐通事共

通航一覽　卷之二百二十五　終

通航一覧　巻之二百二十六

唐國浙江省寧波府部二十二

按するに、寧波府は、東西二百十四里、本邦里法に約し三十五里二十四町なり、下是に準す、南北二百八里あり、東定海に出て、蛟門虎蹲天設の険あり、西は紹興府の餘姚縣に接し、南は台州府の寧海縣に界ふ、北は海岸にして高麗を控へて、商船の往來絶えす、物貨豐衍なり、禹貢には揚州の域たりしか、其後郡縣しは〳〵變革して、唐の開元二十六年、この地の境に四明山あるをもて、明州と改め、宋の紹熙五年升て慶元府とし、明にまた明州府と改め、洪武五年にいたりて寧波府と改め號すと、清一統志にしるす、此府本邦に渡海の津にして、唐山いつれの地よりも來りて順風を待、船を出すなり、また古へ本邦よりも渡唐の船此地に着岸せしよし、この港人戸數萬、富豐繁榮なり、山に金木鳥獸の殷、水に魚鹽珠蚌の錯ありて、海陸珍異聚り、衣冠文物福建廣東に甲たりと、清一統志及ひ落穗雜談一言集にのす、北窓雜筆に、寧波に媽祖廟あり、殿前に踊臺を造り置、旅人商客海上安全のため、毎歳祭ありて踊をなす、役者五色の衣服を着、人數十人相列して、唐宋の間の故事をなすよし載す、産物は杭州府に同しけれは略す、

蛟門虎蹲天設の険　龍と虎のいる難所

魚鹽珠蚌の錯　海産物が入り交じっている

○漂着

元祿十一戊寅年正月三日、寧波府の商船、肥前國五島たゝら島に破船し、修補のため長崎より職人等呼下しを願ふ、但乗組のものは長崎に護送す、文化四丁卯年正月七日、長崎渡來の寧波府船、下總國銚子浦に海上郡に屬す、漂ひ、書を贈りて挽船を請ふ、よて御代官瀧川小右衛門かの地にわたる、後長崎護送の事、今詳ならす、

元祿十一戊寅年二月十一日、五島たゝら島にて破船の唐人共口書の和解

一私共船於寧波、唐人數六十人乗組、去冬十二月廿五日に出船仕申候處に、於洋中當正月二日に逆風に逢ひ、帆幷楫を損し、夜中の儀にて御座候に付、東西を見分け不申、水主共船を乗留可申とて働申候內、右人數の內三人帆にまとはれ、海中に被吹落死骸相見え不申候、翌三日に漸五島の山を見かけ申候に付、何とそ風難を凌き、船をも無恙乗取可申と仕候得共、西風強く、五島領たゝら島江被吹付、船底損し、尤船も瀬方江乗上水込に罷成、荷物も漸漸と濡申候に付、無是非瀬方江船中の者走上り、船箇に積居申候荷物の分取揚申候得共、大分あか水込入申候に付、船も乗出し申儀罷成不申、とやかく仕候內、五島漁夫共遠方より見かけ注進いたし候故、段々警固の人々被馳參、稠敷私共幷荷物船共に御守有之候、右たゝら島難所にて、其所々水曾て無之候に付、二里程相隔候戸樂と申島に、私共五十七人幷取揚置候荷

物共に、同十八日に引移し被成、かり屋を數十間御構、大勢檢使衆被差出、日夜御警固にて御座候、本船はたゝら島江水込に成居申候に付、卽時に浮へかたく、其儘にて稠敷御番人を御添被召置候、夫より數日の間本船を浮へ申方便無御座候に付、達て長崎表より船大工石灰師共呼請、船底を修覆致し申たくと奉願候得は、御慈悲の上、大工石灰師共被差遣被下、則たゝら島にて船底假に修覆を加へ、船を乘浮へ被下候、然共其分にては荷物を本船に積申候儀難成、空船にて長崎江送届被下候様にと奉願、人荷物の分は、日本船に御積移し、一刻も御急き、長崎江送可被下儀申上候得は、此度荷物不殘、幷五十七人の內三十六人今日送届被下候、殘て二十一人は、本船未五島に有之候に付、爲見分相殘居申候、本船幷殘居申候唐人共は、順風次第御當津江送屆被下筈にて御座候、此度漂着の樣子、於公庭嚴密に御吟味被仰付候段御尤至極に奉存候、其上五島より日本船にて送屆被下候荷物迄も、一々御改可被下候處に、少しも相違無御座、重々難有御事に御座候、且又私共儀、大方年々御當地江爲商賣渡海仕候者共にて御座候得は、日本御禁制の邪宗門の者、幷書簡道具等に至る迄、隨分於寧波吟味を相遂、少も御法度の品々積渡不申候、右五島領江漂着仕候より外に、日本の地何國江も船寄せ不申候、後日に違犯の儀被爲聞召候上は、一船のもの如何樣の罪科にも可被仰付候、爲其口書相認連判仕差上申候、

元禄十一年戊寅二月十一日

寧波船頭王懋功　脇船頭劉上卿

財副　王天宿　客　程馥之

舵工　奚鳳雲　總管　徐小魏

右の通、破船の船頭幷客役者共差上申候口書、和け差上申候、以上、

唐通事目付　唐通事共

通航一覧　巻之二百二十六　終

通航一覽　巻之二百二十七

唐國江蘇省蘇州府部二十三

按するに、清一統志に、江蘇省は、東西九百五十里、本邦の里法にして百六十一里六町なり、下これに準す、南北千百三十里に距る、東は太倉州の海岸、西は安徽省の和州に接し、南は浙江省嘉江府、北は山東省袞州府に界ふ、禹貢には揚州の域、春秋の時は吳に屬し、戰國には楚の地となる、秦に會稽鄣郡を置、漢の初吳楚二國を置、後分ちて揚州徐州に屬す、後漢猶これに因り、三國の時は揚州吳に屬し、徐州は魏に屬す、晉また二州とし、東晉、揚州を王畿とす、梁の大寶以後、江北盡く齊に入り、陳僅に江南を保ち、また揚州南徐州を置、隋、陳を平けて、大業の初、州を改め丹陽、江都、毘陵、吳郡、彭城、東海、下邳等の郡となす、唐の武德中また郡を改て州となし、貞觀の初、江南及ひ淮南道に屬す、五代楊隆演吳國を建、李昪これを南唐と號す、宋南唐を平けて、江南、淮南二路を分ち、兩浙路に屬す、元には河南江浙行中書省に屬する頃、また明にいたり金陵とし、都をこの地に定め、應天府と號し、京都と唱ふ、永樂二年都を北平府に移し、北京と號す、正統六年北京を京師となし、應天府を南京と唱へ、卽今の江蘇省なり、直隷たり、清にいたり江南省とし、また康煕六年に裂て江蘇府を置、八府三州へ□を治むと、清一統志及ひ唐土行程記、日本防考略等に記す、異國和解には、南京にナンキイグと旁訓し、またナンクイン、ナンシンとも唱へ、今はキアムニングといひ、波爾杜瓦爾【ホルトガル】人はヱンセアグデナンクイングと呼ふとあり、其風俗清朝に及ひて變革あれとも、大抵人物禮儀ありて、婦女子にいたるまて書を讀さるはなく、またもとより富饒の地にして、居室衣服等甚た美麗なるよし、唐土行程記、唐山漂民の口書等に見えたり、蘇州府は江蘇省都會の地にして、東西二百二十里、南北二百五十里に距り、東は太倉州、西は常州府の宣興縣に界ひ、南は浙江省の嘉興縣、北は大江にして通州に界ふ、禹貢ののちしば〳〵沿革ありて、隋の開皇中始て蘇州と改め、大業の初また呉州と改め、尋て呉郡とす、唐に蘇州に復し、五代、梁に屬し、宋には蘇州呉郡といひ、明に蘇州府と改め、南京直隷たり、清に至り江南省治とし、康煕六年江南を裂江蘇省を置て其治とし◎脱文カ清一統志に見ゆ、此地の海濱、明の洪武中、備倭臺とて、日本防きのため哨堡を構へ、砲臺を築き、兵卒を置たるよし、日本防考略、大清朝野問答にのす、又この府南京中繁華第一の地にして、所々に海港あり、本邦渡來の船も其數多く、みな北京往來の河船にして、その製造底平かにかつ長く、難風の患なきにより、四季ともに渡來して、南京船と稱する是なり、船主命を請て渡來するもの、古は范氏、中頃は王氏、今錢氏等の家なり、外に十二家ありて、是は一己の交易に渡來せり、いつれも蘇州府の人なりと、華夷通商考、落穗雜談一言集等にのす、又肥前國五島よりは、普陀山蘇州府等の地に甚た遠からす、其行路數多の島嶼を經、大洋を乘らすして至るへし、淸朝のはしめ、明朝のことく航海嚴重になりし時、南京の商船長崎へ來りしは、大船を普陀山にかくし置、小船にて荷物を運ひて、普陀山より船を出せしなり、其頃南京の獵船に荷物數多積來たり、福州府、漳州府等の大船の中を通り入津せしに、大船より人出て此方の三板のことき、譯言雜字抄に、杉板或は三板と記して、傳馬船の事也と注す、舟に、何程の荷物あるへきと笑ひしに、南京人こたへて、船の小さきとても荷物の銀高は、汝等の船をあつめても、此舟には及ふましと笑ひかへす時に、かゝる小船にて大洋を凌き來る事いぶかしと尋ねしかは、海上浪おたやかなる時、島傳ひに心安く渡するそと答へしよし、白石私記に見ゆ、華夷通商考に、本邦より海路三百里と記し、華客問答に、順風の時彼港出帆、僅五六日にして長崎に來るとあり、其船路薩摩國河邊郡野間山を目標とし、夫より甁島、屋久島の中間を經、肥後國天草おにき崎を諸國郡村名寄帳に、この地名所見なし、鬼池村の出崎をいふにや、肥前國長崎に入津せるよし、日本防略考に記せり、持渡る產物は、書籍筆墨紙墨蹟類糸綾錦、其外織物金銀箔藥種、幷陶器類等なりと、官中要錄、華夷通商考、萬國夢物語等にのせたり、但し前に擧ることく、此省もと江南の地にして、明の時南京と稱し、清朝にいたり江南、江蘇の二省に分つをもて、二省ともに或は南京と書し、また江蘇省治たる蘇州府を江南蘇州府と記せしもあり、すへて南京の商船は蘇州府より開駕せるよし、華夷通商考に見えたれは、今南京とのみ記して、府名を記さゝるものも、概してこの部に收む、

〇僧渡來住職

元和九癸亥年、南京の船主等先亡菩提、且乘組の內耶蘇信仰の有無穿鑿のため、さきに渡來せし僧眞圓を江西省饒州府の人なり、住持とし、長崎に寺院開基を願ふ、御免ありて伊良林郷の內にて寺地を賜ひ、東明山興福寺を創建し、邪宗穿鑿寺役の肝要たるへき旨を命せらる、これを俗に南京寺と稱す、後如定笁庵等、渡來して住職せり、

元和九年癸亥年建、唐僧開塲、東明山興福寺、禪宗臨濟派、境內五千九十四坪、伊良林郷の內、

一當寺開創の事は、元和六年、唐僧眞圓當表に渡り來り、三ヶ年の間、今の興福寺境內に庵室を結ひ住居せり、其頃邪宗門御禁制嚴厲なりし時節、日本渡海唐人の內、

天主耶蘇教自注、切支丹宗門也、を信敬する者混し來るの由風聞専なりし故、南京方の船主共相議し、唐船入津の最初に、天主教を尊信せさるや否の事を、緊しく穿鑿を遂け、且つ海上往來平安の祈願、又は先亡菩提供養の爲、右眞圓を開基の住持として禪院を創建したき旨、御奉行所に相願ふの處、免許有て、東明山興福寺を開創し、諸船主共布施寄進緣銀及ひ香花料を進呈し、佛殿幷に船神媽祖堂を造立し、毎船持渡る處の佛神の像を不殘寺內に持來らしめ、住持眞圓を始、寺中に役僧を立置、委細可遂吟味旨、第一肝要寺役に被仰付之、市中にて南京寺と稱す、

一毎年三月廿三日、船神天后の祭禮なる故、在津の唐人共出館して、當寺に參詣する事を免さる、

但、以後福濟寺創建有て、三ヶ寺同格となり、毎年三月七月九月、廿三日毎に輪番に媽祖祭有て、在留の唐人參詣をなす、

寛永九壬申年、唐僧如定渡海す、是を第二代に按するに、興福寺の繼席なり、住持せしむ、年々諸船主化緣を以て、諸堂塔伽藍山門等全く造營成就せり、以上、長崎志○按するに、眞圓、如定ともに江西省の人なれとも、海濱なき地たるにより、南京船に乘組渡來せしなり、

東明山興福寺、自注、大唐杭州府徑山寺末寺、元和九年建立、開山眞圓、自注、江

西省饒州府浮梁縣之人也、元和六年來朝、慶安元年二月十一日寂、在住十二年、
如定自注、江西省建昌府之人也、寛永九年來朝、明歴三酉年十一月廿日寂、在住十年、長崎覺書、
享保八癸卯年、唐僧竺庵渡海、按するに、竺庵の本國所見なけれは、南京寺住持をもて姑らくここに附す、興福寺第七代の住持と成、長崎紀事、
享保八年、今度南京寺竺庵和尚、長崎に住職に付、持渡り物、
甘草千百斤　肉桂四百三十四斤　桂枝二百十斤　縮砂四百十斤　黄芪二百六十斤
大黄三百五十五斤　酸棗仁八百十斤　金蝎百九十七斤　肉蓯蓉三百七十六斤　附子三百十斤　貝母百九十斤　此外に絹布織物數多
右は、長崎南京寺に住職の僧渡海に付、唐地にて餞別に寄進仕候藥種也、月堂見聞集、

煮烏糖法

蔗有二種、一名甘蔗、一名竹蔗、煮糖竹蔗爲主、甘蔗次之、種蔗在於二月、取蔗尾挿在地中、用糞水灌三四次、待至十月、長有六七尺、砍來用石車、使牛拖牽夾出蔗汁、將汁放鍋中、約計蔗汁二百觔、用蠔殼灰三四兩、同蔗汁煮滾、用銅清匙、去其泥渣、直至熟、鍋中糖若滾出、恐滿於鍋外、用麻油渣一滴卽止、鍋中糖已熟、取糖

些少放冷水中、其糖堅凝爲度、一齊取起放在竹簸中、用木刀挍數次、就如沙頭、火去已冷、卽爲烏糖、

煮白糖法

將蔗汁放在鍋中、約計二百觔、用蠔殼灰三四兩、同蔗汁煮滾、用銅清匙、去其泥渣、煮至數滾、將汁取起放在木桶中、俾渣煮沉於桶底、桶下半截、開兩个眼、用木閂塞住、拔去木閂、淸汁流入鍋中、再將上面淸汁、煮至二日、又將汁取起放在木桶中、俾渣泥沉於桶底、桶下半截、開兩个眼、用木閂塞住、拔去木閂、淸汁流入鍋中、又將上面淸汁再㸑、鍋中糖已滾浮滿出、用麻油渣些少一滴卽止、㸑至三甘、取起糖二十觔、放在糖漏中、用鐵鑯周圍攢下數次、其餘鍋中糖、㸑至四甘、取起三十觔、放在糖漏中、再攢下數次、又將鍋中糖、煮至五甘、取些少糖滴於冷水中、其糖堅如龍眼肉爲度、一齊取起滕滿糖漏中、復用鐵鑯攢下至數次、糖如沙頭、方歇遲至十餘天、糖已冷堅凝、將糖漏底下塞住拔去、令其糖水滴下、略盡用爛泥十餘觔、蓋於漏面上、又有糖水滴下、待至泥堅、將泥取去其糖略白、又用爛泥十餘觔、蓋於漏面上、又有糖水滴下、待至泥堅、將泥取去其糖卽白、後將漏中糖、取出晒乾、是爲白糖、

一二甘似飯湯、三甘似米漿、四甘似麥芽膏、五甘糖下冷水已堅凝、

一糖漏乃圓磁器、高有二尺三四寸、上大有一尺五寸、順下小至三四寸、下留一孔二

寸、可以出水、放糖時、將孔塞住、方不漏出、待至糖堅、拔去塞住、自出糖水、
一石車樣式、再來之日、以木頭作、就帶來、
一鐵鑊樣式、再來之日、以木頭作、就帶來、
一、氷糖、三盆糖、煮法不知甚詳、回唐日細細訪問、再來具呈、
一十二月砍蔗尾長一尺、浸於水中五六日、取起埋在沙中、至二三月自能發芽生根、挖出挿於菜園中、至芽發起有尺餘、用糞水灌一次、至四月糞水灌一次、五月灌一次、六月灌一次、有草灰放在蔗根邊更妙、天時旱、不時灌水更佳、

享保十一年九月日　第六番厦門船主李大衡

右和解

黒砂糖を作る法

一蔗に両種あり、一名は甘蔗、一名は竹蔗といふ、砂糖に煮には、竹蔗を上とし甘蔗を次とす、蔗は二月に植、蔗の末を地にさし、こやしに糞水をかくる事三四度にして、十月に至り高さ六七尺になるを刈取て、石車を牛に引せ、蔗の汁をしめ出し、右の汁を鍋に入れ、凡蔗の汁二百斤に、石花のからの灰を三四十目ほと蔗の汁に入、一同に煮申候、銅の細杓子を以蔗粕なとをすくひ去り煮候事、熟するに至り、鍋の内の砂糖若煮沸き上り、鍋より外にこほれ出るとき、胡麻油のかすを少はかりおと

し入るれは、則おさまるなり、鍋の内の砂糖既に熟し候はは、砂糖を少し取水におとし入、其砂糖かたまるを期とし、一同に取上け簸に入置、木刀を以数度是をまぜれは砂のことくなる、火氣をさまし冷へ候て後、砂糖と成申候、

白砂糖を作る法

一蔗の汁鍋に入、凡二百斤程に、石花のからの灰を三四十目を以蔗の汁に入、一同に煮わかし、銅の細杓子をもつてちりかすをすくひさり、數度賁へ上るに至て、蔗の汁を取あけ桶にうつし入、ちりかすを桶底にしつめ、桶の中半より下に穴を二つ明け、木のせんを以ふさき置、木のせむをぬきとれは、淸汁鍋の内に流れ入、又上の淸き汁を取て煮て二甘に至り、又汁を取上桶に入、ちりかすを沈め、桶の中半より下に穴を二つあけ、木のせんを以ふさき置、木のせんをぬきされは、淸汁鍋の内へ流入る、又上の淸き汁を取て再ひ煮、鍋の内の砂糖、煮へ沸あかりこほれ出れは、胡麻油のかす少計おとし入るれはかたまるなり、煮て三甘に至れは、砂糖二十斤を取あけ、糖漏の内に入、鐵鑯にて周圍を數度つきあさり、その餘の鍋の砂糖煮て四甘に至れは、三十斤をとりあけ糖漏の内に入、又數度つきあさり、又相殘る鍋の砂糖煮て五甘に至る、砂糖少とりて水におとし入は、砂糖のかたき事龍眼肉のことくなるを期とし、一同に取あけ、糖漏の内に入膝、また鐵鑯を以數度つきあされは、

砂糖すなの如くになれるを仕上とし、十日餘も經、砂糖既にひえ堅くかたまり候節、糖漏の底をふさき置くせんを取、砂糖水をしたゝれ出し、凡煎候時、じゆる土を十斤程糖漏の上に覆ひ置は、又砂糖水したゝれ出るに、土の如くなるを待て土をとり去れは、砂糖少し白く成、又じゆる土を十斤ほと糖漏の上に覆ひ置は、又砂糖水したゝれ出る、土の堅くなるを待ち土を取、されは、砂糖則白くなる、其後糖漏の內の砂糖を取出し、干乾し候へは白砂糖に成申候、

一二甘は飯のとりゆのことし、三甘は米ののりの如し、四甘は地黄煎のことし、五甘は水におとしてかたまるをいふなり、

一糖漏、右は丸き燒物器にて、高さ二尺三四寸あり、上の大さ一尺五寸ありて、下ほそりにして三四寸ある底に、二寸の穴をあけ、水の出る様にいたし置候、砂糖を入る時穴をふさけは、漏出る砂糖の堅くなるに及て、ふさき置るせんを抜取は、砂糖おのつから出るなり、

一石車の形、再渡の節木にて拵持渡可申候、

一鐵鑶の形、再渡の節木にて拵持渡可申候、

一氷砂糖、三盆砂糖の作り樣、委細存不申候、歸唐の節委く尋承り、再渡の節可申上候、以上、和漢寄文、〇按するに、甘蔗製作の始末、この年正月南京の船主をは

しめ、在崎の船主とも一同に御請せしを、こたひ厦門の船主より呈せしなるへけれは、便覧のためこゝに附し、また廣東より歸朝せし漂民、在唐中まのあたり甘蔗製法を見聞せし說なれは、こも又左に出す、

寛政二庚戌年六月

記自廣東還人言事、按するに、陸奥國南部松前の漂民なり、

田地種甘蔗蕃藷殆遍、蔗苗長六尺許、莖大如稷幹、八九月採莖剝皮咀嚼、甘漿滿口、近根處尤甜、近梢味漸薄、製糖之法、不知其始煎之法、見已成糖者赭黑色、大槽盛水、將糖入內攪泥、待澄定逼水去、更入甕中、其甕底細孔數道、漏瀝水卽成潔白糖、然後以細篘爲籠、苞貯貿諸四方、其壓搾蔗莖、棄地狼藉、自注、視棄地之莖　長不過三四寸、似剪莖入槽水石鎭壓者、大抵糖霜每一斤、値乾隆錢八文、貴時不過九文、刈蔗以八九月十月、因種之早晚、十月者味更濃、至秋後見有葉枯莖存者、廣東少霜雪、蔗至十月猶在壠畝、故甘液充熟云、近聞寓筆、

通航一覽　卷之二百二十七　終

附録

この『黄檗宗資料集成』では、黄檗派の僧侶によって書かれたものはとりあげていないが、黄檗派の僧侶の手になるものは数多く残されている。それらは、語録、行状記、紀年録、末期事実、詩偈、随筆、在家向けの書など、実に多種多様である。

いま、これらを本書の附録として紹介するのは、黄檗の研究を志す人たちの参考になればと願うからである。

とりわけ、初期の僧侶による著述は非常に多い。それらの中でも、黄檗開山隠元隆琦、黄檗山第二代木庵性瑫、黄檗準世代即非如一、黄檗山第五代高泉性潡によって著されたものは、平久保章氏の編集によって復刻版が出版されているので、本書では省略することとした。

ここにとりあげた資料は、黄檗研究家の吉村雪堂氏が、昭和十六年、十七年にまとめたものである。その量は膨大であるので、その中から一部を選び出して、以下に紹介したいと思う。

檗山住持になった僧の記録

黄檗山第三代慧林性機

仏日慧林禅師語録

仏日慧林和尚七十寿章

黄檗第三代慧林機禅師行状

黄檗堂頭慧林和尚末後日録

黄檗山第四代独湛性瑩

初山独湛禅師語録

日本大和州当麻寺化人織造藕糸西方境縁起説

黄檗第四代独湛和尚行略

黄檗山第六第千呆性侒

千呆禅師語録

百丈開山千呆和尚行状

黄檗第六代千呆安老和尚末後事実

黄檗山第七代悦山道宗

南岳悦山禅師語録

黄檗悦山禅師語録

悦山宗禅師住攝津州南岳山舎利尊勝寺語錄

悦山八十寿章

南岳悦山禅師行状

黄檗第七代慈福悦山和尚末後事実

黄檗山第八代悦峰道章

悦峰禅師語録

黄檗山第十二代杲堂元昶

黄檗第十二代杲堂禅師語録

杲堂昶禅師遺稿

黄檗山第十四代龍統元棟

龍統和尚黄檗語録

黄檗第十四代大和州福寿山滿願禅寺開山龍統和尚行状

黄檗山第十五代大鵬正鯤

大鵬和尚黄檗進山語録
　黄檗山第二十代伯珣照浩
東遊詩稿
　黄檗山第二十一代大成照漢
閒居七吟
　黄檗山第二十五代華頂文秀
華頂禅師語録
華頂禅師仮名法語
　黄檗山第二十九代璞岩衍曜
黄檗山第二十九代璞岩和尚譜略
　黄檗山第三十二代楚洲如宝
黄檗楚洲禅師語録
　黄檗第三十三代良忠如隆
黄檗良忠禅師語録
　黄檗山第三十八代道永通昌
在家安心法語

黄檗山第三十九代霖龍如沢

霖龍禅師黄檗進山語録

黄檗山第四十代観輪行乗

観輪禅師語録

黄檗山第四十一代虎林曄嘯

黄檗進山語録

黄檗山第四十三代紫石聯珠

黄檗紫石禅師遺稿

隠元の弟子

龍溪性潜

龍溪和尚妙心普門二会語録

宗統録

大眉性善

東林大眉和尚夢語

東林開基大眉善和尚行状

独照性円

直指独照禅師語録
直指独照和尚行実

南源性派

天徳南源禅師語録
天徳山國分寺南源派禅師伝

独吼性獅

独吼禅師語録
五雲峰漢松院独吼禅師伝

独本性円

海福独本禅師語録
海福独本和尚行業記

木庵の弟子

鉄牛道機

鉄牛禅師語録

鉄牛禅師七会語録
鉄牛禅師自牧摘稿
葉室開山和尚末後事実

慧極道明

瑞聖慧極禅師語録
慧極禅師東光寺語錄
大宝開山慧極明和尚行状

潮音道海

潮音禅師語録
霧海南針
大成経破文答釈論
黒瀧開山潮音老和尚末後事実

鉄眼道光

鉄眼禅師語録
瑞龍鉄眼禅師仮名法語
瑞龍開山鉄眼和尚行実

即非の弟子

法雲明洞

法雲禅師語録

広寿法雲禅師年譜

柏巖性節

柏巖禅師行実

施餓鬼本の編集

この他、語録を残している僧としては次の人たちがいる。

道者超元、越伝道惁、鉄文道智、良寂道明、実伝道均、湛然道寂、鉄崖道空、蘭州道秀、鉄心道胖、月耕道稔、雲岩道巍、鉄禅道広、廓山道昭、宝洲道聰、桂巖明幢、黙堂道轟、円通道成、化霖道龍、法眼道印、梅嶺道雪、竹巖道貞、雪村道香、大随道亀、大僊道龍、起宗如格、龍堂如珠、鉄関元秀、雪門元亨、月村元皎、碧湖元達、鳳山元瑞、覚照元宗、月浦元照、観月元心、石泉元澄、乙艇元津、素岳元禎、悦堂元逸、龍山元騰、東瀾宗沢、梁山元秀、愚禅宗智、梅州宗光、大衡海権、芦江海旨、青海宗東、大智宗統、晦翁宝暠、宝月元光、賢洲元養、雪峰元沖、暁雲元岫、仙岩元嵩、衡天元統、覚天元朗、端倪元弁、百拙元養、了山元見、鉄面寂錬、喝浪方浄、黙岩際契、永泰正真、翠峰浄春、石車戒軦、大愚衍操、湛江衍源、隠宗衍真、聞中浄復、忍僊如慧、妙庵普最、大機真活、梅岳真白、若存通用、魯山益主。

これ以外でも、行状記、末後事実、紀年録、一代記、随筆、詩偈等を残している僧が数十名いる。紙面の都合上すべてを紹介できないが、詳しい内容は黄檗山萬福寺文華殿所蔵の『黄檗叢書』（吉永雪堂著）を閲覧していただきたい。

おわりに

　これまで四巻にわたって、『黄檗宗資料集成』を編集してきた。

第一巻では、黄檗派寺院の開創、第二巻では臨済宗僧侶による黄檗派批判の書、第三巻では曹洞宗僧侶による清規等を取り上げた。

　この他にもまだ、いろいろな資料が残されていると思うが、将来まとめることができれば、また同じように読んでいただけることを願い紹介したいと思う。

　今回紹介した資料は、巻末の「附録」の冒頭にも書いたように、すべて黄檗派の僧侶以外の人によって書かれたものである。なかには黄檗派を批判した書もあり、外部から見た黄檗派について知ることができる。

　この他に黄檗宗には、宗内の僧侶によって書かれたものがあり、一部は復刻版が出版されているが、その他のものについては、木版刷りや写本の形で残されているため、限られた図書館・資料館等においてしか見ることができない。そこで、この第四巻に附録として、これらの書籍等を紹介した。

これによって、少しでも黄檗宗について知ってもらえればと願うものである。

この『黄檗宗資料集成』の発刊については、取り上げにくい題材であるにもかかわらず快く引き受けていただいた、春秋社の神田明会長、澤畑吉和社長、佐藤清靖編集長、編集部の桑村正純氏に感謝申し上げたい。また、原文の原稿化や校正等にいろいろと側面より協力していただいた竹内老子氏をはじめとする協力者一同に感謝申し上げる次第である。

平成二十八年十二月

東京・禅林寺　木村得玄

木村得玄（きむら　とくげん）

昭和12年（1937）３月、京都府宇治市黄檗山内で生まれる。

昭和30年４月、黄檗第53代管長木村冝豊の弟子となる。

昭和34年３月、東洋大学文学部仏教学科を卒業。

昭和35年４月～昭和36年11月、黄檗山万福寺禅堂掛塔。

昭和41年から禅林寺住職。

昭和50年11月～昭和56年11月、黄檗宗宗会議員。

昭和56年６月、禅林寺龍華会基金を設立し、社会福祉事業への援助、大学生に対する奨学金、米国高校生の招待等の活動を行なっている。

平成４年４月、東京黄檗研究所を設立。

平成９年９月～平成19年２月黄檗宗教学諮問委員。

平成19年３月から黄檗宗審査員。


著書には『隠元禅師年譜〔現代語訳〕』（平成14年）、『黄檗宗の歴史・人物・文化』（平成17年）、『楞厳呪 現代語訳と解説』（平成18年）、『初期黄檗派の僧たち』（平成19年）、『校注 江戸黄檗禅刹記』（平成21年）、『隠元禅師と黄檗文化』（平成23年）、『黄檗宗資料集成 第一巻』（平成26年）、『黄檗宗資料集成 第二巻』（平成27年）、『黄檗宗資料集成 第三巻』（平成28年）〔以上、すべて春秋社〕等がある。

黄檗宗資料集成　第四巻

二〇一七年一月二五日　第一刷発行

編者©　木村得玄
発行者　澤畑吉和
発行所　株式会社　春秋社
東京都千代田区外神田二－一八－六
〒一〇一－〇〇二一
電話　〇三－三二五五－九六一一
振替　〇〇一八〇－六－二四八六一
http://www.shunjusha.co.jp/
印刷所　萩原印刷株式会社
ISBN978-4-393-17614-6
定価は函等に表示してあります

【黄檗宗資料集成　全四巻】

木村得玄 編
黄檗宗資料集成　第一巻

黄檗宗の開祖・隠元禅師の渡来は江戸時代の仏教界に大きな影響を与えた。当時の状況を記した多くの資料の中から、第一巻は「興禅寺改派之記」「永慶寺建立次第」の二篇を収録。　三五〇〇円

木村得玄 編
黄檗宗資料集成　第二巻

黄檗宗への批判が見られる三篇を収録。向井元升が匿名で書いた「知耻篇」。臨済宗の桂林崇琛が匿名で著したとされる「禅林執弊集」。臨済宗の無著道忠が執筆した「黄檗外記」。　三五〇〇円

木村得玄 編
黄檗宗資料集成　第三巻

曹洞宗の学僧、面山瑞方が編集した「僧堂清規考訂別録」には黄檗宗への批判が見られる。「曹洞宗全書」（昭和六年刊）所収のものを復刻し、漢文は書き下しにして語注も付す。　三五〇〇円

木村得玄 編
黄檗宗資料集成　第四巻

『通航一覧』は江戸幕府の対外関係資料。国別に記録された膨大な資料の中から、唐国（中国）に関するもので、しかも黄檗宗に関係のあるものをすべて選出して収録した貴重な書。　四二〇〇円

※価格は税別